btb

BRIGITTE BENKEMOUN

Das Adressbuch der Dora Maar

Aus dem Französischen
von Alexandra Baisch

btb

Die französische Originalausgabe erschien 2019 unter dem Titel
»Je suis le carnet de Dora Maar« beim Verlag Éditions Stock, Paris.

Die Adressangaben in den Überschriften sind ohne Änderung
Dora Maars Adressheft entnommen – sie sind daher nicht einheitlich
und weisen bisweilen auch Schreibfehler auf.
Die Adressangaben in den Überschriften folgen dem Original.
Im Text wird »Rue«, »Avenue« etc. allerdings immer groß geschrieben
und durch ein Komma von der Hausnummer abgetrennt.

Sollte diese Publikation Links auf Webseiten Dritter enthalten,
so übernehmen wir für deren Inhalte keine Haftung,
da wir uns diese nicht zu eigen machen, sondern lediglich
auf deren Stand zum Zeitpunkt der Erstveröffentlichung verweisen.

Penguin Random House Verlagsgruppe FSC® N001967

2. Auflage
Deutsche Erstausgabe September 2021
Copyright © 2020 by btb Verlag
in der Penguin Random House Verlagsgruppe GmbH,
Neumarkter Straße 28, 81673 München
Copyright der Originalausgabe: © Éditions Stock 2019
Covergestaltung: semper smile, München
Coverabbildung: Dora Maar 1944 / BPK / Estate Brassaï – RMN-Grand Palais;
© RMN-Grand Palais (Musée national Picasso-Paris) / Mathieu Rabeau
Satz: GGP Media GmbH, Pößneck
Druck und Bindung: GGP Media GmbH, Pößneck
JT · Herstellung: sc
Printed in Germany
ISBN 978-3-442-77012-0

www.btb-verlag.de
www.facebook.com/btbverlag

Für Thierry, der das Glück hatte,
etwas zu verlieren und etwas zu finden

Für meine Eltern, ihr seid von uns gegangen,
werdet aber niemals vergessen sein

Ich suche nicht, ich finde!

Picasso

Ja. Ich glaube daran. Mein Schicksal ist wunderbar,
wie es auch aussehen möge. Früher sagte ich,
mein Schicksal ist furchtbar, wie es auch aussehen möge.

Henriette Theodora Markovitch

Eingetroffen ist er mit der Post, ordentlich in Luftpolsterfolie verpackt.

Dieselbe Marke, dieselbe Größe, das Leder ebenso glatt, aber etwas röter, weicher und patinierter.

Er wird ihm gut gefallen, habe ich gedacht, vielleicht sogar besser.

Unlängst hatte er seinen kleinen Terminkalender samt Ledereinband von Hermès verloren, der eigentlich neuer war als der hier, aber dadurch, dass er von einer Tasche in die nächste wanderte, hatte er letztlich alterslos ausgesehen. Eine Art Talisman mit eingravierten Initialen, T. D., an dem er sowohl in organisatorischer, physischer als auch sinnlicher Hinsicht sehr hing ...

Wie immer, wenn er etwas verloren hat, was sehr häufig vorkommt, braucht er Hilfe bei der Suche. Für gewöhnlich finde ich das Gesuchte sehr schnell – den Pass, die Schlüssel, das Handy ... Doch dieses Mal bleibt der kleine Terminkalender unauffindbar. Nach einigen Tagen findet T. D. sich damit ab, sich eine neue Kalenderhülle kaufen zu müssen.

»Ich bedauere, dieses Leder wird leider nicht mehr verwendet«, teilt mir der Verkäufer leicht betrübt, aber überaus zuvorkommend mit. Ein anderer hätte sich nun mit einer Hülle aus genarbtem Leder zufriedengegeben, mit geriffeltem oder mit Krokomuster. Er hingegen gibt niemals auf. Er findet sein Glück schließlich auf eBay, in der Rubrik »Lederwaren vintage«. Für siebzig Euro. Nach wenigen Tagen trifft das Gewünschte ein.

Die Besessenheit ist eine ansteckende Krankheit: Da er nicht da ist, will ich nachsehen, ob das Fundstück denn auch tatsächlich die genaue Nachahmung des verlorenen Lieblingsstückes ist. Also inspiziere ich die Kalenderhülle eingehend. Dann schlage ich sie auf.

Den auswechselbaren Jahreskalender, in dem der ehemalige Besitzer seine Termine, seine Einladungen und vielleicht auch seine Geheimnisse notierte, hat der Verkäufer herausgenommen. Doch im Innenfach steckt noch immer ein kleines Adressheft. Mechanisch blättere ich es durch. Vermutlich nicht sonderlich aufmerksam, denn ich bin schon auf der dritten Seite, ehe ich über einen ersten Namen stolpere: Cocteau! Ja genau, Cocteau: 36, Rue Montpensier! Mich durchzuckt ein Schauer, und mir stockt der Atem, als ich Chagall entdecke: 22, Place Dauphine! Fieberhaft blättere ich weiter: Giacometti, Lacan … Sie geben sich die Klinke in die Hand: Aragon, Breton, Brassaï, Braque, Balthus, Éluard, Leonor Fini, Leiris, Ponge, Poulenc, Signac, Staël, Sarraute, Tzara …

Zwanzig Seiten, auf denen sich in alphabetischer Reihenfolge die größten Künstler der Nachkriegszeit tummeln. Zwanzig Seiten, die man erneut durchlesen muss, um es zu glauben. Zwanzig verblüffende Seiten, wie ein privates Telefonbuch des Surrealismus und der modernen Kunst. Zwanzig Seiten, die von den Blicken fassungslos überflogen werden. Zwanzig Seiten, über die ich mit dem Finger fahre, fast ohne zu atmen, weil ich befürchte, sie könnten sich vor meinen Augen selbst zerstören oder ich könnte sie nur geträumt haben. Und ganz zum Schluss, um den Schatz zeitlich zu verorten, ein Kalenderblatt von 1952, das beweist, dass das Adressheft 1951 gekauft worden sein muss. Niemals mehr werde ich T. D. vorwerfen, etwas verloren zu haben.

Natürlich will ich wissen, wer diese ganzen Namen mit brauner Tinte notiert hat. Wer kannte und hatte Umgang mit diesen Genies des 20. Jahrhunderts? Zweifelsohne ebenfalls ein Genie!

Ehrlicher wäre es zuzugeben, dass ich nichts entschieden habe. Dieses Adressbuch habe nicht ich ausgewählt, es ist aufgetaucht, hat sich aufgedrängt, hat sich mir aufgedrängt …

Ich bin ihm in die Falle gegangen, kann dem Ruf dieser Namen nicht widerstehen, wie ein Polizeihund, dem man den Geruch desjenigen, der verschwunden ist, unter die Nase hält … Such … Such …

Ich lasse mich darauf ein, ohne zu wissen, wer sich hinter dieser Handschrift verbirgt. Fasziniert von seinen Freunden, noch bevor ich von seinem Leben fasziniert bin, jage ich einem Phantom nach. Ich weiß nicht, wer es ist, aber diese Seiten sind wie ein kleines Schlüsselloch, durch das ich einen Blick in eine verschwundene Welt erhasche, für die es kein Pendant gibt.

Michèle S.
Hameau de la Chapelle
Cazillac

Sollte der Poststempel verbindlich sein, dann kommt das Päckchen aus Brive-la-Gaillarde. Wie gelangen derart pariserische Adressen nach Brive-la-Gaillarde?

Der auf eBay veröffentlichten Annonce entnehme ich, dass es sich bei dem Verkäufer um einen Antiquitätenhändler aus einem etwa dreißig Kilometer von Brive entfernten Weiler handelt: Cazillac, ein charmantes Dorf im Lot, in den grünen Senken des Kalkplateaus von Martel. Cazillac, weniger als fünfhundert Einwohner, bekannt, wenngleich nicht sehr, für seine romanische Kirche, seinen Turm aus dem 12. Jahrhundert, die Waschhäuser, einen Brotofen und das Sauvat-Kreuz, das den nördlichen 45. Breitengrad, den Mittelpunkt der Strecke zwischen dem Nordpol und dem Äquator markiert. Genau von dort kommt dieses Adressbuch! Von einem verlorenen Punkt auf der Erde und doch exakt von der Mitte unserer Hemisphäre.

Ich habe den Namen eines Surrealisten ausfindig gemacht, der aus dieser Ecke stammt. Aber wer kennt schon Charles Breuil? Anscheinend weder Breton noch Braque oder Balthus …

Auch Édith Piaf verweilte häufig auf dem Kalkplateau von Martel. In den Fünfzigerjahren war *la Môme,* wie sie in Frankreich liebevoll genannt wird, mehrfach in einem Erholungsheim wenige Kilometer von Cazillac entfernt. Bei Einbruch der Dunkelheit ging sie immer zum Beten in eine kleine, marode Kirche, die dort am Felsen klebt. Sie soll sogar die Restaurierung der Fenster finanziert, den Priester aber gebeten haben, das zu ihren Lebzeiten niemandem zu sagen. Was, wenn das hier Piafs Adressbuch ist? Sie war mit Cocteau befreundet, hatte Aragon bei der *Libération* kennengelernt und wurde von Brassaï fotografiert.

Die rasche Antwort der Verkäuferin von besagter Kalenderhülle auf meine erste Nachricht setzt meinen Spekulationen um Piaf und Cazillac jedoch ein – eher unsanftes – Ende. »Ich habe vor mehreren Jahren gleich zwei solcher Kalenderhüllen von Hermès bei einer schönen Versteigerung in Sarlat, im Périgord, erstanden. Mehr weiß ich davon nicht, aber ich kenne den Verantwortlichen des Auktionssaals und kann ihn fragen, ob er weitere Informationen zu den Verkäufern hat. Natürlich kann ich Ihnen nichts versprechen, aber ich werde Sie auf dem Laufenden halten.«

Einen Monat später löst sie ihr Versprechen ein: Der Verkäufer sei eine aus Bergerac stammende Verkäuferin, die den Terminplaner, zusammen mit weiteren Gegenständen, persönlich beim Auktionator abgegeben habe. Michèle fand auch den genauen Verkaufstag der Auktion heraus: der 24. Mai 2013 in Sarlat.

Sollte ich mehr erfahren wollen, so würde sie mir raten, den Verantwortlichen des Auktionssaals selbst zu kontaktieren. Es stellt sich jedoch heraus, dass dieser schwieriger zu erreichen ist – im Urlaub, beschäftigt –, und ganz eindeutig unempfänglich für das Romanhafte dieses gefundenen Adressheftes. »Ich kenne das Paar, das den Terminkalender verkauft hat, nur wenig, außerdem sind die beiden unlängst sehr weit aus der Region weggezogen. Mir scheint es sehr wahrscheinlich, dass sie tatsächlich gar keinen Bezug zu den Menschen hatten, denen diese Terminkalender gehörten. Oder aber sie möchten nichts davon wissen.«

Ganz offensichtlich möchte er selbst »nichts davon wissen«. In wenigen Sätzen, dann in zwei, drei rasch abgewickelten Gesprächen, müht er sich vor allem damit ab, mir den Zugang zu den einstigen Besitzern zu verwehren.

Um ihn zu besänftigen, erzähle ich ihm, dass auch mein Vater einen Auktionssaal geleitet habe. Und das ist nicht einmal gelogen! Als Kind verbrachte ich ganze Tage damit, zwischen Resopalmöbeln und provenzalischen Schränken zu spielen und verrostete Blechbüchsen und klemmende Schubladen zu öffnen. Stets hoffte ich, einen verborgenen Schatz zwischen den alten Alben, den lose zwischen Schlüsseln herumliegenden Taschenuhren oder unter den gestärkten Stapeln Bettlaken zu finden. Ich kann mich noch gut an den leicht beißenden Geruch von Staub erinnern und an das gelbe Sägemehl, das aus wurmstichigem Holz herausrieselte. Dort hörte ich den Ausdruck »Nachlass ohne Erben«. Und mich bekümmerte das Schicksal der Menschen, die ohne Familie verstarben und deren Möbel sich an einem Samstagvormittag in alle vier Himmelsrichtungen zerstreuten. Ich erinnere mich an Versteigerungen für einen Franc, an Posten für fünf Franc, an meinen Vater, der sich mit seinem Hammer zu amüsieren schien, wenn er »zum Ersten, zum Zweiten, zum Dritten!« rief, und an Käufer, die sich freuten, wenn sie etwas ergattert hatten. Einer der Freunde meines Vaters sagte einmal, das sei »das Casino des armen Mannes«.

Also bleibe ich am Verantwortlichen des Auktionshauses

dran. Ich versichere ihm, dass ich mich mit seinem Beruf aus-
kenne, dass ich seine Ethik verstehe ... Ich zeige mich mitfüh-
lend, kokettiere ... Doch er bleibt unnachgiebig. Es ist unmöglich, ihm die Adresse der Verkäufer zu entlocken, genauso wenig
wie ich herausfinden kann, welche anderen Gegenstände sie ihm
anvertraut haben. Er ist nur dazu bereit, ihnen einen Brief wei-
terzuleiten, auf den sie nicht reagieren. Und schließlich sieht
auch er davon ab, weiter auf meine Mails zu antworten.

»Das ist eine sehr schwierige Situation, und ›laut Gesetz‹ kann
ich nicht darauf drängen, ohne das Risiko einzugehen, mich
strafbar zu machen.«

Ich weiß, dass er von der rechtlichen Seite her betrachtet recht
hat. Mein Vater bestätigte mir dies: »Der Name des Verkäufers
muss vertraulich bleiben.« Ich denke, das war eine unserer letzten ernsthaften Unterhaltungen ... Ihn überraschte es nur, dass
um ein einfaches Adressheft ein solches Aufheben gemacht
wurde. Er hätte sich in einem solchen Fall etwas entgegenkom-
mender gezeigt. Lächelnd fügte er noch hinzu: »Schließlich ist
dein Ding da kein Picasso!« Aber warum eigentlich nicht? Ich
überprüfe auch das: Leider weisen die beiden Handschriften
nicht die geringste Gemeinsamkeit auf.

Durch seine Bemerkung neugierig gemacht gehe ich jedoch
die letzte Mail des Verantwortlichen des Auktionshauses noch
einmal genauer durch: Warum erzählt er mir, er kenne dieses
Paar nicht gut? Er kennt es gut genug, um zu wissen, dass das
Paar »unlängst sehr weit aus der Region weggezogen« ist! Und er
muss die beiden auch angerufen haben, um so unerschütterlich
behaupten zu können, dass sie »tatsächlich gar keinen Bezug zu
den Menschen hatten, denen diese Terminkalender gehörten«,
und dass sie »nichts mehr davon hören wollen«! Warum sich
verstecken? Außerdem hat er keine einzige Frage zum Adress-

heft gestellt. Er schien vor allem durch meine Fragen verunsichert gewesen zu sein.

Er hat ja keine Ahnung, mit welcher Beharrlichkeit ein hartnäckiger Mensch sich einem Rätsel zuwenden kann, das ihm unvermutet in den Schoß fällt. Er weiß nicht, dass ich da einen Schatz in Händen halte! Und auch wenn sich dieses Tor mit dem Auktionshaus von Sarlat schließt, so stößt mein Adressheft doch eine Tür zu einer der faszinierendsten Welten auf, die man sich vorstellen kann.

Es muss zwingend eine Erklärung und auch einen Grund dafür geben, weshalb jemand eines Tages in Bergerac diese Kalenderhülle aus bordeauxfarbenem Leder aufgestöbert und beschlossen hat, sie zu verkaufen, ohne daran zu denken, den Inhalt zu leeren. Vielleicht reicht es ja schon völlig aus, Bergerac auf einer Landkarte anzusiedeln: die Unterpräfektur der Dordogne, inmitten des purpurnen Périgord, gerade mal hundert Kilometer von Bordeaux, Brive-la-Gaillarde, Cahors und Angoulême entfernt, aber mehr als sechshundert Kilometer von Saint-Germain-des-Pres. Wer hatte möglicherweise in Bergerac gelebt oder war dort gestorben, und kannte doch alles, was in Paris Rang und Namen hatte?

Auf der französischen Wikipedia-Seite wird eine gewisse Zahl von »Persönlichkeiten, die mit der Gemeinde verbunden werden« genannt, die in den Fünfzigerjahren möglicherweise Kontakt zu den Genies dieses Adressheftes hatten:

- Desha Delteil, »amerikanische Balletttänzerin, berühmt für ihre akrobatischen Posen«;
- Hélèn Duc, Schauspielerin;
- Jean Bastia, Regisseur und Drehbuchautor;
- Jean-Marc Rivière, Schauspieler, Theaterregisseur und Leiter einer Music Hall;

– Juliette Gréco.

Aber keines dieser Profile scheint so richtig zum Adressheft zu passen. Nicht einmal das von Juliette Gréco: In ihrem Adressheft von 1951 müssten eher Namen wie Sartre, Vian oder Kosma stehen. Diese Welt hier ist nicht unbedingt die ihre.

Aber ich werde es schon noch herausfinden. Ich will dem Rätsel auf den Grund gehen. Ich will wissen, wem dieses Adressheft gehörte.

Achille de Ménerbes
22 rue Petite Fusterie
Avignon

Bergerac vergessen! Die Verkäufer und die Auktionatoren nicht weiter beachten! Da ich dieses Beweisstück vorliegen habe, werde ich es einer Art Befragung unterziehen: es Zeile für Zeile entziffern, Seite für Seite, die prominenten Freunde des unbekannten Genies auflisten, die anderen im Internet ausfindig machen. Ich werde schon dahinterkommen, wer hier noch fehlt.

A–B: Das erste Wort ist unleserlich, weil es von einem schwarzen Tintenfleck überdeckt ist. Das zweite könnte ANDRADE, AYALA sein. In der vierten Zeile ein weiterer bekannter Name: ARAGON! Es folgen ein paar Kontakte, die mir nicht viel sagen: ACHILLE de MÉNERBES, BERNIER, BAGLUM ... Dann ein paar Kontakte, von denen »er oder sie« sich die Adresse notiert hat, vielleicht, weil sie etwas enger befreundet waren: BRETON, 44, Rue Fontaine, BRASSAÏ, 81, Rue Saint-Jacques, BALTHUS, Château de Chassy, Blismes, Nièvre.

Beim Buchstaben C, steht als Erstes COCTEAU: 36, Rue de Montpensier, mit der Telefonnummer RIC 5572 oder der Telefonnummer 28 in Milly. Aber sind die Ersten, die vermerkt werden, immer auch die engsten Freunde? Zudem ist dieser Dichter ein solcher Mann von Welt, dass vermutlich ganz Paris seine Nummer hatte. Es folgen die Maler COUTAUD, 26, Rue des Plantes, und CHAGALL, 22, Place Dauphine ...

Das Auge gleicht einem Paparazzo, tendiert dazu, die weniger bekannten von oben herab zu behandeln, um seinen Fokus einzig auf die VIPs auszurichten: ÉLUARD, GIACOMETTI, LEONOR FINI, NOAILLES, PONGE, POULENC, Nicolas de STAËL ... Die meisten Freunde des Adressheftes sind einfach im Internet auszumachen: Lise DEHARME, Schriftstellerin und Muse des Surrealismus, Luis FERNANDEZ, Maler und Freund von Picasso, Douglas COOPER, bedeutender Sammler und Kunsthistoriker, Roland PENROSE, englischer Surrealist, Susana SOCCA, uruguayische Dichterin ...

Dieses Adressheft fängt an, einem *Who is Who* der Nachkriegszeit zu ähneln, einer ausgewählten Gästeliste vor einem Empfang, einem Namensindex, der in der Biografie eines bekannten Künstlers zitiert wird. Es erinnert mich auch an ein Gruppenfoto, bei dem die Abgelichteten durch die Entwicklungsflüssigkeit nach und nach aus dem roten Dämmerlicht einer Dunkelkammer auftauchen.

Indirekt offenbart sich der Besitzer durch seine Kontakte. Er verkehrt mit den größten Dichtern seiner Zeit, häufig Surrealisten, aber nicht ausschließlich: ÉLUARD, ARAGON, COCTEAU, PONGE, André du BOUCHET, Georges HUGNET, Pierre Jean JOUVE ... Noch mehr Umgang pflegt er mit Malern: CHAGALL, BALTHUS, BRAQUE, Óscar DOMÍNGUEZ, Jean HÉLION, Valentine HUGO ... Sehr viele Surrealisten ... Galeristen und ein Leinwandaufzieher ... Vermutlich gehörte dieses Adressheft einem Maler! Und da LACAN in seinem Adressbuch steht, hat er sich bestimmt auch auf dessen Diwan ausgestreckt.

Ein gepeinigter Künstler, depressiv, hysterisch oder melancholisch. Aber kein Bohemien und auch kein verfemter Künstler: »Er oder sie« steht mit beiden Beinen im Leben und hat auch die Kontaktdaten eines Klempners, eines Marmorschleifers, eines Krankenhauses, eines Tierarztes und einer Friseurin aufgeführt. Ich bin mir ganz sicher, dass es das Adressheft einer Frau sein muss!

Fassen wir zusammen: eine Frau, eine Malerin, eng mit der surrealistischen Bewegung verbunden, von Lacan analysiert, die zudem mit den Größten ihrer Zeit verkehrte. Will man pedantisch sein, könnte man anführen, dass bei ihren Kontakten die vier oder fünf Bedeutendsten des Jahrhunderts fehlen: Picasso, Matisse, Dalí, Miró und René Char ... Aber mehr als die Fehlenden muss man die Fehlende suchen: diejenige, die die Feder in der Hand hält und uns auf zwanzig Seiten ein Abbild ihrer Welt liefert.

Manchmal macht sie Rechtschreibfehler oder verschandelt einen Eigennamen: Sie schreibt Rochechaure statt Rochechouart, Leyris mit einem y statt einem i oder Alice Toklace statt Toklas. Vielleicht ist sie eine Ausländerin oder aber eine Legasthenikerin.

Am Anfang gibt sie sich große Mühe. Jede Seite fängt mit einer Reihe von Namen in Schönschrift an, geschrieben mit ein und demselben Stift, zwangsweise von einem vorherigen Adressheft übertragen. Die Buchstaben sind gleichmäßig, eher rund gehalten, die Striche kräftig, aber dünn. Doch nach ein paar Zeilen wird die Schrift unübersichtlich und chaotisch: Das sind die neuen Kontakte aus dem Jahr 1951, deren Telefonnummern sie später aufgeschrieben hat, hastig, in aller Eile, während eine Hand den Hörer festhält und die andere nach einem herumliegenden Stift greift, oder aber weil sie an jenem Tag genervter, abgespannter oder gehetzter ist.

Bei einem Antiquar stöbere ich ein riesiges Telefonbuch aus dem Jahr 1952 auf. Es wiegt mindestens fünf Kilo, hat einen verschossenen orangefarbenen Stoffeinband, und auf dem Buchschnitt ist Werbung aufgedruckt. Dank seiner kann ich die Namen und Adressen im Adressheft nachschlagen, sie überprüfen und vergleichen.

Die Telefonnummer von Jacques Lacan entspricht der des Adressheftes: LACAN, Arzt, 30, Rue de Lille, LIT 3001. Aber BLONDIN, Avenue de la Grande-Armée, ist ein Homonym des Schriftstellers: Dieser hier ist Chirurg. Deutlich überraschender: TRILLAT, Grafologe. Sie interessiert sich also für andere Formen der Analyse. Von weniger Belang: ein Schönheitsinstitut oder ein Pelzhändler am Boulevard Saint-Germain. Eine adrette Künstlerin nimmt in meinem Kopf Gestalt an. Vielleicht ist sie auch wunderschön … MICOMEX, Rue de Richelieu, Import/Export: Also verschickt sie ihre Leinwände vermutlich. Ich wechsle zwischen Telefonbuch und Adressheft hin und her. Zwischen Adressheft und Google. Zwischen Google und Wikipedia. Jede winzige Entdeckung gleicht einem kleinen Sieg für mich.

Manche Namen bleiben jedoch unleserlich und ungreifbar. Camille? Katell? Paulette? Lorraine? Madeleine? Vornamen von Frauen, hastig hingekritzelt, um nur von der gelesen zu werden, die sie aufgeschrieben hat und sie so gut kennt, dass der Name unwichtig ist. Mir fallen ein paar Zeilen von Modiano ein, als er auf der Spur von Dora Bruder ist: »Was man von ihnen weiß, kann oft in einer bloßen Adresse zusammengefasst werden. Und diese topographische Angabe steht im Kontrast zu alldem in ihrem Leben, was man nie erfahren wird – dieser weiße Fleck, dieser Block aus Unbekanntem und Schweigen.«[1]

Achille de MÉNERBES bleibt ebenfalls ein Rätsel. Sie hatte seine Adresse, 22, Rue Petite-Fusterie in Avignon, und seine

Telefonnummer, 2258, aufgeschrieben. Doch nach siebzig Jahren ist es, als hätte dieser Mann niemals existiert. Er hat keine Spur hinterlassen. Warum so hartnäckig an diesem Namen hängen bleiben? Vernünftiger wäre es, ich würde einfach mit dem nächsten weitermachen. Aber dieser Achille ist wie ein Pflaster, das an meinem Finger kleben bleibt. Und er hatte so recht damit, kleben zu bleiben! Ganz unvermittelt, unter der Lupe betrachtet, werden die Buchstaben erkennbar. Ich hatte zu schnell gelesen, oder nicht konzentriert genug: Sie hatte gar nicht »Achille de« geschrieben, sondern »Architekt«. »Architekt Ménerbes« … Sie muss in diesem Dorf im Luberon ein Haus besessen und einen Architekten aus Avignon damit beauftragt haben, die Arbeiten zu überwachen.

Meine Finger zittern, als würden sie über die Tastatur meines Computers stolpern. Auf der Wikipedia-Seite von Ménerbes steht, dass nur zwei Maler zu Beginn der Fünfzigerjahre dort residiert haben. Nicolas de Staël schließe ich von vornherein aus, schließlich ist er einer der aufgeführten Kontakte.

Der zweite Name ist der einer Frau … Malerin … Fotografin … Muse der Surrealisten … eng befreundet mit Éluard und Balthus … von Lacan analysiert … Natürlich, sie ist es! Alles passt, alles fügt sich, bis hin zum Fehlen von Picasso beim Buchstaben P. 1951, sechs Jahre nach ihrer Trennung, hat sie natürlich weder seine Adresse noch seine Telefonnummer notiert, in Ermangelung dessen, noch mehr ausradieren zu können. Vielleicht habe ich hier keinen »Picasso« in Händen, doch was ich habe, ist das Adressheft von Dora Maar!

Ich meine mich zu erinnern, dass ich einen Schrei ausgestoßen habe! Einen Schrei wie von einem Fußballspieler, der soeben ein Tor erzielt hat, einen Schrei, die Hände zu Fäusten geballt, begleitet von einem eigentümlichen »Yes!«. Dann habe ich

T. D. angerufen. Verfluchtes Handy, an das keiner rangeht. Wem soll ich denn dann ein »Ich hab's rausgefunden!« entgegenschleudern?

»Ich suche nicht, ich finde!«, sagte einst Picasso. Genau das werde ich tun: versuchen herauszufinden, was dahintersteckt.

Theodora Markovitch
6 rue de Savoie
Paris

Dora Maar ... Von ihr habe ich nur Klischees im Kopf: Picasso mit nacktem Oberkörper, Picasso im gestreiften Shirt oder Picasso, während er *Guernica* malt ... Und natürlich die ganzen Gemälde, auf denen er sie als *Die weinende Frau* malt oder beschreibt, auf denen sie entstellt und vom Schmerz niedergerungen dargestellt ist.

Gelobt sei Google: Ich surfe, klicke, verschlinge, was ich da finde. »Dora Maar, französische Fotografin und Malerin, Lebensgefährtin von Picasso«, »Dora Maar, gebürtige Henriette Theodora Markovitch, geboren am 22. November 1907 in Paris«, »einzige Tochter eines kroatischen Architekten und einer aus Tours stammenden Mutter«, »ihre Kindheit verbringt sie in Argentinien, danach kehrt sie wieder nach Frankreich zurück«, »befreundet mit André Breton und den Surrealisten«, »Geliebte von Georges Bataille«. Daten, Städte, Namen. »Dora Maar, eine herausragende Persönlichkeit des 20. Jahrhunderts«, »ein Stil von einer ausgeprägten Originalität«. Und immer wieder Bezüge zu Picasso: Er hat »andere Frauen leidenschaftlicher geliebt als sie, aber keine hatte einen so starken Einfluss auf ihn«,

»Picasso drängt sie dazu, die Fotografie aufzugeben«, »Picasso verlässt sie für die junge Françoise Gilot« … Bruchstücke eines Lebens, Splitter des Leidens: in einer geschlossenen Anstalt, Elektroschocks, Psychoanalyse, Gott, Einsamkeit …

Diejenige, der das Adressheft gehörte, war also knapp zehn Jahre lang die Lebensgefährtin von Picasso, von 1936 bis 1945. Bevor sie ihn kennenlernte, war sie eine großartige Fotografin. Danach eine Malerin, die erst im Wahnsinn, dann im Mystizismus versank und sich schließlich ganz zurückzog.

Ich vertreibe mir die Zeit damit, alle Adjektive aufzulisten, die man ihr zuschreibt, in der Hoffnung, dass sich aus dieser Wortwolke ein Porträt herauskristallisiert: schön, intelligent, wild, eigensinnig, feurig, jähzornig, herablassend, unnachgiebig, übersprudelnd, hochmütig, würdevoll, kultiviert, autoritär, snobistisch, eitel, mystisch, verrückt …

Die meisten sie betreffenden Zeitungsartikel handeln von ihrem Tod im Jahr 1997 und von der Versteigerung ihres Nachlasses: 213 Millionen Euro, aufgeteilt zwischen dem Staat, den Experten, den Auktionatoren, den Erbenermittlern und zwei entfernten Verwandten in Frankreich und Kroatien, die sie nie kennengelernt haben.

Dann notiere ich diesen einen Satz, ohne zu wissen, wem ich ihn zuschreiben soll, so häufig wird er im Internet kopiert und geteilt: »Sie war die Geliebte und die Muse von Pablo Picasso, eine Rolle, die die Gesamtheit ihres Werkes ausblendete.« Grausame Nachwelt, die nur die Geliebte zurückbehält und ein ganzes Werk im Schatten eines Giganten begräbt. Grausam und endgültig. Wer kennt schon das Werk von Dora Maar? Wer erinnert sich daran, dass sie eine der wenigen Fotografinnen war, die Zugang zum Kreis der Surrealisten hatte? Wer weiß, dass sie sechzig Jahre ihres Lebens der Malerei widmete?

Ihre berühmtesten Fotos sind Porträts von Picasso. Am erstaunlichsten sind jedoch die Fotos aus der Zeit davor: in der Traumwelt verankerte Versuche, surrealistische Collagen oder Gesellschaftsfotografie. Bevor sie den spanischen Maler überhaupt kennenlernt, ist sie, mit nicht einmal dreißig Jahren, schon berühmter als ihre Freunde Brassaï und Cartier-Bresson. Noch heute reißen sich Sammler und bedeutende Museen bei Auktionen um die Abzüge ihrer Fotos. Mit ihren Gemälden verhält es sich anders, obwohl sie ihnen eine größere Wichtigkeit beimaß.

Schon mehrere Autoren haben sich über ihr Schicksal gebeugt: ein paar ernsthafte Biografien, Romane, die sich frei von ihrem Leben inspirieren, sowie einige Kunstbücher. Fast alle sind von Frauen geschrieben, die ihr Schicksal faszinierte, wie auch das Rätsel um eine tragische Heldin, die sich, wie Camille Claudel oder Adèle Hugo, aus Leidenschaft hingibt und sich selbst dabei verliert. Und jetzt bin auch ich Teil dieser Gruppe …

Sie muss im Januar 1951 damit angefangen haben, dieses Adressheft zu füllen. In Paris weht ein eisiger Nordwind. An Silvester hat es geschneit. Bestimmt ist es eiskalt in der Rue de Savoie, schließlich neigt sie dazu, die Kohle nur äußerst sparsam einzusetzen. Sie sitzt an ihrem Schreibtisch aus Mahagoniholz und hat einen der Füllfederhalter, ein Geschenk von Picasso, aus dem ledernen Schreibpult herausgenommen. Nichts hat sich in den letzten sechs Jahren verändert: Sie schläft noch immer in dem Empire-Bett, in dem sie sich geliebt haben, und lebt inmitten seiner Geschenke, seiner Gemälde, seiner Skulpturen und seiner kleinen, quasi aus nichts zusammengebastelten Gegenstände, die sie in ihren Schubladen hortet. Vor allen Dingen aber hat sie die Wände nicht überstrichen: Es wäre ein Sakrileg, die Insekten auszulöschen, die der Meister um des Vergnügens willen in die Risse und Spalten gemalt hatte.

Ich stelle mir vor, wie sie das winzige Heft Seite um Seite sorgsam beschreibt. Sie fängt bei den Namen mit A an, macht dann mit B weiter. Doch sie hält sich nicht sonderlich an die alphabetische Reihenfolge. Sie nutzt diesen Moment vermutlich vor allen Dingen, um etwas auszumisten: Freunde, die einen verraten, sind ihr keine Zeile mehr wert. Manchmal zögert sie: wozu gut? Dann wieder überträgt sie die Kontakte, wie man an einem Foto oder einer Erinnerung festhält. Am schwierigsten ist es, die Toten verschwinden zu lassen, die Phantomen gleich durch ältere Adresshefte geistern. Indem sie ihre Namen streicht, begräbt sie sie ein weiteres Mal …

Dieses Adressheft ist ein Abbild ihrer Welt im Jahr 1951: Schichten von Freunden und Bekannten, die sich über Jahre hinweg angesammelt hatten und natürlich auch ein paar neue. Doch wer von dieser Liste ist wirklich wichtig? Wer ruft an? Welche Nummern wählt sie? Würde jemand heutzutage in einem Handy über unsere Kontakte stolpern, wüsste er sofort um unsere Favoriten, könnte die Chronologie unserer Anrufe rekonstruieren, unsere SMS und Mails lesen und sich unsere Nachrichten anhören. Er würde alles über unser Leben herausfinden …

Doras Adressheft hingegen ist stumm wie ein Grab. Dabei könnte es von den feingliedrigen Händen mit den stets lackierten Fingernägeln erzählen, die es in einer Tasche verstauen oder daraus hervorholen. Es könnte die wahren Freunde benennen. Könnte sich an Unterhaltungen, vertrauliche Gespräche, Gelächter, Streitereien oder an Tränen erinnern, deren einziger Zeuge es war. Es könnte auch Momente der Einsamkeit erwähnen, wenn Doras einzige Gefährten das ungeöffnete Adressheft und die Katze waren.

Der Salon in der Rue de Savoie ist zu ihrem Atelier geworden.

Tagelang schließt sie sich dort ein, manchmal sogar über mehrere Wochen. »Ich muss mich in die Wüste zurückziehen«, sagt sie einem Freund. »Ich möchte mein Werk mit einer geheimnisvollen Aura umgeben. Die Menschen sollen sich danach sehnen. Man kennt mich noch zu sehr als Picassos Geliebte, um mich als Künstlerin zu achten.«[2] Sie ahnt, dass sie sich neu erfinden muss, dass sie *Die weinende Frau* vergessen lassen und eine andere Geschichte schreiben muss.

Doch sie muss sich auch dann einschließen, wenn sie nicht mehr kann, wenn sie sich selbst oder das, was sie malt, nicht mehr aushält. Wenn sie weder die Abschottung noch die anderen erträgt. Wenn sie sich weigert, sich weniger schön zu zeigen, mit müden Gesichtszügen, verquollenen Augen. Sie ist ja so unglaublich stolz.

Ich sehe sie vor mir, wie sie die Seiten umblättert, ohne überhaupt in Erwägung zu ziehen, jemanden anzurufen, nur um sich zu vergewissern, die Bestätigung zu haben, dass sie eine Menge Leute kennt! Und die Namen, die vor ihren Augen vorbeiziehen, geben ihr das Gefühl, als begegnete sie ihren Freunden. Manchmal überwindet sie sich, kontaktiert einen Galeristen, ruft ihre Friseurin an, eine Nagelpflegerin oder eine Bekannte.

Früher rief Picasso immer dann an, wenn er beschloss, zum Mittagessen ins Catalan zu gehen, ein spanisches Restaurant auf halbem Weg zwischen ihren beiden Wohnungen. Mit diesem unnachahmlichen spanischen Akzent, den er niemals ablegte, verkündete er dann stets: »Ich gehe los, kommen Sie rrrunter.« Auf dieses Signal hin schnappte sich Dora, die Stolze, Dora, die Hochmütige, ihre Handtasche, hastete die zwei Etagen hinunter und traf sich an der Straßenecke mit ihm. Häufig musste sie warten. War sie einmal etwas später dran, wartete er natürlich nie, aber er hielt ihr einen Platz am Tisch frei.

1951 kommt sie nach wie vor regelmäßig ins Catalan. Aber niemand trägt ihr mehr in diesem gebieterischen Tonfall auf »rrrunterzukommen«. Das würde sie sich nicht mehr bieten lassen! Und wenn, dann höchstens von Gott! Ja, »nach Picasso kann es nur noch Gott geben«, sagt sie.

Bei meinen Internetrecherchen bin ich auf einen Bericht ihres letzten Galeristen gestoßen. Auf der Website *La Règle du jeu* beschreibt Marcel Fleiss seine erstaunliche Begegnung mit der alten Dame im Jahr 1990 und die Organisation ihrer letzten Ausstellung.[3] Seine Mailadresse steht direkt auf der Seite seiner Galerie. Er antwortet mir umgehend: »Kommen Sie mich auf der FIAC besuchen!«

Gleich am nächsten Tag stecke ich das Adressheft von Dora Maar in einen ledernen Umschlag und presse meine Handtasche in der Metro fest an mich, bis ich beim Grand Palais ankomme, wo die FIAC, die internationale Messe für zeitgenössische Kunst in Paris, abgehalten wird. Dabei gebe ich mich so fälschlich unbefangen wie eine Verschwörerin, die inkognito einen Schatz mit sich herumträgt.

Marcel Fleiss
6 rue Bonaparte
Paris

Marcel Fleiss steht nicht in diesem Adressheft. 1951 ist er erst 17 Jahre alt. Zu diesem Zeitpunkt lebt der Sohn eines Pariser Pelzhändlers in New York, wo er die Jazz-Clubs aufsucht und die größten Musiker der Nachkriegszeit fotografiert. Wie Dora kommt er über die Fotografie zur Malerei. Auf Ratschlag seines Freundes Man Ray eröffnet er 1969 eine erste Galerie und wird innerhalb weniger Jahre zum besten Händler und französischen Spezialisten des Surrealismus. Er hätte durchaus ein Anrecht darauf, blasiert, arrogant oder unnahbar zu sein. Aber der bedeutende Galerist ist ein autodidaktischer und leidenschaftlicher Sammler geblieben, ein liebenswerter Stiller, ein Wortkarger, der mit den Augen lacht. Und obwohl er seit über fünfzig Jahren mit Meisterwerken zu tun hat, sehe ich, dass ihn die Geschichte um das Adressheft amüsiert und neugierig macht.

Schweigend blättert er es rasch bis zum Buchstaben M durch: »Hier fehlt Léo Mallet.« Er rückt seine Brille zurecht, fährt mit dem Zeigefinger langsamer über die vergilbten Seiten, von einer Zeile zur nächsten, nickt dann etwas überzeugter. »Nein, Aragon, Breton, das passt ... Brassaï, Balthus, Cocteau, du Bouchet,

Éluard, Fini ... Das sind genau die Namen, die sie erwähnte!«
Stur sucht er weiter nach Léo Malet, wiederholt »eigenartig, dass
er nicht drinsteht«. Schließlich sagt er: »Ja, das muss sie sein.«
Dann holt er die Fotokopie einer Postkarte hervor, die die
Künstlerin ihm geschickt hatte. Auf der Rückseite eines *Still-
lebens mit Suppenschüssel* von Cézanne hatte sie nur vermerkt:
»Vielen Dank für die leckeren Pralinen, gutes neues Jahr« und
mit »Dora Maar« unterschrieben. Der Vergleich der beiden
Handschriften zerstreut seine letzten Zweifel: »Ja, ganz sicher,
das ist ihre Handschrift.« Daraufhin zeigt er das Adressheft seiner Frau, seinem Sohn und einem Sammler, der gerade vorbeikommt. »Seht euch an, was sie gefunden hat!« Am liebsten hätte
ich ihn geküsst!

Marcel Fleiss hat Dora Maars Weg zufällig und zum ersten
Mal 1990 gekreuzt. Er hatte einem Kollegen soeben ein Dutzend
ihrer Gemälde abgekauft. Sie hingen noch nicht an der Wand,
sondern waren auf dem Boden seiner Galerie in der Rue Bonaparte aufgereiht. Doch sie fielen einem amerikanischen Kunsthistoriker auf, der gerade in Paris war: »Das ist ja eigenartig, ich
treffe mich morgen mit ihr ... Erlauben Sie mir, dass ich ihr davon erzähle?« So findet Marcel Fleiss heraus, dass sie noch lebt:
mit 83 Jahren, 17 Jahre nach dem Tod von Picasso, wohnt sie
isoliert von der Welt nach wie vor in der Rue de Savoie.

Am nächsten Tag erhält er einen Anruf von Dora Maar
höchstpersönlich. Sie tut so, als wisse sie nicht, woher die Gemälde stammen, zitiert den Galeristen für 15 Uhr zu sich. Er
trifft etwas zu früh ein, das ist einer seiner Ticks. Er klingelt bei
Markovitch, aber niemand antwortet. Auch fünf Minuten später
keine Reaktion. Um Punkt 15 Uhr ertönt eine spitze, harsche
Stimme über die Gegensprechanlage: »Junger Mann, wenn ich
15 Uhr sage, dann meine ich auch 15 Uhr.« Herzlich willkommen

bei Dora Maar, die eher einer ruppigen *Tante Daniele* aus Cha-
tillez' Filmkomödie als der *Weinenden Frau* gleicht. Im zweiten
Stock wartet die alte Dame auf dem Treppenabsatz auf ihn. Ganz
offensichtlich beabsichtigt sie nicht, ihn hereinzubitten. Und
wütend darüber, dass er nur mit Fotos ihrer Gemälde gekommen ist, behauptet sie, es seien Fälschungen. Der Galerist schlägt
vor, tags darauf mit den Gemälden zurückzukommen. Und dieses Mal, nur kein Fauxpas!, trifft er pünktlich ein. Die halb offen-
stehende Tür hinter der Künstlerin lässt ein unbeschreibliches
Chaos erahnen. »Man hätte es für das Refugium einer Obdach-
losen halten können. Schon seit Jahren ist dort nicht mehr ge-
putzt worden. Im Spülbecken stapelte sich das dreckige Ge-
schirr.«

Anhand der Ausstellungsetiketten, die noch auf der Rückseite
der Gemälde kleben, muss Dora einräumen, dass es tatsächlich
ihre Gemälde sind. Doch sie wechselt das Thema, erinnert sich
ganz unvermittelt daran, dass ihre damalige Galeristin, Henriette Gomez, sie nie bezahlt habe. Marcel Fleiss rät ihr, sich
einen Anwalt zu nehmen. Sie antwortet, sie hasse Anwälte. Er
unterbreitet ihr den Vorschlag, ihre Gemälde in einer Ausstellung zu versammeln. Sie ist einverstanden, unter der Bedingung,
den Katalogtext vorgelegt zu bekommen. »Über mich wird so
viel Unsinn erzählt.«

Am Tag der Vernissage sind ein paar Freunde da, hoffen darauf, sie nach so vielen Jahren endlich wiederzusehen: Michel
Leiris, Marcel Jean, Léo Malet. Doch sie warten vergeblich. Sie
stattet der Ausstellung erst ein paar Tage später einen Besuch ab,
allein und inkognito.

Danach besucht Marcel Fleiss sie ein paarmal, insbesondere
um Fotoabzüge zu verhandeln, die sie unter dem Bett aufbewahrt, Überreste aus der Zeit, als sie eine angesagte Fotografin

war. Die Verhandlungen verlaufen schleppend, denn sie verlangt einen horrend hohen Preis. Sie erachtet sie für »ebenso gut wie die Fotos von Man Ray und folglich auch ebenso teuer«. Schließlich werden sie sich einig, aber sie stellt noch eine letzte Bedingung: »Ich verkaufe sie Ihnen nur dann, wenn Sie mir schwören, dass Sie kein Jude sind.« Fleiss ist sprachlos. Heute räumt er ein: »Zum ersten Mal in meinem Leben habe ich durch mein Schweigen gelogen.«

In ihrer Bibliothek entdeckt er daraufhin ein Buch: *Mein Kampf.* Es ist weder eingeräumt noch versteckt. Es liegt auch nicht nachlässig herum. Es ist nicht etwa vergessen worden. Nein, es wird ausgestellt, wie Nippes auf einem Regalbrett, für alle gut sichtbar … Auch wenn »alle« in Doras Leben nicht mehr sehr viele sind: Mit ihren 83 Jahren lässt sie nurmehr ihre spanische Hausmeisterin, eine englische Nachbarin oder einen Priester ins Haus.

Doch wie ist sie von *Guernica* zu *Mein Kampf* gekommen, von der Liebe für Picasso, der Freundschaft zu Éluard, den Petitionen gegen den Faschismus zu diesem widerwärtigen unbändigen Hass? Haben das Leiden, die Bitterkeit, die Misanthropie und die Bigotterie vereint womöglich zu dieser Form des Wahnsinns geführt? Ist sie vielleicht aufgrund ihres Kummers verrückt geworden?

Wenn die Biografen von Dora sich an diesem »Detail« ihrer Geschichte aufhalten, erwähnen sie manchmal eine wiedergefundene Annäherung an ihren kroatischen Vater, ein mürrischer Mensch, der beschuldigt wird, mit dem Nazismus zu liebäugeln. Andere stellen sich vielmehr vor, die Bigotte hätte damit angefangen, das Volk des Gottesmörders zu verabscheuen. Oder dass sie *Mein Kampf* aus rein intellektueller Neugier gekauft habe, genau wie sie auch die *Rote Bibel* besaß …

Rein intuitiv sehe ich darin vielmehr eine letzte und überaus geschmacklose Provokation einer alten empörten Dame, die ganz genau weiß, wer dieser junge Galerist ist und ihn einfach nur erniedrigen will, damit er diese Fotos, die sie ihm verkauft, auch noch auf andere Weise bezahlt.

Unentschlossen schwanke ich jedoch ... *Mein Kampf* hat meinem Enthusiasmus einen ziemlichen Dämpfer verpasst. Bin ich bereit, mehrere Monate mit einer bigotten Antisemitin zuzubringen? Kann man über jemanden schreiben, ohne diesen Menschen zu mögen? Ich hoffe, zumindest zu verstehen, warum und wie sie zu der wurde, die sie letztlich geworden ist. Zu verstehen, warum man entgleist, warum man abdriftet, warum man ein solches Buch kauft.

Breton
42 rue Fontaine
TRE 8833

Ich habe vor, diese Reise Seite um Seite weiterzuverfolgen. Ich will jeden Namen auf die gleiche Weise hinterfragen. Was hat er in diesem Adressheft zu suchen? Welchen Platz nahm er in ihrem Leben ein? Es gibt durchaus Briefromane, warum also keine Biografie, ausgehend von zwischenmenschlichen Kontakten? Man sagt mir, Dora und ihre surrealistischen Freunde wären über mein Vorgehen amüsiert gewesen: mit dem gefundenen Gegenstand spielen, Nummern ziehen wie am Faden einer Garnrolle, suchen, seiner Intuition folgen, Fragen stellen und, wenn niemand mehr antworten kann, Vermutungen anstellen, sich etwas ausmalen ...

Natürlich gibt es Namen, die ohne erkennbaren Grund hier aufgeführt sind. Vornamen, die unleserlich bleiben. Telefonnummern ohne Geschichte. Ich jedoch will die Archive, die Telefonbücher, die Briefe und die Fotos zum Sprechen bringen. Ich will jedem kleinsten Hinweis nachgehen. Ich will mir Zugang zu ihren berühmten oder anonymen Bekannten verschaffen. Indem ich mich von einem zum nächsten hangele, ob mit oder ohne Logik, will ich mit etwas Glück den *Cadavre Exquis* von Doras Universum abbilden. »Sag mir, wen du triffst, und ich sage dir, wer du bist.«

Aber mit wem soll ich anfangen? Ein Adressheft drängt eine alphabetische Reihenfolge auf: A, wie Aragon, dann Architekt, Ayala … Als ausgewiesener Kenner der surrealistischen Dogmen rät mir Marcel Fleiss genau dazu. Diese Radikalität würde jeder Hierarchie oder Chronologie spotten. Aber dann wäre sie vielleicht auch so langweilig wie ein Wörterbuch.

Ich könnte mich vom Glück leiten lassen, das Adressheft mit geschlossenen Augen durchblättern und mich der Herausforderung des ersten Namens stellen, an dem mein Finger innehält: Éluard, was für ein Zufall …

Doch da ich beschlossen habe, dieses Adressheft zum Sprechen zu bringen, reicht es vielleicht, ihm zuzuhören. Es flüstert mir die Worte *Fund, Fundsache, Glück* oder *Zufall* zu … Es führt mich zwangsweise zu Breton, dem großen Theoretiker des *objektiven Zufalls*.

Er sagt: »Der gefundene Gegenstand erfüllt hier in strenger Entsprechung die gleiche Aufgabe wie der Traum, insofern als er das Gemüt des Einzelnen von lähmenden Skrupeln befreit, den Finder kräftigt und ihn begreifen lässt, dass die Schranke, die er für unübersteigbar halten mochte, bereits überwunden ist.«[4]

Breton muss zumindest seit 1933 in den aufeinanderfolgenden Adressheften von Dora auftauchen. Damals herrschte er über die surrealistische Bewegung, die er mit Aragon und Soupault 1924 ins Leben gerufen und dann mit Éluard und Desnos weiterentwickelt hatte. Man muss sich vor Augen führen, wofür sie damals standen: die genialste und originellste Avantgarde der Künstlerszene. Man ist bemüht, sie zu treffen, will in ihrem Kreis aufgenommen werden, ihnen zuhören, wie sie die etablierte Ordnung und die bourgeoisen Konventionen in den Cafés der

Place Blanche umkrempeln. Jeden Tag kommt, wer will, und nimmt Platz, wie und wo es geht. Breton ergreift das Wort, genau wie die anderen um ihn herum, spricht über alles und nichts, in einer häufig recht ausgelassenen Stimmung, unter Einfluss von Weißwein oder Mandarin-Curaçao. Manchmal läuft es aus dem Ruder, sie ohrfeigen sich, prügeln sich, einfach aufgrund einer missverstandenen Idee oder eines falschen Wortes.

Breton und seine Freunde interessieren sich für das Unbewusste, den Traum, das Okkulte, sie experimentieren mit anderen Annäherungen an das Reale, mit dem Automatischen Schreiben, der Hypnose, manchmal auch mit Drogen ... Sie erfinden eine neue poetische Ausdrucksform, streben zudem danach, das Leben und die Welt zu verändern! Rimbaud vereint mit Marx ...

Als Dora anfängt, diese surrealistischen Treffen aufzusuchen, sagt sich Breton, dass sie die Geliebte des Schriftstellers Georges Bataille sein muss. Dadurch verzehnfacht sich ihr erotisches Potenzial, denn alle malen sich die Orgien oder Sadomasoszenen aus, denen Dora sich in ihrer Vorstellung mit Bataille hingibt. Tatsächlich aber weiß niemand Näheres darüber ...

Nachdem sie lange zerstritten waren, haben sich Bataille und Breton Mitte der Dreißigerjahre angenähert, um sich gemeinsam dem drohenden Nazismus, dem aufsteigenden Faschismus und den verschiedenen Vereinigungen entgegenzustellen. Gemeinsam haben sie die Gruppe »Contre-Attaque« gegründet. Dora ist eine der wenigen militanten Frauen, die sich dort aktiv einbringt. Heutzutage kann man das Ausmaß an Mut und Kämpfertum gar nicht mehr ermessen, das dazu nötigt war, um sich allein inmitten all der Männer zu engagieren. Aber Dora lässt sich von nichts einschüchtern! Brillant, intelligent, kultiviert, leidenschaftlich, radikal und kämpferisch.

Indem sie sich politisch wie auch sexuell von Bataille entfernt, nähert sie sich immer mehr den Surrealisten an. Zwar wird sie nie voll und ganz Teil der Bewegung, doch sie lässt sich von deren künstlerischem und politischem Vorhaben verführen, die sich mit der Entwicklung ihrer fotografischen Arbeiten verbinden. Außerdem entspricht sie durchaus der Vorstellung, die sich die Surrealisten von der idealen Frau machen: schön, rebellisch, künstlerisch, talentiert, begeisternd … und vielleicht auch ein bisschen hysterisch.

Äußerlich betrachtet ist sie eine sehr hübsche Brünette, elegant und raffiniert, mit einem ansprechenden ovalen Gesicht, hellen Augen, die sich je nach Lichteinfall verändern, langgliedrigen Fingern mit lackierten Nägeln. Man Ray hat sie zu jener Zeit fotografiert, sowohl als laszive Frau wie auch als Vollblutweib. Der Maler Marcel Jean erinnert sich jedoch daran, dass sie »eines Tages im *Café Cyrano* aufgetaucht ist, mit zerzausten Haaren, die ihr ins Gesicht und über die Schultern fielen, als wäre sie gerade dem Ertrinken entronnen. Am Tisch der Surrealisten haben alle, oder fast alle, bewundernde Ausrufe laut werden lassen!«[5] Ich kann mir gut vorstellen, dass Breton seiner Begeisterung ohne Zurückhaltung Ausdruck verliehen hat. Erstaunlich ist allerdings, dass sie so zerzaust auftauchte, schließlich wird sie immer als eine Frau beschrieben, die sehr auf ihr Äußeres achtete. Bestimmt will sie überraschen, einen unerwarteten Aufruhr provozieren. Oder aber es ging ihr nicht gut, sie war bereits zerbrechlich, bisweilen verloren, wie das später der Fall sein wird, nachdem Picasso sie verlassen hat.

Von der Gruppe kennt sie Éluard am besten, den sie bei Prévert kennengelernt hat, allerdings übt Breton eine größere Faszination auf sie aus. Ganz instinktiv zieht sie die Anführer den Adjutanten vor. Umso mehr als er gar nicht so schroff ist, wie ihm nachgesagt wird. Frauen gegenüber kann er sich sogar überraschend sanft und aufmerksam zeigen. Betritt eine Frau ein Café, erstrahlt ein breites Lächeln auf seinem Gesicht, er steht auf und begrüßt sie mit einem Handkuss. Das ist eines der vielen Rituale, das er auch seinen surrealistischen Freunden aufdrängt. Dora lässt diese Geste nicht kalt.

Vor allem schmeichelt ihr aber, dass er sich für ihre Fotos interessiert und ihr Talent öffentlich lobt. 1936 wählt er eines ihrer Werke für eine Ausstellung von surrealistischen Gegenständen aus: *Le Père Ubu* (*Bildnis von Ubu*), ein monsterhaftes Porträt eines Gürteltierfötus. Doch er weiß auch die Kraft ihrer gesellschaftlicheren Reportagen zu schätzen und ermuntert sie, an ihren traumhaften, poetischen Collagen zu arbeiten. Sie war bereits als Mode- und Werbefotografin berühmt, nun findet sie auch als surrealistische Künstlerin Anerkennung.

Breton ist sogar bereit, für sie zu posieren, ausgestreckt im Gras mit einem Schmetterlingsnetz. Stammt nicht von ihm die Aussage, er könne »stundenlang einem Schmetterling zusehen«? Und obwohl er behauptet, misslungene Passfotos den zu geleckten Porträts vorzuziehen, gibt er sich dieser bukolischen Inszenierung gern hin.

Die Freundschaft der beiden wird noch viel inniger, nachdem er seine *Amour fou* kennengelernt hat: Jacqueline Lamba.

Lamba
7 square du Rhône

Lamba? Aber natürlich, Jacqueline Lamba, die älteste Freundin aus dem Adressheft. Sie hat Dora beim Kunststudium an der *Union centrale des arts décoratifs* kennengelernt.

1926: Mit ihren 19 Jahren ist die Ältere der beiden noch unter dem Namen Henriette Theodora Markovitch eingeschrieben, wird aber bereits von allen nur Dora genannt. Jacqueline ist erst 16 Jahre alt, trägt ihre braunen Haare, die sie später blond färbt, kurz geschnitten, hat ständig eine Zigarette zwischen den Lippen und ist schon damals sturköpfig, mutig und dreist.

Zusammen führen sie das angenehme Leben der *Jeunesse dorée* im Paris der Goldenen Zwanziger. Zu ihrer Gruppe gehören, noch bevor sie Berühmtheit erlangt haben, die Architektin und Designerin Charlotte Perriand, der Filmemacher Henri-Georges Clouzot, der Fotograf Henri Cartier-Bresson und der Musiker Georges Auric. Alle sind sie schön, intelligent, brillant, spirituell und talentiert. Eine gemeinsame Freundin erinnert sich jedoch, dass »Dora immer schon die Elegantere, die Angesagtere«[6] war. Auch sehr versnobt: Als sie im Sommer nach Argentinien reist, beschwert sie sich darüber, dort nur »mit Idioten und Wichtigtuern zu tun zu haben, die rein gar nichts von moderner Kunst verstehen, auch nichts von der alten Kunst oder überhaupt etwas von Kunst.«[7]

Bedingt durch den Tod ihrer Mutter muss Jacqueline ihr Studium abbrechen. Um unabhängig zu sein, sieht sich die Jugendliche, die nunmehr ohne Familie dasteht, gezwungen, sich mit Gelegenheitsjobs über Wasser zu halten: Verkäuferin, Assistentin und sogar nackte Flussnymphe in einem zum Kabarett umfunktionierten Schwimmbad.

Während Dora zunächst unschlüssig ist, ehe sie sich schließlich der Fotografie zuwendet, wird Jacqueline von der festen Überzeugung getrieben, Malerin werden zu wollen. Ihr ist es egal, wenn sie dafür unter lüsternen Blicken nackt in diesem riesigen Aquarium herumschwimmen muss.

Zusammen führen die beiden Künstlerinnen hitzige Diskussionen über die Kunst oder den Schaffensprozess und vertreten dabei sehr unumstößliche Meinungen: »Der Impressionismus ist absolut passé, genau wie der Kubismus; beide sind einfach unvollständig« erlaubt sich die junge Theodora mit gerade einmal 21 Jahren zu schreiben! Bevor sie sich Matisse vorknöpft, den sie als »etwas unzureichend« erachtet. »Die Malerei, das ist schon mehr als nur harmonische Farben miteinander kombinieren. [...] Unsere Aufgabe ist es, ein neues Modell zu finden.«

Auch die Politik begeistert und empört sie. Beeinflusst durch ihren Cousin erkennt sich Jacqueline als Erste in einer utopischen extremen Linken wieder. Dora gleicht neuere Überzeugungen durch eine radikalere Haltung und einen angeborenen Sinn für Dialektik aus. Natürlich haben sie Marx, Engels, Freud und Breton gelesen. Sie stacheln einander auf, stürzen sich in eine ideologische und verbale Eskalation und schwören sich, wie man das im Alter von zwanzig eben so tut, niemals irgendwelche Zugeständnisse zu machen.

Doras Karriere nimmt einen rasanteren Aufstieg als die von Jacqueline. Rasch hat sie als Fotografin in der Mode- und Werbebranche Erfolg. Und selbst wenn sie noch bei ihren Eltern wohnt, ist sie doch finanziell unabhängig.

Was ihr Privatleben betrifft, so weihen sie einander in fast alles ein. Jacqueline kennt jedes Detail der Beziehung ihrer Freundin mit dem Filmemacher Louis Chavance und weiß bestimmt auch von einigen anderen. Über das spätere Verhältnis zwischen Dora und Bataille, über seine fehlenden Grenzen, seinen Hang zu Obskurem und die Abgründe der Perversion, bis zu denen Dora sich vorwagt, erfährt sie nicht mehr ganz so viel. Jacqueline selbst ist völlig unerschrocken, aber ihr Überlebensinstinkt und eine Form von gesundem Menschenverstand schützen sie vor verrückten Beziehungen oder verkorksten Männern.

Sie ist einzig an Breton interessiert. Seine Poesie wühlt sie auf. Dora, die ihn bereits kennt, schlägt vor, sie ins Café Cyrano zu begleiten, wo die Surrealisten sich jeden Tag treffen. Aber Jacqueline ist keine, die es erträgt, jemandem »vorgestellt« zu werden. Für sie war es stets eine Frage der Ehre, allein zurechtzukommen. Nachdem sie ein paar Auskundschaftungen angestellt hat, führt sie genau dann ein Zusammentreffen herbei, als Dora für eine Reportage in Spanien ist.

Am 29. Mai 1934 trifft sich André Breton mit seinen Freunden im Café de la Place Blanche, als er diese junge blonde und »auf ärgerniserregende Weise schöne«[8] Frau entdeckt, allein und ganz ins Schreiben vertieft. Er gibt sich der Vorstellung hin, dass sie nur für ihn schreibt … Was sind die Dichter doch naiv! Tatsächlich tut Jacqueline nur so, als würde sie schreiben, denn sie will damit einzig und allein seine Aufmerksamkeit erregen. Ihre List funktioniert besser als erhofft. Die restliche Nacht streifen sie zu zweit ziellos durch Paris. Drei Monate später heiraten sie, nehmen Éluard und Giacometti als Trauzeugen, und nach nur einem Jahr bringt Jacqueline die kleine Aube zur Welt.

Im Januar 1936, eineinhalb Jahre nach der Nacht im Cyrano, findet eine weitere legendäre Begegnung in Saint-Germain-des-Prés statt. Flankiert von Sabartés, seinem gestrengen Sekretär, und seinem neuen besten Freund, dem Dichter Paul Éluard, hält Picasso durch die Drehtür Einzug ins Café Les Deux Magots. Sein Blick schweift durch den verrauchten Saal und bleibt bei einer wunderschönen Brünetten hängen, ganz in Schwarz gekleidet, die nachlässig eine Zigarettenspitze in ihren behandschuhten Fingern hält. Auch Dora Maar hat ihn gesehen. Aber sie gibt vor, ihn nicht weiter zu beachten. Da sie jedoch weiß, dass er sie beobachtet, zieht sie eine Show für ihn ab. Ganz langsam zieht sie erst einen, dann den anderen ihrer mit kleinen Blumen bestickten Handschuhe aus. Dann holt sie ein Taschenmesser aus ihrer Handtasche und amüsiert sich damit, die Messerspitze in den Tisch zu stechen … zwischen ihre gespreizten Finger … aus immer größerer Höhe … die Einstiche immer dichter an ihren Fingern … So dicht, dass das Blut hervorperlt und über ihre blasse Haut rinnt. Picasso verschlingt sie mit Blicken. Dann, ohne ihre Hand abzuwischen, ohne einen Blick für den Maler, zieht sie ihren Handschuh wieder an. Die Vorstellung ist zu Ende! Picasso wiederum ist verblüfft und fasziniert! Ein Psychiater hätte dieser Form der Selbstverstümmelung misstraut. Der Aficionado sieht darin eine Allegorie des Stierkampfes, eine Parodie des Tötens, bei der die Erregung durch die Angst aufgestachelt wird. Also beugt er sich zu seinem Sekretär, um diese Szene auf Spanisch zu kommentieren. Doch die Brünette hat alles verstanden und antwortet in seiner Sprache. Picasso verschlägt es die Sprache! Jetzt will er alles wissen: Wo hat sie so gut Spanisch gelernt? Woher kommt dieser singende Akzent? Fast könnte man es für Italienisch halten … Sie erzählt ihm von Argentinien, von ihrem Vater, dem kroatischen Architekten, der dort sein Glück versuchte, von der Kindheit in Buenos Aires. Damit wirkt sie nur umso anziehend exotischer!

Als Picasso an diesem Abend allein nach Hause geht, umklammert er den blutverschmierten Handschuh der schönen Fotografin fest in seiner Tasche und stellt ihn bei sich sofort in einer Vitrine aus. Schon das wie eine Trophäe!

Ganz naiv habe ich im Les Deux Magots nach einem Tisch gesucht, der noch immer die Messerspuren von Dora aufweisen könnte. Aber sie haben die Tische wohl ausgetauscht oder abgeschliffen. Der Tisch ist auch gar nicht so wichtig: Es scheint offensichtlich, dass die Inszenierung, um Picasso zu verführen, nichts anderes war als ein Remake der Show von Jacqueline, mit der diese Breton im Café Cyrano auf sich aufmerksam gemacht hat. Die Szenarios unterscheiden sich voneinander, aber die Strategien sind ähnlich: inszeniert von zwei ehrgeizigen, etwas zu anmaßenden jungen Frauen, zu allem bereit, um den Größten zu begegnen, oder aber von zwei Idealistinnen, die von einer Liebe träumen, die sie erhöht. Die beiden sind sicher alles auf einmal: idealistisch, anmaßend und ambitioniert …

Wäre das Leben einfach, dann hätte eine jede so ihren Prinzen gefunden: die eine, indem sie einen charismatischen Anführer des Surrealismus heiratet, die andere, indem sie zur Lebensgefährtin des größten Malers des Jahrhunderts wird. Tatsächlich aber, mit Ausnahme der Reisen, auf denen Jacqueline Breton begleitet, langweilt sie sich zu Tode in ihrem Alltag als Ehefrau und Mutter, auf den ihr Mann sie gern beschränken würde: Sie nimmt Reißaus, so oft sie kann, beschwert sich darüber, keine Zeit mehr zum Malen zu haben, vernachlässigt ihr Kind und sammelt Geliebte. Was Dora betrifft, so wird sie bald zur *Weinenden Frau* im Werk und im Leben von Picasso …

Unterdessen sind die beiden Frauen jedoch unzertrennlich.

In einer Kurzschlusshandlung und weil man schließlich leben muss, eröffnet Breton eine Kunstgalerie: Gradiva. Jeder Buchstabe dieses Wortes entspricht der Initiale des Vornamens einer Muse oder surrealistischen Künstlerin: d steht für Dora. Jacqueline entgeht nicht, dass ihr Ehemann mehr Bewunderung für die Fotos ihrer Freundin aufbringt als für ihre eigenen Gemälde … Neuerliche Gründe, einen Streit vom Zaun zu brechen und wieder einmal abzuhauen. Umso mehr, als die Galerie ein Fass ohne Boden ist. Weder Breton noch Jacqueline verfügen über irgendeine Form von Geschäftssinn.

Sehr häufig schließt sie die Galerie, um sich ins nahe gelegene Atelier von Picasso zu verdrücken, auch dann, wenn Dora gerade nicht zugegen ist. Seine Malerei beflügelt sie, ihre Diskussionen begeistern sie, seine gute Laune lenkt sie von ihren Geldsorgen ab. Geschmeichelt stellt sie fest, dass das Genie sich enthusiastischer über ihre Gemälde äußert als ihr Ehemann. Ob es nun ehrlich gemeint ist oder nicht … Sicher, man muss sich vorsehen, nicht von ihm begrapscht zu werden, darf die Treppe nicht vor ihm hinaufgehen. Doch sie ist stark genug, um ihm die Grenzen aufzuzeigen und ihre Freundin zu respektieren, hellsichtig genug, um den gefährlichen Mann hinter seinem Lächeln und seiner Redseligkeit zu erkennen. »Ich kenne diesen Vogel!«, sagt sie immer.

Im Jahr 1937 fängt Dora an, ihre Rolleiflex etwas zu vernachlässigen. Häufig liest man, Picasso habe sie gedrängt, mit der Fotografie aufzuhören, mit dieser Kunstform, in der sie brilliert, damit er sie besser beherrschen könne. Natürlich beeinflusst er sie. Wer könnte schon an seiner Seite leben, ohne von ihm beeinflusst zu werden? Es besteht auch kein Zweifel daran, dass der Macho es nicht erträgt, wenn seine Lebensgefährtin zu unabhängig ist. Aber, und das müsste Jacqueline bezeugen können, er versucht nicht etwa, sie zu brechen, indem er ihr rät, mit dem Malen anzufangen: Für ihn kommt das einer Ermunterung gleich, damit sie eine wahrhafte Künstlerin wird! Für Picasso ist die Fotografie nichts als eine Technik, eine minderwertige und kommerzielle Kunstform. Diese Meinung teilen damals sehr viele: Künstler, Kritiker, Galeristen, selbst ein Fotograf wie Man Ray.

Zu Beginn ihrer Beziehung amüsiert den Maler diese »Technik«. Gemeinsam mit Dora unternimmt er sogar ein paar Versuche mit Fotogrammen auf fotografischen Platten. Sie signieren sie mit Picamaar. Aber das langweilt ihn rasch, wie ein Spiel. In seinen Augen zählt einzig die Malerei!

Und dann kommt *Guernica* ...

Als er 1937 mit diesem monumentalen Gemälde beginnt, lässt Picasso etwas zu, das er bis dato noch niemals toleriert hat: Er erlaubt Dora, ihn tagtäglich zu fotografieren, wodurch ein getreues und einzigartiges Zeugnis der Metamorphose seines Werkes geschaffen wird. Und was für ein Werk! Es geht darum, der Welt die Tragödie von Spanien ins Gesicht zu schleudern. Dora ist noch empörter als er und in politischer Hinsicht strukturierter. Sie zeigt ihm die Bilder des massakrierten Dorfes Guernica, sie haucht ihm die Wut ein und entfacht sein Feuer. Sie ermutigt ihn, sich auf der Seite der Republikaner zu engagieren und Franco mit seinen Waffen zu schlagen.

Die Leinwand ist so groß, dass sie schief aufgestellt werden muss, damit sie unter das Dach passt. Die Fotografin muss tricksen, um die Deformation der Perspektive auszugleichen, und korrigiert in der Dunkelkammer das zu grelle Licht des Ateliers.

Für jedes Problem findet sie eine Lösung … Die politische Herausforderung ist riesig, die künstlerische berauschend.

Ich ahne die Geschichte eines großen Missverständnisses vorher … Über einen Monat lang teilt Dora dieses ungewöhnliche Abenteuer mit dem Gefühl, eine vollständige Verschmelzung mit ihrem Meister zu erfahren. Versteckt hinter ihrer Linse begleitet sie die Gestalt dieses kleinen Mannes mit dem Gebaren eines Riesen, dessen Hände die Leinwand packen, manchmal jedoch mit ihr zu tanzen scheinen. Von Tag zu Tag nimmt das Gemälde vor ihren Augen Form an: zugrunde gerichtete Frauen, ein sterbendes Pferd, gebeutelte Gesichter und Körper … schwarze Farbe, weiße Farbe, graue Farbe … Der Maler macht ein paar Versuche mit bemaltem Papier collé, doch ein solcher Schmerz erträgt keine Farbe. Das Werk ist auch das Abbild der Schwarz-Weiß-Fotos, die Dora an jedem Abend entwickelt, um sie ihm am nächsten Tag zu zeigen. Sie begleitet die Bewegung des Pinsels, als würde sie selbigen festhalten, sieht den Strich voraus, als könnte sie ihn erahnen, und taucht mit der Illusion in seine schwarzen Augen ein, durch sie sehen zu können. Er erlaubt ihr sogar, auf der Leinwand ein paar Farbkleckse auf dem Körper des Pferdes anzubringen! Für sie ist es, als würde sie mit Picasso malen, als wäre sie in Geist und Körper eins mit ihm … Bestimmt war sie noch nie zuvor so glücklich.

Dieses Hochgefühl erlaubt es ihr, die schlimmsten Demütigungen hinzunehmen, insbesondere an jenem Tag, an dem Marie-Thérèse, die andere Geliebte des Malers, in seinem Atelier aufschlägt und eine Szene macht. »Klärt das unter euch«, sagt Picasso seufzend, aber nur vorgetäuscht genervt, denn tatsächlich schmeichelt es ihm, dass diese beiden Frauen um ihn kämpfen. Um seine Ruhe zu haben, bittet er Dora schließlich, das Atelier zu verlassen. Und sie gehorcht! Sie schluckt ihr Selbstwertgefühl hinunter und kommt zurück, sobald die Blondine wieder weg ist. Diese Idiotin mag vielleicht damit prahlen, ein Kind von ihm zu haben, Dora ist der Überzeugung, dass sie sehr viel mehr hat: sein Werk nämlich!

Sie weiß nicht, dass er ihre Fotos nur braucht, um zu verstehen, wie er weitermachen soll, um sein Projekt zu erhellen. Sobald das Gemälde fertiggestellt ist und wie vorgesehen im spanischen Pavillon der Weltausstellung hängt, nimmt dieser Schaffensprozess, den sie für symbiotisch erachtet hatte, umgehend ein Ende.

Sie muss ihr Leben wieder aufnehmen, muss zurück und sich um ihre Fotos in ihrem Studio in der Rue d'Astorg kümmern. Aber sie hat keine Lust so zu tun, als hätte es *Guernica* nicht gegeben. Und als sie Jacqueline dabei überrascht, wie sie mit Picasso über die Malerei spricht, wie er sich an ihre Freundin richtet wie an einen Maler, fühlt sie sich mit einem Mal ausgeschlossen, reduziert auf eine minderwertige und armselige Kunstform … Hat er etwa vergessen, dass *Guernica* ohne sie niemals das Licht der Welt erblickt hätte? Natürlich übertreibt sie, aber sie leidet. So wird sie im Werk von Picasso zur »weinenden Frau«, wird entstellt und niedergerungen dargestellt … Eine kafkaeske Figur, sagt er, Symbol aller Opfer, des Krieges und der Menschen.

Dann eben nicht, dann ist sie eben keine Fotografin mehr, sondern auch eine Malerin! Diesem Ziel verschreibt sie sich mit Leib und Seele. Ihre ersten Gemälde sind eindeutig von ihrem großen Meister beeinflusst: Auch sie malt *weinende Frauen* oder Porträts von ihm, die er fast selbst hätte signieren können. Jacqueline drängt sie dazu, mutiger zu werden, manchmal schonungslos, denn sie selbst zwingt sich zu einer Loslösung von Breton. Aber Dora ist anders, und sie hat nicht die geringste

Lust, sich von Picasso zu befreien. Sie träumt vielmehr von einer Symbiose oder von einem künstlerischen Dialog.

Picasso lässt sie machen, lässt sie reden … Abgesehen von Braque oder Matisse ist kein anderer Maler es wert, in einen Dialog mit seinem Werk zu treten! Dora ist zu intelligent, zu stolz und zu empfindsam, um die Verachtung zu übersehen, die sich in seinen arglosen Sätzen verbirgt: »Das ist gut, du musst weitermachen.« Sie erwartet keine Bewunderung, nein, noch nicht. Ein paar ehrlich gemeinte Ermutigungen wären ausreichend gewesen. Doch sie erahnt seine Herablassung, selbst wenn er eine Zeichnung mit folgender Widmung versieht: »Für Dora Maar, die große Malerin«[9].

Häufig ist er netter zu Jacqueline oder zu anderen jungen Künstlern, die zu ihm kommen und bei ihm Rat oder Lob suchen. Immer härter mit denen, die er liebt, gleichgültig und charmant den anderen gegenüber. Keiner dieser Besucher ahnt auch nur im Entferntesten, wie wenig Picasso sich für ihre Arbeiten interessiert. Oder aber dass er ihre Gemälde wie ein Raubvogel betrachtet, um sich eine Idee herauszupicken, eine Farbe, eine Bewegung, ein mittelmäßiges Detail, das er dann kongenial umsetzt. Dora ist viel zu entschlossen, zu besessen, um hier aufzuhören. Er würde schon sehen, eines Tages würde sie eine großartige Malerin sein!

1940 sind die Deutschen im Begriff, in Paris einzumarschieren. Picasso zieht sich nach Royan zurück: Er bringt Marie-Thérèse und ihre Tochter Maya in einem Haus unter, Dora im Hotel du Tigre und organisiert seine Tage um seine Frauen und das Malen herum. Dann gesellt sich auch Jacqueline Lamba mit ihrer Tochter zu ihnen, die genauso alt ist wie Maya. Als großer Intendant freundschaftlicher Beziehungen findet er Vergnügen daran, die beiden Mädchen bei Ebbe zusammen spielen zu sehen, während sich die Mütter unter den gestreiften Zelten am Strand von La Grande Conche unterhalten. Und wenn die Leute in den Straßen von Royan die beiden Blondinen miteinander verwechseln, amüsiert ihn das wie ein Pascha, der über sein Harem regiert. Was macht es da schon, dass die Brünette sich oben auf ihrem Balkon ausgeschlossen fühlt und darunter leidet, dass ihre Freundin sich mit ihrer Rivalin verbündet. Dora verbringt ihre Tage mit Malen oder dem Schreiben von Gedichten. Ihr Leiden hebt sie sich für ihr Tagebuch auf, ihre Wutanfälle für Picasso.

Wie sehr sie sich doch in vier Jahren verändert hat! Dora, der Star, wird tatsächlich zur »weinenden Frau«: traurig, eifersüchtig, unterworfen und bitter … Bestimmt erinnert sie sich an den Rohrpostbrief, den er ihr zu Beginn ihrer Beziehung geschickt hatte: »Ich bitte Sie, kommen Sie morgen [ins Café de Flore], ich werde dort mit großem Vergnügen auf Sie warten.«[10] Auf dieses »große Vergnügen« wartet sie noch immer … Doch wie soll sie sich über eine selbst gewählte, um nicht zu sagen erbettelte Knechtschaft beschweren?

Jacqueline kann nicht übersehen, dass Dora aufgrund ihrer Verbundenheit zu Picasso einen Groll gegen sie hegt. Manchmal bemüht sie sich etwas. Doch in ihrem tiefsten Inneren ist sie unerbittlich diesem Leiden gegenüber, das sie als unwichtig erachtet. Es geschehen so viel schlimmere Dinge: Frankreich befindet sich im Krieg, ihr Ehemann wurde mobilisiert, die Deutschen haben Paris fast erreicht. Und so verschließt sich Dora jeden Tag etwas mehr.

Wahrscheinlich hat sie Jacqueline nicht einmal gesagt, dass sie hier in Royan einen Arzt aufgesucht und erfahren hat, dass sie unfruchtbar ist. Ihre bisherige Vermutung ist nunmehr eine Gewissheit: Sie würde niemals Kinder in die Welt setzen. Und da sind die beiden Frauen und stolzieren unter ihren Fenstern herum ...

Was für eine Erleichterung, als sich der Sommer dem Ende neigt. Der Norden ist von den Deutschen besetzt, aber Dora fühlt sich befreit von den Müttern und ihren Gören: Picasso kehrt zurück nach Paris, seine Gemälde in den Hispano-Suiza gequetscht; Dora folgt im Zug; Jacqueline zieht mit Breton in die Südzone, wo sie auf Visa für Amerika warten. Natürlich schreiben sich die Frauen ...

Durch Zufall werden ein Dutzend Briefe von Jacqueline in Doras persönlichem Nachlass aufbewahrt. In manchen entschuldigt sich Jacqueline, obwohl das so gar nicht ihr Stil ist: »Bestimmt bist du sehr wütend auf mich«, schreibt sie im Oktober 1939, nachdem sie ein paar Tage mit Dora und Picasso in Antibes verbracht hat. Nach dem Aufenthalt in Royan scheint sie noch verlegener zu sein: »Seit unserer Verabschiedung ist mir sehr wohl klar geworden, weshalb ich dich im Zusammenleben so rasend gemacht habe. An dieser Stelle kann ich es dir nicht erklären, das wäre zu ausufernd, aber ich gebe dir voll und ganz recht.«[11] Ehe sie mit folgendem Satz schließt: »Ich wünsche mir, dass du GLÜCKLICH bist«, in Großbuchstaben ...

Jacqueline hat stets behauptet, den Avancen von Picasso niemals nachgegeben zu haben. Doch für einen paranoiden Menschen wie Dora sind das simple Kokettieren der beiden und ihre Vertrautheiten wahrscheinlich schon fast so grausam wie ein tatsächlicher Treuebruch ... Ganz egoistisch hatte Jacqueline sich lange geweigert, das Leiden ihrer Freundin ernst zu nehmen, doch in diesem Brief scheint sie zuzugeben, dass sie nichts unternommen hat, um ihr zu helfen. Sicher ist ihr bewusst, dass Dora in dieser toxischen Beziehung, die sie niemals GLÜCKLICH machen wird, den Boden unter den Füßen verliert.

Logischerweise bricht ihr Briefwechsel ab, als das Ehepaar Breton in New York eintrifft – die Post verkehrt nur mühsam zwischen den USA und Europa. Es dauert Monate, ehe Dora erfährt, dass Jacqueline ihren Mann für einen jungen, hübschen amerikanischen Bildhauer verlassen hat. Er heißt David Hare, und gemeinsam ziehen sie zumindest bis 1953 nach Connecticut.

Amerika, Connecticut … Wie soll man sich dann erklären, dass Dora 1951 in ihrem Adressheft folgendes notiert hat: »Lamba, 7, Square du Rhône«? In jenem Jahr verbringt Jacqueline nur wenige Monate für eine Ausstellung in Paris. Und sie logiert in einem Hotel in der Nähe des Palais-Royal.

Wenige Tage später bestätigt mir auch Marcel Fleiss, dass das Adressheft in dieser Hinsicht widersprüchlich zu sein scheint.

»Ich habe unlängst mit Aube, der Tochter von André Breton, zu Abend gegessen. Jacqueline Lamba, ihre Mutter, hat nie an der angegebenen Adresse gewohnt.«

Dann handelt es sich bei dieser Lamba also nicht um Jacqueline. Man muss sich vor dem Offensichtlichen hüten!

Huguette Lamba
7 square du Rhône

Suchmaschinen sind ein Segen für den zwanghaft Suchenden! Es reicht, bei Google »7, Square du Rhône« und »Lamba« einzugeben, schon taucht einer der Briefe von André Breton an seine Tochter auf.[12] Auf dem Umschlag hat er vermerkt: »Mademoiselle Aube Breton, c/o Mlle Huguette Lamba, 7, Square du Rhône, Paris.«

Huguette Lamba ist weniger berühmt als ihre Schwester Jacqueline. Man findet ihren Namen heute nur auf diesem *Brief an Aube* wieder, auf Partituren für das Klavier, die sich an Tanzlehrer richten, und in diesem Adressheft. Man sieht sie auch kurz in dem Dokumentarfilm, den der Regisseur Fabrice Maze ihrer Schwester Jacqueline Lamba gewidmet hat.[13] Er hat mir geraten, mich an die Kunsthistorikerin Martine Monteau zu wenden: »Sie hat eine Doktorarbeit über Jacqueline Lamba geschrieben und sich viel mit Huguette getroffen. Bestimmt kann sie Ihnen eine Menge erzählen.«

Martine Monteau war die Vertraute von Huguette am Ende ihres Lebens, als diese vorhatte, ein Buch zu schreiben. »Sie gab mir Auszüge von dem zu lesen, was sie schrieb, ich hörte ihr zu und erlebte, wie sie mit der Zeit gelöster wurde …« Sie befreite sich vor allem von der Last ihrer jüngeren Schwester, die hübscher, härter und faszinierender war als sie.

Natürlich lernt auch Huguette Dora kennen, als diese ihr Kunststudium absolviert. Sie selbst studiert zu diesem Zeitpunkt Musik am Konservatorium, gehört aber mit Jacqueline demselben Freundeskreis an ... Bis zum Tod ihrer Mutter.

Für Huguette ist dieser Tod eine Katastrophe und deutlich schlimmer als für ihre jüngere Schwester. Sie fällt in ein eigenartiges Koma, aus dem sie erst nach mehreren Monaten wieder erwacht. Als sie das Krankenhaus verlässt, wirkt sie noch immer fehl am Platz, als würde sie nicht wissen, wo sie hingehört. Selbst ihr Rang in der geschwisterlichen Abfolge wird schwierig. Sie lebt von nun an wie die »kleine Schwester«, dabei ist sie eigentlich die Ältere.

Um mehr darüber in Erfahrung zu bringen, muss man die Kataloge der Versteigerungen konsultieren, die nach dem Tod von Dora Maar stattgefunden haben. Im fünften Posten sind die handschriftlichen Dokumente zusammengefasst, darunter auch zwei Briefe von Jacqueline. Im ersten, abgeschickt im September 1940 aus Salon-de-Provence, ist die Rede von Huguette, die »ganz offensichtlich schwanger ist«: »Das ist schrecklich, hilf ihr bitte.« Sechs Monate später, im März 1941, wird eine simple Postkarte aus Algerien abgeschickt: »Die Vorstellung, so lange weg zu sein, macht mich sehr traurig ... Kümmere dich um Huguette.«

Beim Anblick des Poststempels bin ich wahrscheinlich die Einzige, die zusammenzuckt! Dora hat bestimmt nicht darauf geachtet. Selbst das Ehepaar Breton hat den Namen dieses kleinen Fischerhafens an der Grenze zu Marokko mit Sicherheit vergessen. Nemours[14] ist nichts weiter als der letzte Zwischenstopp des *Capitaine-Paul-Lemerle* im Mittelmeer, des alten rostigen Frachtdampfers, der Richtung Martinique unterwegs ist und eine ganze Gruppe Künstler und französischer Intellektueller zusammengepfercht wie Vieh transportiert, darunter Levi-Strauss und die Familie Breton. Es war nicht vorgesehen, in Nemours einen Zwischenstopp einzulegen. Doch der Kapitän musste rasch hinter einer Klippe Zuflucht suchen, nachdem er über einen Zusammenstoß zwischen britischen und französischen Schiffen informiert wurde. Jacqueline ist mit Aube an Deck geblieben, hat die beiden riesigen Felsblöcke betrachtet, die weiter draußen im Meer aufragen. Nur Breton ist von Bord gegangen. Er hat den ganzen Nachmittag in der Stadt zugebracht, sich ein Buch in einer Buchhandlung gekauft und ihre Post abgeschickt.[15] Tags darauf hat das Schiff wieder abgelegt.

Aber der Name dieses Kaffs, der hier auftaucht, ist für mich, als wäre diese Postkarte an mich persönlich adressiert: Dort habe ich die ersten drei Jahre meines Lebens verbracht! Eine Vorgeschichte ohne Erinnerungen, nur ein paar Schwarz-Weiß-Fotos eines Babys in einem Kinderwagen. In der Ferne die vorbeiziehenden Frachtdampfer und die beiden riesigen Felsen mitten im Meer, die man noch immer »Zwei Brüder« nennt. Ich habe das Gefühl, als verlangte diese Karte auch von mir, dass ich mich »um Huguette, die schwanger zu sein scheint, kümmern solle …«

Ihre letzte Vertraute, Martine Monteau, kennt die ganze Geschichte: Huguette hat bei Biarritz die flüchtige Bekanntschaft eines spanischen Republikaners gemacht, der in einem Gefangenenlager für Ausländer war. Erst nach ihrer Rückkehr nach Paris findet sie heraus, dass sie schwanger ist. Sie ist also alleinstehend, bald Mutter eines unehelichen Kindes, in einem besetzten Paris. Jacqueline ist die Einzige, die sie um Hilfe bitten kann. »Komm rasch zu uns nach Marseille!« Huguette erhält einen Passier-schein, um Frankreich durchqueren zu dürfen, und zieht mit dem Ehepaar Breton in die Villa Air-Bel, wo all die Künstler untergebracht sind, die auf ein Visum nach Amerika warten. Drei Monate in dieser surrealistischen Konstellation wie in einer Blase, beim Kartenspielen mit Óscar Domínguez, Brauner oder Max Ernst, beim Zeichnen von Tarotkarten oder von Cadavres Exquis, um die Zeit totzuschlagen ...

Aber natürlich kommt es »in ihrem Zustand« nicht in Frage, wie die anderen eine Atlantiküberfahrt in Erwägung zu ziehen. Im Februar, während sich die anderen für das Ablegen vorbereiten, reist Huguette allein zurück nach Paris. Breton hat ein Schleusernetzwerk ausfindig gemacht, das sie über die Demarkationslinie bringt. Nunmehr im sechsten Monat schwanger trifft sie erschöpft und durchgefroren im besetzten Paris ein. Zum Glück ist Dora da. Wie sie Jacqueline versprochen hat, »kümmert [sie sich] um Huguette«, achtet darauf, dass es ihr an nichts fehlt. Dank des Schwarzmarktes kann Picasso Kohle, Seife und Lebensmittel zu ihr bringen lassen.

Die beiden Frauen sind gleich alt, 33 Jahre. Doch Huguette ist schwanger mit dem Kind eines Mannes, dessen Namen sie kaum kennt, und Dora weiß seit ein paar Monaten, dass sie niemals schwanger sein wird. Picasso wird es nicht müde, ihr das vorzuwerfen ...

Da sie keine Mutter werden kann, wird sie die Patentante des kleinen Mädchens, das im März 1941 zur Welt kommt, genau in dem Moment, als der Frachtdampfer der Bretons in Nemours einen Zwischenstopp einlegt ... Und das kleine Mädchen heißt Brigitte ... Das hätte ich mir niemals ausdenken können! Ich habe sogar nach ihrer Geburtsurkunde gefragt, um das zu überprüfen. Manche Zeichen sind nur eine diskrete Andeutung, die man kaum wahrnimmt. Diese trifft mich mit der Leichtigkeit einer Keule, die mich niederstreckt. »Was für ein erstaunlicher Zufall«, würde Breton wohl sagen …

Auf Doras Rat hin bringt Huguette, die es sich nicht leisten kann, das Baby allein großzuziehen, dieses in einem Säuglingsheim unter. Sie darf ihm nur zweimal pro Woche einen Besuch abstatten – und Dora verpasst keinen einzigen davon! Die beiden Frauen verbringen viele Stunden mit dem Kind, wiegen es abwechselnd.

Huguette entgeht nicht, dass Dora so eine stellvertretende Mutterschaft lebt … Dora entscheidet, sie organisiert, als wäre es ihr Kind. Und Huguette ist so erleichtert darüber, dass sich jemand ihrer annimmt, dass sie ihr Kind gern teilt. Leider lebt Brigitte nur fünf Monate. Im August 1941 erliegt sie einer Bronchitis. Alle Freunde befürchten, Huguette könnte erneut in eine Depression fallen. Also wird sie umringt, getröstet, unterstützt. Picasso findet einen Job in einer Kunstgalerie für sie. Doch niemand sorgt sich um Dora.

Natürlich ist auch sie erschüttert, zeigt erste Zeichen eines psychischen Ungleichgewichts, das Picasso seinem Neffen Vilato gegenüber erwähnt. Das ist der Moment, in dem sie anfängt, im Buddhismus, der Kabbala, der Esoterik und schließlich im Katholizismus nach Antworten auf existenzielle Fragen zu suchen.

Ein Jahr später erleidet ihre Mutter bei einem Streit mit ihr am Telefon einen Schwächeanfall. Wie so häufig wirft Julie Markovitch ihrer Tochter vor, sie zu vernachlässigen. Wie immer werden die Stimmen der beiden Frauen, die noch nie wussten, wie sie miteinander kommunizieren sollten, lauter. »Es gab Zeiten, da wünschte ich, meine Mutter wäre tot. So aufreibend waren unsere Auseinandersetzungen«[16], gibt sie eines Tages zu.

Unvermittelt bricht ihre Mutter mitten im Satz ab. Dora hört, wie der Hörer herunterfällt, dann nichts mehr ... Wie brutal, diese Stille! Ich stelle mir vor, wie sie »Maman!« ruft, als wäre sie ein Kind. »Maman!«, wie schreckerfüllt sie bei der Vorstellung sein muss, mitten in der Nacht verlassen zu werden. »Maman!«, immer lauter. Sie schreit, brüllt sich die Lunge aus dem Leib. Sie würde gern zu ihr eilen, einen Arzt rufen ... Aber Picasso hätte sie aufgrund der Ausgangssperre daran gehindert. Aber wer sonst könnte etwas tun? Schreie, Tränen ... Zusammengekauert sitzt sie schließlich da, den Hörer in den Händen, wagt es nicht aufzulegen. Zwischen zwei langen Pausen hofft sie, den Hauch eines Atemzugs zu vernehmen, bestimmt entschuldigt sie sich auch für das, was sie gesagt oder gedacht hat. Wieder fängt sie an zu schreien, laut genug, um einen Toten aufzuwecken. »Leg schon auf, du gehst morgen nachsehen, bestimmt ist das weiter nichts Schlimmes«, sagt Picasso entnervt. Wie hat sie eine ganze Nacht durchgehalten, ohne Gewissheit zu haben, ohne etwas unternehmen zu können? Am frühen Morgen hastet sie schließlich zur Place de Champerret, wo sie ihre Mutter am Boden liegend und eiskalt vorfindet, am Fuß ihres Bettes, neben dem Telefon.

Auf der Sterbeurkunde wird ihr Tod um 1 Uhr früh festgehalten. Der Schwächeanfall muss sich jedoch früher am Abend ereignet haben. Wie kann man sich ohne Reue eines solchen Schuldgefühls erwehren? Der Arzt hat ihr hoch und heilig versichert, dass es so besser sei: Hätte ihre Mutter überlebt, wäre sie jetzt gelähmt. Also klammert sich Dora an diese Vorstellung: »Vielleicht ist es ja besser so«[17], schreibt sie ihrem Vater, der nach Argentinien zurückgekehrt ist, ohne ihm gegenüber jemals zuzugeben, dass ihre Mutter bei einem Telefonat mit ihr gestorben ist ...

In ihren Alpträumen kreuzen sich zukünftig ihre Geister: das Kind, das sie noch mehr hätte beschützen sollen, und die Mutter, von der sie meint, sie umgebracht zu haben.

Eines der Gemälde, die nach ihrem Tod in ihrem Atelier gefunden wurden, trägt den Titel *Visage de femme et enfant (Gesicht von Frau und Kind)*. Die Frau, den Blick im Nichts verloren, erinnert undeutlich an Dora. Das Kind ist ein kleines, blasses Mädchen, den Blick auf die gerichtet, die seine Mutter sein könnte ... und es ganz sicher nicht ist. Das Gemälde ist nicht datiert. Es scheint inspiriert von einem Gemälde von Picasso, das den Titel *Maternité (Mutterschaft)* trägt. Doch man nimmt darin auch den Einfluss und das Spiel mit dem Licht von Balthus wahr, wie in einem Porträt, das sie 1946 von Alice Toklas erstellt. Dieses Bild muss Dora 1947 gemalt haben, fünf oder sechs Jahre nach dem Tod ihrer Mutter und dem des Babys von Huguette.

Im September 1947 sind die Schwestern Lamba wieder in Ménerbes: Jacqueline ist für ein paar Monate zurück in Frankreich. Sie hat ihre Tochter dabei und Huguette eingesammelt. Nach einem Abstecher nach Avignon, wo das Festival gerade seine Anfänge nimmt, kommen sie zu Dora ins Luberon.

Das Wetter ist herrlich, und der prächtige Ausblick von dem großen Haus mit den grauen Fensterläden, das über dem Dorf aufragt, geht über den Mont Ventoux und die Weinberge im Tal. »Ménerbes ist ein Schiff in einem Ozean aus Weinreben«, schrieb Nostradamus im 16. Jahrhundert. Seitdem hat sich nichts oder fast nichts verändert. Man muss nur die Einsamkeit lieben, die erdrückende Hitze im Sommer ertragen und den Mistral, der sich zu jeder Jahreszeit durch die steilen Gässchen drängen kann, sowie die Skorpione, die sich hier breitmachen, als wären sie zu Hause. Aber Dora ist kein sensibles Pflänzchen. Sie zieht die raue, wilde Provence um ein Vielfaches der leicht kitschigen Sanftheit der Riviera vor.

Ein Foto zeigt die drei Frauen im Garten. Jacqueline ist inzwischen wieder braunhaarig und trägt die Haare lang. Sie erinnert an eine Indianerin mit ihren weiten Röcken und dem mit Türkisen verzierten Schmuck. Huguette im Badeanzug, zartgliedrig, lächelnd, bezaubernd. Und Dora, ganz in Weiß gekleidet, die eine Schnute zieht und nicht einmal in die Kamera sieht.

Dieses Wiedersehen nach der siebenjährigen Trennung muss dennoch sehr bewegend gewesen sein. In dieser Zeit hat sich vieles ereignet: der Krieg, die deportierten, verstorbenen Freunde, Doras Depression, nachdem sie von Picasso verlassen wurde ... Jacqueline hat sich aus der Ferne darum bemüht, sich auf dem Laufenden zu halten. Aber es war sehr kompliziert, Briefe von Paris nach New York zu bekommen. Außerdem war sie selbst viel auf Reisen, in Mexiko und Kalifornien, und somit nicht immer einfach zu erreichen. Erst in Ménerbes geht ihr auf, wie sehr Dora sich tatsächlich verändert hat.

Worüber reden die drei Frauen in diesem Garten? Sie holen die verlorene Zeit auf, erzählen sich von den Kriegsjahren ... Im Alltag wird ihre Beziehung wieder inniger. Die gemeinsamen Erinnerungen, das geteilte Leid und eine Form der Spiritualität nähern sie einander noch mehr an. Aber wie lange? Während sie sich einerseits sehr lieben, werden sie einander gleichzeitig sehr schnell lästig. Nach wenigen Tagen erträgt Jacqueline Doras Bigotterie nicht länger, will sich nicht mehr anhören, wie sehr sie von Picasso verraten wurde, was inzwischen drei Jahre zurückliegt!

Dann gesellt sich Jacquelines neuer Lebensgefährte, David Hare, zu ihnen nach Ménerbes. Er spricht kein Wort Französisch und unternimmt keine Anstrengung, gesellig zu sein. Häufig geht das junge Ehepaar in den Hügeln spazieren oder aber sie ziehen sich auf ihr Zimmer zurück. In Ménerbes wird Jacqueline im Übrigen schwanger, und ihr Sohn kommt neun Monate später zur Welt.

Mit ihrem besitzergreifenden, empfindsamen und eifersüchtigen Wesen ist Dora bestimmt von Davids Gegenwart genervt, der sich wiederum so aufführt, als wäre er im Hotel … Vermutlich hat er das Foto der drei Frauen im Garten gemacht. Ihn lächelt Jacqueline liebevoll an, während Dora den Kopf abwendet.

Zum Glück langweilt sich der Amerikaner in Ménerbes: Er reist zu seinen Freunden an die Côte d'Azur, während Jacqueline, Huguette und die kleine Aube noch etwas länger dort bleiben.

Aube ist damals gerade elf geworden. Sie erinnert sich daran, dass sich Dora kein bisschen für sie interessierte, ihr keinerlei Zärtlichkeit entgegenbrachte, sondern sich vielmehr brutal geben konnte. Sie betrat ihr Zimmer, ohne anzuklopfen, und lachte hämisch, wenn das kleine Mädchen es wagte, dagegen aufzubegehren. »Sie war sehr autoritär und willensstark … Sie drängte sich auf, dazu musste sie noch nicht einmal etwas sagen! … Eine einzigartige Persönlichkeit, wenig reizend, aber beeindruckend.«

Aube erinnert sich nicht, aber ich kann mir gut vorstellen, wie Dora sie zu langen Spaziergängen um Ménerbes mitnahm, zu diesem Geisterdorf namens Oppède, dem Schloss des Marquis de Sade in Lacoste, den Kapellen und Abteien, die verloren inmitten der Korkeichen stehen. Bestimmt waren sie auch vor dem eigenartigen Dolmen unten an der Straße, die nach Bonnieux führt, stehen geblieben. Die Leute in der Gegend nennen dieses Grabdenkmal aus dem Neolithikum »la Pitchoune«. Auf Provenzalisch heißt das »die Kleine«. Ich sehe sie vor mir, wie sie andächtig vor diesen Steinen einer anderen Epoche verharren, als läge das Kind von Huguette dort begraben.

Letztlich ist alles gut gegangen, aber sicherlich ist Dora nicht unglücklich darüber, als sie wieder abreisen. Sie schließt die Tür und flüchtet sich in die Malerei. Die Kuppel, die der Himmel und die Hügel hinter ihren Fenstern beschreiben, grenzt an Perfektion. Diese Horizontlinie wird zu ihrer Obsession. Hundert Mal, tausend Mal bildet sie sie auf ihren Leinwänden oder Skizzenblöcken ab. Außer dieser Grenze, in der sich für sie Gott und die Erde vereinen, existiert nichts anderes. Wenn sie nicht malt, schreibt sie Gedichte, berauscht von dieser Natur:

>>In dem Geheimnis meines Selbst das mir selbst verbogen
Lebend heißt du mich leben –
In diesem Zimmer wo ich durch Wahnsinn Angst Sorge
gegangen bin
Ist einfaches Erwachen ein Sommertag
Das Exil ist weit doch es ist Sommer, die Stille in praller
Sonne eine Insel des Friedens wo die Seele nichts als
Glück ersinnt ein Kind auf der Straße seines Heims<<[18]

Jacqueline lebt ein paar Jahre zwischen Paris und New York, abhängig von den Ausstellungen und ihren Auseinandersetzungen mit David. 1953 durchlebt ihre Beziehung jedoch eine ernsthaftere Krise: Sie zieht in eine Villa nach Cannes, die Picasso für sie gefunden hat, und kommt für ein paar Tage zu Dora, immer in Begleitung von Huguette. Andere Fotos halten die Erinnerung an das Ende dieses Sommers fest, an die verstreichende Zeit und die verkümmernde Freundschaft.

In politischer Hinsicht trennt sie inzwischen alles voneinander: Während Dora religiös und konservativ geworden ist, engagiert sich Jacqueline weiterhin stark im extrem linken Flügel, ist zutiefst beeindruckt von einem Zusammentreffen mit Trotzki 1938 in Mexiko, begeistert von ihren Aufenthalten bei Indianerstämmen und aufgebrachter als je zuvor. Ohne ebenso radikal zu sein, kämpft Huguette für die SFIO, die französische Sektion der Arbeiter-Internationale, zusammen mit Évelyne Sullerot, der Gründerin der Familienplanung, deren Kampf um Empfängnisverhütung sie sich anschließt.

Die Atmosphäre ist äußerst angespannt ... Anscheinend ist das das letzte Mal, dass sie einander treffen.

Der Regisseur Fabrice Maze geht davon aus, dass sie sich zerstritten haben, dieses Mal endgültig. Er erinnert sich daran, dass Jacqueline heftige Wutanfälle bekam, immer nach Intensität, nach der Wahrheit verlangte, in egal welcher Situation. Er war dabei, als sie den Kunstkritiker Georges Duthuit, einen Schwiegersohn von Matisse, vor die Tür setzte oder als sie sich mit dem großen Dichter Yves Bonnefoy wegen einer dummen Geschichte zu einem Katalog überwarf.

Dora ist inzwischen vielleicht noch kompromissloser. Sie geht jetzt jeden Morgen beten: In Ménerbes steigt sie auf ihr Moped und fährt mit einem grauen Schal als Helm durch die Weinberge zur Abtei Saint-Hilaire, der Kapelle Notre-Dame-des-Grâces oder Notre-Dame-de-Lumières, wo sie mehr Ruhe hat als in der Dorfkirche, wo die Nachbarn sie stören. »Sie sind selbst dort gewesen, sie können es bestimmt verstehen«, sagt mir der Pfarrer von Notre-Dame-de-Lumières ... Also gehe ich dorthin zurück. Zünde eine Kerze an. Aber ich bin mir nicht sicher, ob ich es verstehe. Ich stelle sie mir jedoch verbunden, erfüllt und besänftigt vor.

Jacqueline scheint einfacher zu greifen sein. Lichtjahre davon entfernt unterschreibt sie das *Manifeste des 121*, die Deklaration über das Recht zur Dienstpflichtverweigerung im Algerienkrieg. Sie protestiert mit René Char gegen das Errichten von Raketen auf der Hochebene von Albion oder das Militärlager von Larzac, ehe sie im Mai 1968 mit Alain Krivine marschiert.

Paradoxerweise führen die beiden Künstlerinnen ein Leben, das dem der anderen ähnelt. Sie widmen sich beide der Malerei mit derselben Leidenschaft und demselben Bedürfnis, sich abzukapseln. Dora hat sich von Picassos Einfluss befreit, genau wie Jacqueline sich vom Einfluss Bretons und dem der Surrealisten befreit hat. Und sie erforschen beide dieselben Landschaften des Luberon, dasselbe blendende Licht, das dieselbe Erde niederringt. Heben sie den Blick gen Himmel, so wendet sich die eine an Gott, die andere vibriert mit dem Kosmos. Keine von beiden hat Erfolg. Dora verkauft manchmal einen Picasso, um die ausstehenden Arbeiten im Haus zu bezahlen. Doch beide begnügen sich mit wenig. Und sie kämpfen mit derselben Energie, um endlich als Malerin und nicht länger als Muse anerkannt zu werden.

Gerade einmal fünfzig Kilometer liegen zwischen Ménerbes und Simiane, wo Jacqueline ab 1963 jeden Sommer verbringt. Doch keine von ihnen macht den ersten Schritt: Sie sind zu verbissen, zu überzeugt, recht zu haben. So eingebildet und idealistisch wie am ersten Tag. Wie immer sucht Huguette zwischen den beiden nach ihrem Platz. Aber sie hat weder die Lust noch die Geduld, die Konflikte auszuräumen.

Wozu sollte das auch gut sein? Warum sollte man in der Freundschaft mehr Treue verlangen als in der Liebe? Warum eine Verbindung aufrechterhalten, wenn man nichts als Erinnerungen teilt? Weder Dora noch Jacqueline erkennen darin eine Notwendigkeit. Und jede verfolgt ihren Weg, anspruchsvoll und einsam, und das über fast vierzig Jahre hinweg!

Nur den Kondolenzbrief, den Dora ihr 1993 zum Tod von Jacqueline schrieb, hatte Huguette aufbewahrt. Die Historikerin Martine Monteau erinnert sich an eine eigenartige Karte: Die Ausdrucksweise recht trivial, aber geschrieben in riesigen Buchstaben. Wie erhöht … Vier Jahre später ist Dora diejenige, die stirbt. Dann wird Huguette von einer Bronchitis dahingerafft, wie ihr Baby fünfzig Jahre zuvor.

»Sie werden ganz hingerissen von ihr sein«, kündigt mir Fabrice Maze an, als er mir die DVD seines Films schickt, der sich mit Jacqueline Lamba befasst. Natürlich bin ich ganz hingerissen von dieser engagierten Künstlerin, dieser unversöhnlichen Verliebten, die kein Mann jemals ganz für sich gewinnen konnte. Eine häufig abwesende Mutter, aber eine freie Frau, deren Leben sich mit dem Jahrhundert vermählt, mit seinen Kämpfen, Utopien, Mythen und Irrtümern. Ich hätte ihr stundenlang zuhören können, in ihrer letzten sonnendurchfluteten Wohnung voller Pflanzen.

Huguette ist weniger faszinierend. Doch hätte ich ihr Adressheft gefunden, wäre ich liebevoll in das winzige Leben derjenigen geschlüpft, die im Schatten lebte und von der keiner je sprach.

Doch ich habe nicht gewählt. Voller Bedauern schließe ich die Tür zum Haus in Ménerbes hinter den Schwestern Lamba. Ich stelle mir vor, wie sie laut miteinander reden, während sie nach unten ins Dorf gehen. Gern hätte ich sie begleitet. Ich aber bleibe zurück bei Dora, in der bedrückenden Stille des riesigen leeren und ungemütlichen Hauses. Eigenartigerweise trage ich den Namen des Kindes, deren Patentante sie war. Von ihm könnte ich vielleicht mehr erfahren.

Ich habe Angst vor ihrem Schweigen, ihren Wutanfällen, ihren Stimmungsschwankungen, ihrer Beurteilung, vor diesem

Blick, der einen durchbohrt. Ich fürchte, nichts von ihrer Beziehung mit Gott zu verstehen. Was würde sie sagen, erführe sie, dass ich Jüdin und schlimmer noch, ungläubig bin?! Ja, manchmal macht sie mir Angst ...

Chavance
MAR 9644

Chavance? Wer erinnert sich noch an Louis Chavance? Film-
liebhaber vielleicht! Seine beiden rühmlichen Errungenschaften
sind: als Szenarist bei *Der Rabe* von Clouzot fungiert zu haben
und die erste sehr ernsthafte Beziehung von Dora Maar gewesen
zu sein.

Sie müssen sich gegen Ende der Zwanzigerjahre kennengelernt haben, bei der Tochter des Museumkonservators des
Musée Galliera: Marianne Clouzot, die Cousine des zukünftigen
Filmemachers, die ebenfalls an der *Union centrale des arts décoratifs* studiert. In ihren Unterlagen finden sich ein paar Hinweise
auf Dora: »Zunächst kommt sie zum Tanzen zu den Überra-
schungspartys ins Galliera; dann jeden Tag. Mehrfach nehmen
wir sie im Sommer mit uns in den Urlaub. Sie ist wunderlich,
kompliziert, aber sehr intelligent und hat eine starke Persönlichkeit, wir wollen nicht auf sie verzichten.« Oder auch: »Dora war
für uns die Essenz einer eleganten Frau.«[19]

Auf der Terrasse des Museums mit Blick auf den Eifelturm
flirtet Picasso zunächst mit einem Cousin von Marianne, dann
taucht Chavance in der Gruppe auf und anscheinend ist es Liebe
auf den ersten Blick.

Sie sind gleich alt, beide Anfang zwanzig. Sie, brillant, versnobt, ehrgeizig, ein hübsches Gesicht mit den rundlichen Zügen eines Kindes, immer sehr modern gekleidet, die Haare jungenhaft kurz geschnitten. Er, groß gewachsen, dunkelhaarig mit blauen Augen, dandyhaft, witzig, charmant, Schürzenjäger und, was auch nicht zu verachten ist, ein ausgezeichneter Tänzer.

Chavance hatte dilettantisch mit einem Psychologiestudium begonnen, aber sehr schnell damit aufgehört, um sich seiner wahren Leidenschaft zu widmen, dem Kino. Es kommt durchaus vor, dass er ganz Paris durchquert, um sich einen alten Méliès anzusehen, den er schon fünfzehn Mal gesehen hat, einen surrealistischen Film oder die schönen Augen einer amerikanischen Schauspielerin. Als er Dora kennenlernt, muss er am *Institut Lumière* studiert haben, zeichnet für ein paar Kolumnen in verschiedenen Zeitungen verantwortlich und steht kurz davor, mit kinobegeisterten Freunden die Zeitschrift *Du Cinéma* herauszubringen.

Dora hat sich bereits in den Kopf gesetzt, Fotografin zu werden. Sie hat Kurse besucht und ein paar Abzüge in *La Revue Nouvelle* veröffentlicht. Aber Louis Chavance ermöglicht ihr Zugang zu einer avantgardistischen und verrückten Boheme, von der sie bislang nichts wusste: die Gruppe der Brüder Prévert und ihren flippigen Club von *Lacoudem*, »die sich erkennen, indem sie sich am Ellbogen reiben«. Er führt sie auch bei den Surrealisten ein, die er in der Rue du Château frequentiert: Giacometti, Desnos, Aragon, Breton, Éluard ... Sie muss ganz fasziniert von ihm sein!

Dank Chavance lernt sie auch ihren zukünftigen Kompagnon kennen: Pierre Kéfer, einer der besten Freunde von Louis. Er arbeitet als Bühnenbildner im Kino, doch in seiner Freizeit ist auch er Fotograf und hat ein Amateurfotolabor im Stadthaus seiner Familie in Neuilly. Es gelingt ihr, ihn zu beschwatzen, so dass die Eltern des jungen Mannes, ohne zu knausern, ein prächtiges Studio in ihrem Garten einrichten: »Das größte und am besten ausgestattete in ganz Paris«[20], (wenn man der Zeitschrift *Art Vivant* Glauben schenkt). Es gibt sogar einen Pool!

Dank der Beziehungen von Kéfer arbeitet sie im Bereich Mode und Werbung, und sie signieren ihre Abzüge mit beider Namen. Dora fängt an, in einem sehr reichen Milieu zu verkehren: Designer, Models, die oberen Zehntausend … »Das war meine mondäne Phase«, sagt sie später einmal dazu.

In politischer Hinsicht engagiert sie sich durch den Umgang mit Louis Chavance immer mehr im linken Flügel. Ab 1932, vor allem aber 1934. Beide unterschreiben sie alle Petitionen, insbesondere den Aufruf zum Kampf der Intellektuellen als Reaktion auf die antiparlamentarische Gewalt und den Aufstieg des Faschismus in Europa. Zusammen mit der »Gruppe um Prévert« nehmen sie nach wie vor an Aktionen der marxistischen, verrückten und subversiven Theatergruppe Octobre teil, die bei Demonstrationen und streikenden Fabriken auftreten.

Mit einem Teil dieser Gruppe verbringen sie im Übrigen die Ferien in Alpe-d'Huez zu Beginn der Dreißigerjahre. Sie fahren dorthin, um sich zu amüsieren und etwas Ski zu fahren. Als Dora jedoch von der Kohlemine im Tagebau ganz oben auf dem Berg erfährt, hält sie nichts mehr an Ort und Stelle. »Sie hat eine Reportage gewittert«[21], erinnert sich der zukünftige Verleger Marcel Duhamel, und es gelingt ihr, die jungen Männer dazu zu überreden, mit den Steigfellen hinaufzugehen!

»Ich versichere euch, ich kann sehr gut dort hinaufsteigen«, sagt sie mit ihrer eigenartig gurrenden Stimme.

»Aber du hast noch nie auf Skier gestanden«, entgegnet der

Geiger Maurice Baquet leicht besorgt. »Das liegt auf 2300 Metern, ist dir das klar? Und das muss man mit den Steigfellen erst einmal bewältigen.«

»Tja, dann helft ihr mir eben, Punkt.«

Während des Aufstiegs helfen sie ihr tatsächlich abwechselnd. Sie »schwitzt Blut und Wasser« ... Doch als sie die Grube erreichen, fängt sie mit Fotografieren an, ohne erst Atem zu schöpfen, so fasziniert und empört ist sie über das, was sie entdeckt. »Drei oder vier Baracken mit dreckigen Wänden inmitten einer Kloake, wo schwarzgesichtige Männer in verlumpten Sachen herumlaufen. [...] Sie arbeiten den ganzen Winter über auf dem Gipfel; manchmal stehen sie bis zum Bauch in eisigem Wasser.« Bestimmt ist sie die erste Frau, die zu ihnen hinaufgestiegen ist. Und die Bergarbeiter beobachten sie verblüfft dabei, wie sie mit ihrem ultramodernen Fotomaterial hantiert. Bei der Abfahrt ist sie weniger vorlaut. Nach einem Dutzend Stürze sieht sich der Geiger Maurice Baquet gezwungen – der Kleinste unter ihnen, aber der beste Skifahrer –, sie zwei Stunden lang huckepack zu nehmen ... All das für Fotos, die niemals jemand zu Gesicht bekommen würde. »Cabocharde!«, schlussfolgert Duhamel. »Cabocharde – die Dickköpfige« bleibt ihr Spitzname.

Damals ist sie vermutlich sehr verliebt in Louis Chavance. Verliebt genug, um ihn ihren Eltern vorzustellen und ihm sehr häufig eine Eifersuchtsszene zu machen, bei der er sich immer mit Humor aus der Affäre zieht. Dank seiner bekommt sie allerdings auch Kontakt zu Georges Bataille. Und es endet damit, dass sie des jungen sympathischen, aber vielleicht etwas zu braven Mannes leid wird.

Keiner weiß wirklich, was sie mit Bataille erlebt hat, oder wie lange ihre Beziehung anhielt. Bestimmt nicht mehr als ein paar

Monate. Aber genug, damit sie mit dem Schwefelnimbus der Überschreitung versehen war und sich auch heute noch sämtliche Fantasien um eine Sexualität drehen, in der sich Vergnügen und Schmerz mischen.

Der Sohn von Louis Chavance glaubt zu wissen, dass sein Vater die Verbindung zu Dora 1935 abgebrochen hat und nichts mehr von ihr wissen wollte. Sie muss ihn verletzt, ihn erniedrigt haben … Er heiratet schließlich Simone Prévert, sobald diese sich von Jacques scheiden lassen konnte. Sehr viel später wirft er sich jedoch vor, Dora nicht wiedergesehen zu haben, stellt sich vor, dass er sie hätte unterstützen, ihr mystisches Abdriften hätte verhindern sollen.

Sechzehn Jahre nach ihrer Trennung, 1951, hat sie Chavance jedoch noch immer nicht aus ihrem Adressheft gestrichen. Die Nummer, die in diesem Adressheft steht, entspricht sogar einer Adresse, an die er erst nach dem Krieg zieht. Ganz offensichtlich ist der Kontakt also nicht abgebrochen. Umso mehr als Dora in einem anderen Kalender von 1952, der sich in ihren Unterlagen befindet, am 21. August notiert, dass sie Mittagessen war … mit keinem Geringeren als Louis Chavance! Man erzählt seinem Sohn also nicht alles …

Der Drehbuchautor durchlebt damals eine schwierige Phase. Bei *La Libération* wird *Der Rabe*, der während der Besatzung von der deutschen Gesellschaft Continental produziert wurde, der antifranzösischen Propaganda bezichtigt. Die kommunistische Presse tobt. Georges Sadoul, Kritiker und Filmhistoriker, schreibt sogar, dass dieser »von Goebbels finanzierte« Film »Frankreich als eine verkommene, degenerierte, kleinbürgerliche, lasterhafte und dekadente Nation« darstelle, in Übereinstimmung zu den Behauptungen von *Mein Kampf*. *Der Rabe* wird verboten, der Regisseur und der Szenarist von den Säuberungsinstanzen des französischen Kinos suspendiert. Der Szenarist kann wohl versuchen zu erläutern, dass er bereits vor dem Krieg lange und ausdauernd an diesem Thema gearbeitet habe und nur durch einen Zeitungsartikel dazu inspiriert worden sei, es hilft nichts.

Ende 1947 wird das Verbot des Films endlich aufgehoben. Clouzot kann *Unter falschem Verdacht* drehen, ein Film, in dem eine hübsche Fotografin namens Dora auftritt! Aber Louis Chavance wird sich niemals von dieser Verurteilung erholen. Er schreibt noch ein paar Szenarien, aber nichts ist mit *Der Rabe* vergleichbar. Und als er im August 1952 mit Dora zu Mittag isst, brütet er immer noch voller Bitterkeit darüber, unschuldig angeklagt gewesen zu sein, insbesondere von der kommunistischen Partei. »Eine Ungerechtigkeit hat schreckliche Auswirkungen auf ein ohnehin bereits paranoides Wesen …«, fasst es sein Sohn heute feinfühlig zusammen.

Man muss sich die Unterhaltung mit Dora vorstellen, die sich ebenfalls über Picassos kommunistische Partei und über ihre Kameraden auslässt. Das ungerechte Schicksal, das ihren Freund ereilt, vertieft ihre Wut und ihre Verbitterung. Aber sie haben nur noch diese Abscheu gemein: Chavance glaubt an nichts mehr, er ist zum Anarchisten geworden, kein Gott, kein Herr. Ihre Beziehung ist einzig ein Dialog von Tauben.

Und doch müssen sie einander erneut getroffen haben … Aber sie ist ja so launisch! Bei ihr weiß man nie, woran man ist. »Der ist mir einfach lästig. Glaubt immer noch, ich wäre sein Ding«, zischt sie eines Tages einer Freundin zu, als sie ihn in einer Ausstellung von Weitem sieht.[22]

Nichts scheint ihn zu überraschen. Mitte der Dreißigerjahre schrieb er bereits dieses unmissverständliche Gedicht für sie:

»Wahnsinnige Verrückte nun deinerseits erschüttert
Wechselst deine Meinung so häufig wie ein Hund
sein Herrchen
Aufbrausende Jähzornige
mit Tritten in die Eingeweide
vergiltst du meine Liebe
schluchzende zerrüttete wahnsinnige Verrückte, jetzt
weinst du
Herrschaftlich wie Weiden im Regen
Heiß wie Kartoffeln in der Glut
Bebend wie der Leib eines kranken Tieres
Und plötzlich eine Explosion, plötzlich lautes Schweigen,
plötzlich Nacht
Erstreckst dich langsam wie ein Lavastrom in der riesigen
angstdurchdrungenen Weite.«[23]

Brassaï
81 rue Saint-Jacques
Por 2341

Auch Brassaï hat die Fotografin gekannt, bevor sie die Lebensgefährtin von Picasso wurde. Sie sind sich Anfang der Dreißigerjahre in den Cafés von Montparnasse begegnet, als sie zusammen mit Louis Chavance die »Gruppe von Prévert« entdeckt. Kurzzeitig haben sie sich sogar ein Fotostudio geteilt.

Zu dieser Zeit machen beide ihre ersten Schritte. Dora interessiert sich vor allen Dingen für städtische Landschaften, spielt mit Perspektiven, Linien und Licht, mit dem Blick einer Malerin, aber auf sehr moderne Weise. Auch er erforscht Paris, aber nachts, wenn die Stadt in Halbschatten getaucht ist oder in Nebel. Und sie wechseln sich in dem kleinen Fotostudio ab, das ihnen ein Amerikaner zur Verfügung stellt.

Allerdings erinnert sich Brassaï nicht daran, jemals mit ihr über Fotografie gesprochen zu haben. Wahrscheinlich geht sie davon aus, dass sie nichts von diesem Ungarn mit den Glupschaugen lernen kann.

Sie zieht die Ratschläge ihres Mentors Emmanuel Sougez vor, dem führenden Kopf des »neuen europäischen Stils«. Sehr schnell tauscht sie dieses kleine Labor gegen das neue Fotostudio ein, das sie sich in Neuilly mit ihrem Freund und Kompagnon Pierre Kéfer teilt.

Brassaï und Dora treffen sich zwei oder drei Jahre später bei kollektiven Ausstellungen wieder. Er hat sich im Lauf der Zeit einen Namen gemacht. Sie ist in der Mode und in der Werbung sehr berühmt geworden, sucht aber nach einem persönlicheren und weniger kommerziellen Weg: Mit 27 Jahren bricht sie allein zu Reportagen in die ärmeren Viertel von Spanien oder England auf. In Einklang mit ihrem politischen Engagement, mit den Außenseitern, den Blinden, den Elenden, den Arbeitslosen und allen an der Krise von 1929 Gebrochenen. Sie wirft auch einen liebevollen, poetischen Blick auf die Straßenkinder oder erfasst urkomische Situationen unmittelbar. Beeinflusst von Bataille und den Surrealisten fängt sie mit ihren Collagen an, die zwischen der Angst, dem Absurden und dem Traumhaften wechseln. Sie verbiegt das Reale so sehr, bis es verrückt wirkt. Sie spielt mit den Schatten. Sie bläht Münder derart auf, dass sie grotesk wirken, verdreht den Sinn der Dinge, oder transformiert einen Gürteltierfötus in ein undefinierbares Monster. Mit ihrer Malerfreundin Leonor Fini, die sie maskiert in Szene setzt, mit Strapsen, Laufmaschen in den Strümpfen oder – noch provozierender – mit einem Kätzchen zwischen den gespreizten Beinen, zeigt sie eine unbekümmertere Facette ihrer Persönlichkeit. Hin und wieder erforscht sie für spezielle Zeitschriften einen tabulosen Erotismus und eine leicht von Sadomaso geprägte Sexualität. Sie mutet gepeinigt, aber wagemutig an, frei und frech.

Brassaï ist ehrlich beeindruckt, sowohl von ihrem Talent, als auch von ihrem Mut und ihrer Kampflust. Diese kleine Frau schreckt vor nichts zurück … Dora wiederum bewundert das unglaubliche Licht, das er nachts einfängt, und seine Fotos von

Graffiti. Was er sagt, stimmt: »Die Mauern von Paris sind das größte Museum der Welt.«

Nachdem sie Picasso kennengelernt hat, wird ihre Beziehung angespannter, denn Brassaï ist mit ihm befreundet und fotografiert ihn seit zehn Jahren. Doch für sie steht außer Frage, dass sich ein anderer Fotograf dem Künstler oder seinem Werk nähert. Eifersüchtig verteidigt sie dieses Revier. Und »um Doras Empfindlichkeit und ihre Neigung zu Szenen und Auftritten nicht zu reizen, hütete ich mich [Brassaï] sehr, in ein Gebiet einzudringen, das von nun an ihr Revier [ist]«.[24] Das ist auch umsichtiger! Picasso ist offensichtlich völlig fasziniert von ihr, von ihrer Kultur, ihren Ideen ... Selbst wenn sie nicht da ist, bezieht er sich immer auf sie: »Dora denkt, dass ...«, »Dora sagt, dass ...« Unantastbar!

Als sie beschließt, sich der Malerei zuzuwenden, geht sie schließlich wieder etwas liebevoller mit Brassaï um: »Nachdem die berufliche Eifersucht verschwunden war, stand unserer Freundschaft nichts mehr im Wege ...«[25] »Freundschaft« ist vielleicht ein großes Wort. Der sanfte Brassaï scheint sich vor dieser unberechenbaren Frau in Acht zu nehmen, von der er schon einige Wutanfälle durchstehen musste! Offen gesagt interessiert er sich mehr für Picasso.

Wie bei Dora hat sich der Maler immer aufgerieben, Brassaï davon zu überzeugen, die Fotografie an den Nagel zu hängen und das Zeichnen anzufangen: »Sie besitzen eine Goldmine und begnügen sich damit, Salz zu fördern.«[26] Außerdem mokiert er sich häufig über den etwas tollpatschigen Ungarn. Doch von dem Maler lässt sich der Fotograf alles gefallen. Er macht sich sogar nach jedem Treffen Notizen, so stark ist sein Eindruck, außergewöhnliche Momente zu erleben. Wie so viele andere wird auch er zu einem geblendeten Sklaven. Und Dora bleibt im Schatten, oder besser im Gegenlicht.

Mit Ausnahme des 15. Mai 1945.

Wie jeden Morgen laufen ausgewählte Besucher durch Picassos Atelier. »Du bist der erste kommunistische König«, sagt Cocteau zu ihm. Und wie jeden Tag, wenn er anfängt Hunger zu verspüren, nimmt der Herrscher all jene mit ins Catalan, die noch bei ihm herumlungern. An jenem Tag vereint diese zufällige Tischgesellschaft Paul und Nusch Éluard, die schon immer zu den Gästen zählen, einen jungen amerikanischen Soldaten, einen Spezialisten für Kunstbände, einen alten Exzentriker, der Apollinaires Sekretär war und sich Baron Mollet nennen lässt, sowie Brassaï und seine zukünftige Ehefrau. Am Tischende bleibt ein Platz für Dora Maar, die Picasso angerufen hat, ehe er das Atelier verließ. »Kommen sie rrrunter …« Wie immer.

Die Unterhaltung ist ziemlich fröhlich, der redselige Maler setzt zu einer anstößigen Geschichte an und hat einen solchen Sinn für das Erzählen, dass alle lauthals in Gelächter ausbrechen. Dann jedoch trifft sie ein, schwarz und trübsinnig. »Sie ist finsterer Laune, gibt allen die Hand, sagt aber kein Wort, verzieht keine Miene«[27], erzählt Brassaï. Picasso versucht fortzufahren … Unvermittelt steht sie auf und brüllt: »Ich habe genug, ich kann hier nicht bleiben, ich gehe …« Erst versucht er, sie zurückzuhalten, dann sie einzuholen …

Von den um den Tisch Versammelten haben manche schon ähnlichen Szenen beigewohnt: »Kümmern wir uns nicht darum! Das sind Frauengeschichten!«, flüstert Nusch kokett, die nicht immer sehr feinfühlig ist. Éluard scheint sich mehr Sorgen zu machen. Endlose Minuten verstreichen. Der von Picasso bestellte Chateaubriand hat ausreichend Zeit gehabt, kalt zu werden, als Picasso eine Stunde später wieder zurückkommt, »mit wirren Haaren, aufgeregt und verschreckt«. Brassaï sagt, noch

»nie habe [er] ihn so verwirrt gesehen«.[28] Er kommt, um Éluard zu holen. »Paul, komm schnell, du musst mir helfen.« Die anderen können weder ihr Mittagessen aufessen, noch sich dazu durchringen, den Tisch zu verlassen. Ratlos gehen sie um 17 Uhr auseinander, ohne zu wissen, was genau vorgefallen ist.

Éluard
Nor 24640 und 9056

Paul Éluard war immer schon sehr zurückhaltend. Aus Zuneigung zu Dora hat der Dichter nichts von dem erzählt, was sich am 15. Mai 1945 in der Rue de Savoie zutrug. Nichts von der schreienden, wahnsinnigen Dora, die sie, ihn und Picasso, dazu aufforderte, Gott auf Knien um Vergebung anzuflehen. Der Maler ist erschüttert. Die Krankheit macht ihm Angst, der Wahnsinn noch mehr. Die liebevolle Reaktion von Paul Éluard scheint Dora jedoch etwas zu beruhigen.

Seit zehn Jahren weiß er gewissermaßen alles von ihrer Beziehung zu Picasso.

Er ist an jenem ersten Abend im Les Deux Magots dabei. Er schleppt den Maler in dieses Café an der Rive Gauche. An ihn wendet sich Picasso, um den Namen dieser verrückten Frau herauszufinden, die vielleicht nicht Kopf und Kragen, wohl aber die Unversehrtheit ihrer Finger mit einem Messer riskierte. Wer weiß, vielleicht hat er dieses zufällige Aufeinandertreffen sogar orchestriert … Und als er ihm wissend zuflüstert, dass sie die Geliebte von Bataille war, gibt sich Picasso den Fantasien über die verbotenen Spiele hin, zu denen sie bestimmt fähig ist.

»Was ist mir dir?«, fragt der Maler. Niemals! Aber er würde

auch nicht Nein sagen! Er sagt nur selten Nein, Éluard. Der, den Breton den »Lüstling« nennt, hat eine sehr breit gefächerte Konzeption der Treue, ist jeder Form von Sexualität gegenüber sehr aufgeschlossen. Nach Gala, seiner ersten Frau, die ihn für Dalí verlassen hat, hat er sich mit Nusch getröstet, einer gertenschlanken Elsässerin, unterwürfig und kokett, die er kennengelernt hat, als er mit René Char bei den Galeries Lafayette flanierte. Den Surrealisten gefällt es, Frauen auf der Straße anzusprechen. Breton hat diese »zufälligen und notwendigen« Zusammentreffen als Spiel der Liebe und des Zufalls theorisiert, jenseits von jeder bourgeoisen Konvention. Éluard wendet nur die Regeln an, ganz bestimmt mit mehr Beständigkeit oder Verbissenheit.

Dora hingegen nein, niemals! Nicht einmal an dem Tag, als sie beide sich für eine Fotosession in seinem Studio in der Rue d'Astorg eingeschlossen hatten. Es ist sehr eigenartig, sich heutzutage über dieses Foto zu beugen, in die blauen Augen dieser langen Bohnenstange mit der Stirnglatze zu blicken, dieses Mannes, der mehr die Frau als die Fotografin fixiert. Sein Blick ist weich, fast träge. Wie könnte er sich erhoffen, die durcheinanderzubringen, die mit Bataille mehr grenzüberschreitende Erfahrungen gemacht hat als er bei seinen netten Ausschweifungen mit Nusch und den anderen?

Doch er ist überzeugt, dass sie und Picasso füreinander geschaffen sind. Seit er den Maler kennt, denkt er, er bräuchte eine Gefährtin, die ihm das Wasser reichen kann. Und seit er Dora kennt, glaubt er, sie gefunden zu haben: eine engagierte Intellektuelle, eine talentierte Künstlerin, intelligenter als Olga, weniger durchscheinend und unterwürfig als Marie-Thérèse. Über ein paar Monate hinweg betätigt er sich als Kuppler.

Im Juli muss etwas passiert sein. Denn die erste Zeichnung, in der Dora in Picassos Werk auftaucht, ist auf den 1. August 1936 datiert. Sie ist eine Reisende, die einen Raum betritt, in dem ein Patriarch auf sie wartet. Sie suchen sich noch ... Picasso bittet Éluard, Dora nach Mougins einzuladen, wo sie gemeinsam den Urlaub verbringen wollen. Sie gibt vor zu zögern, weiß, dass man ihm widerstehen muss, hat man das Feuer erst einmal bei ihm entfacht. »Es tut mir schrecklich leid, aber ich fahre zu Lise Deharme nach Saint-Tropez!« Daran sollte es nicht scheitern! Picasso und seine Truppe schlagen bei der Dichterin auf, um die Schöne zu entführen.

Éluard erinnert sich daran, gesehen zu haben, wie die beiden sich allein über den Strand entfernten, der die Villa von Salins säumt. An diesem Tag beichtet der Maler ihr die Existenz von Marie-Thérèse und der kleinen Maya: Diese sind nicht verhandelbar! Was für eine Bedeutung hat das schon? Dora hält sich für stark genug. Sie folgt ihm nach Mougins, und es sollte der schönste Sommer ihres Lebens sein. Glücklich, verliebt, sexuell erfüllt findet Picasso seine Energie und Lebensfreude für das Malen wieder, die ihm in letzter Zeit gefehlt hatten. Auf seinen Leinwänden tobt sich der Minotaurus an einer hübschen Dunkelhaarigen mit formvollendeten Rundungen aus. Und im September thront sie wie eine Königin auf der Rückbank des Hispano-Suiza, der nach Paris fährt, hat sie doch endlich den Platz inne, von dem sie seit Monaten träumte: Sie ist die offizielle Geliebte des größten Malers des Jahrhunderts!

Die Beziehung zu Éluard wird noch enger. Die beiden Paare verstehen sich hervorragend und erschaffen eine Gruppe um sich. Mit ihnen findet Picasso die Boheme wieder, die ihm so sehr mit der extravaganten Olga gefehlt hatte. Es ist das Ende der »Herzoginnenepoche«, wie Max Jacob sagen würde. Maler, Dichter, Fotografen, Galeristen und Journalisten, sie alle begegnen sich zufällig oder regelmäßig, suchen dieselben Cafés auf, begeistern sich gemeinsam für Spanien und blicken besorgt auf Deutschland … Wenigstens kann er mit Dora über alles reden. Im Sommer 1937, nachdem er *Guernica* fertiggestellt hat, fahren sie wieder alle zusammen nach Mougins in den Urlaub.

Éluard und Nusch bleiben die Pfeiler dieser »glücklichen Familie«, die in der Pension Vaste Horizon zusammenkommt. Wie immer sind Man Ray und seine Freundin Ady sowie Roland Penrose und seine neue Freundin, die amerikanische Fotografin Lee Miller, mit von der Partie. Andere kommen nur auf einen Sprung vorbei …

Éluard ist fasziniert von Picasso, geblendet, angespornt durch die Gegenwart seines Freundes, dem Genie. Seine Gemälde sind für ihn eine unerschöpfliche Quelle der Inspiration. Der Maler illustriert auch einige seiner Gedichte, findet in Paul die Verbindung wieder, die er mit Apollinaire hatte. Dora wiederum ist sehr viel mehr als nur die Lebensgefährtin des Freundes … »Sag Dora, sie soll mir schreiben«, verlangt er eines Tages in einem Brief an Picasso.

Mit Vorliebe fotografiert sie das Ehepaar Éluard, eng umschlungen, verliebt. Nusch ist ihr Lieblingsmodell, ein elegantes Püppchen mit einem Porzellanteint. Ihr elsässischer Akzent passt nur sehr wenig zu diesem schlanken Körper, dieser ballerinenhaften Haltung. Sie ist so unbedarft verwirrend, so herrlich unterwürfig. Dora vergibt ihr alles, selbst die Nachmittage, an denen Éluard darauf drängt, sie Picasso zu überlassen, wie sich Gala früher in den Armen von Max Ernst wiederfand.

In jedem Fall schläft in diesem Sommer in Mougins so ziemlich jeder mit jedem. Eines ihrer Lieblingsspiele besteht darin, sich zu verkleiden und den Partner zu wechseln, indem sie auch die Vornamen tauschen. Eine Idee von Picasso! Sie fotografieren sich, filmen sich, amüsieren sich. Dora ist die Einzige, die sich nicht sonderlich amüsiert, und bei dieser Zügellosigkeit unter Freunden eine Zuschauerin bleibt; sie ist zu besessen, als dass sie sich teilen würde. So sehr, dass Picasso eines Tages darüber nachdenkt, sie zu teilen ...

Was Éluard betrifft, so kann er nicht sehen, wo das Problem sein soll, er ist der ehrlichen Überzeugung, dass es Frauen fürs Leben und Frauen für einen Nachmittag gibt. Es ist derselbe Freund, der Picasso später ganze Bataillons von jungen Gören liefert, die zu allem bereit sind, um dem Genie nahezukommen. Ohne zu ahnen, dass eines dieser Mädchen Dora eines Tages von ihrem Thron stoßen könnte.

Natürlich leidet Dora. Aber sie erscheint so stark, dass man annimmt, sie würde nur schmollen. Manchmal verschwindet sie, während sie Karten spielen. Die anderen gehen davon aus, dass sie dann malt oder fotografiert. Manchmal, wenn sie sich in Rage redet, warten sie, bis es vorbei ist. Eines Tages macht sie Picasso eine schreckliche Eifersuchtsszene, weil er sich in einen Affen vernarrt hat und ihn kaufen will. Darüber lachen sie noch immer. Weder Doras Stimmungsschwankungen noch der drohende Krieg und auch nicht das blutige, verwüstete Spanien verderben dieser »glücklichen Familie« die Sommerferien!

Die »Cabocharde« fängt jedoch an zu begreifen, dass sie die Kraft finden muss, all das zu akzeptieren. Es gab bereits Marie-Thérèse ... Nusch, Ady und bestimmt auch Lee ... Dora ist wie ein Stier, der zwischen mutig und kämpferisch in der Arena schwankt, dann den Rücken unter den Angriffen des Picadors durchdrückt. Beim Stierkampf dienen diese Banderillas dazu, das Tier zu schwächen, damit der Matador dem Tier mit einem einzigen Degenhieb den Todesstoß versetzen kann. Wie viele Hiebe hatte sie eingesteckt, ehe sie sich ergab? Im Gegensatz zu Marie-Thérèse oder Jacqueline Roque, die sich nach dem Tod des Malers das Leben genommen haben, ist sie am Leben geblieben! Vielleicht verrückt geworden, aber am Leben!

NOR 2640 und 9056: Diese beiden Telefonnummern aus dem Adressheft von Dora entsprechen der Wohnung, wo Paul Éluard sich ab 1940 mit Nusch eingerichtet hat. In der 35, Rue de la Chapelle: eine Dreizimmerwohnung im dritten Stock eines bescheidenen Gebäudes. Von allen Freunden aus dem Adressheft lebt er als Einziger in diesem bürgerlichen Paris, das er »mon beau quartier« getauft hat. Als Kind der nördlichen Banlieue gibt er vor, sich dort wohlzufühlen. Um ehrlich zu sein, hat er einfach nicht die Mittel, woanders zu leben. Die Poesie nährt ihren Schöpfer nicht. Das Vermögen seines Vaters, ein gewiefter Baulöwe, hat er mit Gala verprasst. Seine fragile Gesundheit und seine Aufenthalte in Sanatorien kosten ein Heidengeld. Also verkauft er primitive Kunstwerke, für die er Experte geworden ist, oder Gemälde, die ihm seine Malerfreunde schenken.

Als die UdSSR in den Krieg zieht, geht Paul in den Widerstand und schließt sich der Kommunistischen Partei an. Regelmäßig sehen er und Nusch sich gezwungen, sich zu verstecken. Die Befreiung erlaubt es ihnen, wieder nach Hause zurückzukehren. Der Journalist Claude Roy erinnert sich an ein »kleines beigegraues Appartement mit einer Zierleiste aus der Belle Époque an der Decke und einem marmornen Kamin, Gemälden und überall Bücher. Ein großes Porträt von Nusch mit entblößten Brüsten, das von ihrem Freund Picasso stammt, und viele andere Gemälde … sowie weitere Picassos.«[29]

Éluard ist der aufmerksamste und enthusiastischste Besucher des Ateliers. Nichts entgeht ihm. Im Übrigen erahnt er anhand der Gemälde, dass 1943 eine neue Muse in Picassos Leben getreten ist, Françoise Gilot. »Der eine ist Herablassung, der andere Eroberung«, schreibt er in einem Schlüsselgedicht, das seiner

Befangenheit Ausdruck verleiht. Lange Zeit schweigt er jedoch, um, aus Prinzip, die sexuelle Freiheit seines Freundes Pablo zu respektieren, während er darauf wartet, dass er der Geliebten überdrüssig wird …

Doch er sieht sehr wohl, dass Dora nicht mehr dieselbe ist. Und er fühlt sich immer schuldiger, weil er nichts sagt. Er ist schließlich der Einzige, der sie verteidigt und dem Maler vorwirft, sie unglücklich zu machen, egoistisch zu sein. Wie kann er es nur wagen? Picasso wird wütend, erwidert, diese psychische Gebrechlichkeit sei nur das Ergebnis dessen, was die Surrealisten ihr in den Kopf gesetzt hätten. Vor Wut zertrümmert der Dichter einen Stuhl, ehe er die Tür hinter sich zuschlägt.[30] Picasso ist außer sich: Er wird nicht zulassen, dass ihm ein solcher *Lüstling* die Leviten liest!

Am 15. Mai 1945 ruft er jedoch eben diesen *Lüstling* zu Hilfe. Éluard versucht zunächst, Dora zu beschwichtigen. Dann wendet er sich an Picasso und schlägt vor, Lacan anzurufen.

Der Arzt Jacques Lacan ist damals ein aufstrebender Psychiater, der im Sainte-Anne-Krankenhaus Sprechstunde hält. Auch er verkehrt mit den Surrealisten, die schon seit Jahren von seinen Arbeiten über das Unbewusste begeistert sind. Und er nimmt sich seines Freundes Picasso an, wenn dieser Rückenschmerzen oder einen Schnupfen hat.

Ist Lacan selbst vorbeigekommen, um Dora abzuholen? Oder hat er einen Krankenwagen vorbeigeschickt? Als Hinweis darauf gibt es nichts als eine Rechnung der Klinik Jeanne-d'Arc de Saint-Mandé, die Picasso beglichen hat, und die heute im Reservat des Museums aufbewahrt wird: zehn Tage Krankenhausaufenthalt vom 15. bis zum 24. Mai 1945.

In Saint-Germain-des-Prés wird gemunkelt, sie sei verrückt geworden, man habe Dora einer Elektroschocktherapie unterzogen. Und die meisten Freunde von Picasso wenden sich von der ab, die ihren Titel als Favoritin verloren hat ... Geschlagen durch K.o.

Éluard bleibt ihr treu und besucht sie hin und wieder. Er bringt sogar einen jungen kommunistischen Widerständler, Pierre Daix, mit in die Rue de Savoie, der diese Begegnung später in seiner Biografie über Picasso erzählt: Dora, allein, melancholisch und schweigsam, die im Dunkeln dasitzt, elegant eine Zigarettenspitze in der Hand hält, umgeben von ihren von Picasso gemalten Porträts wie in einem Mausoleum. »Paul will damit seine Treue einer Freundin gegenüber zum Ausdruck bringen und sie mir vorstellen«, schreibt Pierre Daix. »Gegen die Flucht jener, die nur daran denken, an Picassos Hof aufgenommen zu werden.« Éluard spricht viel, um die Stille zu füllen. Sie antwortet nur einsilbig. Beim Gehen schlussfolgert der Dichter im Hinblick auf seinen Maler-Freund: »Er erträgt es nicht, dass seine Lebensgefährtin krank ist. Bei ihm hat eine Frau niemals das Recht, den Kopf hängen zu lassen.« Manchmal ist es sogar noch schlimmer: Er ist in der Lage, unangekündigt bei Dora aufzukreuzen, zusammen mit Françoise Gilot, um von seiner alten, noch immer fragilen Geliebten zu verlangen, der neuen zu bestätigen, dass sie tatsächlich verstoßen worden ist.

Sechs Monate später gerät das Leben von Éluard ins Wanken ... Die sanfte, liebevolle Nusch stirbt an einem Gehirnschlag. In Tränen aufgelöst eilt Dora zu Picasso, um ihm die Nachricht zu überbringen. Kurz vor dem Zwischenfall hatten die beiden Frauen noch miteinander telefoniert. Nusch habe so fröhlich gewirkt. Sie hätten einen Termin für ein gemeinsames Mittagessen vereinbart. Dora wirft sich vor, dass ihr nichts aufgefallen ist. Doch was hätte sie unternehmen können? Also betet sie für das

Wohl ihrer Seele und flüchtet sich noch mehr in das Schweigen und in die Einsamkeit.

Ihre schönsten Fotos von Nusch bebildern zusammen mit denen von Man Ray einen Gedichtband, den Paul seiner Liebe widmet, *Le temps déborde* ...

»Vingt-huit novembre mil neuf cent quarante-six
Wir werden nicht zusammen altern.
Dieser Tag ist
zuviel: die Zeit tritt aus den Ufern.
Meine Liebe so leicht wird schwer wie eine Marter.«[31]

Der Kummer entfernt Paul und Dora voneinander, sie sind nur noch vereint dadurch, dass sie beide untergehen. Der Dichter macht sich Vorwürfe, hat aber keine Kraft noch einen anderen zu stützen. Trost findet er nur bei Alain und Jacqueline Trutat, einem jungen Pärchen, das wie er Gefallen an zügellosen Orgien findet. Nunmehr teilen sie auch die Trauer.

Dora baut sich ihrerseits wieder etwas auf, nach und nach ... mit Lacan, Gott und ein paar anderen. Ein Rohrpostbrief des Dichters, den sie bis an ihr Lebensende aufbewahrt, beweist, dass sie sich im Februar 1948 wiedergesehen haben: »Dora, ich bin auf dem Weg nach Hause, und ich bin erfüllt von dem seligen Gefühl des Glücks, dich wiedergesehen zu haben, unverändert, immer noch dieselbe. Ich hingegen habe mich so sehr verändert, bin über und über mit Asche bedeckt! Wunderschöne kleine Dora, bewegte und bewegende Dora, meine Freundin mit den Augen der Wahrheit und der Illusion, du führst noch immer meine Ideal-vorstellung der Frau an, blasse, braunhaarige und weiße Dora.«

Manche behaupten, an diesem Tag habe Éluard sie – mit der Genehmigung von Picasso – darum gebeten, seine Frau zu werden. Wenn es stimmt, dann muss sie, ohne zu zögern, abgelehnt haben.

Dann entfernt das Leben unweigerlich die voneinander, die sich verändern. Wie soll man dem Sog eines mitreißenden, überbordenden Picasso voller Pläne, Reisen und gemeinsamem Engagement, insbesondere für die Kommunistische Partei, widerstehen? Wie die Stimmungsschwankungen von Dora ertragen, ihre Verletzlichkeit, ihre Unerbittlichkeit, ihren Stolz und ihre mystische Besessenheit? Wenn man älter wird, übertreibt man. Sie nervt ihn mit Gott, er macht sie mit der Kommunistischen Partei rasend. »Ich bin zurückgekehrt, ganz automatisch, zur Religion meiner Kindheit«, vertraut sie der Kunsthistorikerin Victoria Combalia am Telefon an. »Ich hatte den linken Surrealisten nicht mehr viel zu sagen.«[32] Nicht einmal ihrem Freund Paul.

Im Jahr darauf trifft der Dichter, der einfach nicht allein sein kann, eine junge Frau in Mexiko. Beide kämpfen sie für die Kommunistische Partei. Es ist gut möglich, dass die Kommunistische Partei sogar dafür sorgte, dass er Dominique traf, um eine Sexualität zu kanalisieren, die die Kameraden schockierte.

In kleinem Kreis heiraten Paul und Dominique Éluard im Juni 1951 im Rathaus von Saint-Tropez. Ihre Trauzeugen sind Pablo Picasso und Françoise Gilot, ihre einzigen Gäste Roland Penrose und Lee Miller, die während der Zeremonie ein paar Fotos macht.[33] Dora nimmt nicht daran teil, sie gehört nicht mehr zu diesem Kreis.

In Éluards Umfeld kann keiner diese neue Ehefrau wirklich leiden. Insbesondere Picasso ist genervt von ihr, er findet sie langweilig und autoritär.

Dora hat sie vermutlich niemals getroffen. Ihrem Adressheft entnimmt man, dass sie nicht einmal weiß, wohin sie umgezogen sind. Im Januar 1951 überträgt sie zwei Telefonnummern für Éluard. Wie man einen Brief, ein Foto, ein Erinnerungsstück behält. Dabei ist keine dieser Nummern länger gültig. Der Dichter und seine neue Ehefrau sind schon seit mehreren Monaten aus der Rue de la Chapelle ausgezogen. Sie haben sich in einem kleinen, ruhigen Mehrfamilienhaus niedergelassen, in Charenton-le-Pont, und dabei die drei von Dora signierten Gemälde, die Éluard besitzt, mitgenommen: ein Erwachen, gemalt während des Krieges, und zwei Stillleben während der Befreiung.

Er muss häufig an sie denken, sich fragen, was aus ihr wird, »bewegte und bewegende Dora«, aber er ruft sie nicht mehr an, schreibt ihr nicht mehr.

Éluard lebt nicht lange in Charenton-le-Pont. Im November 1952, niedergestreckt durch einen Herzanfall, stirbt er mit 57 Jahren in diesem kleinen Zimmer, dessen Fenster zum Bois de Vincennes zeigen. Genauso wenig wie an seiner letzten Hochzeit nimmt Dora an seiner Beerdigung auf dem Friedhof Père-Lachaise teil. Oder aber allein und verloren inmitten der Menge dieser beeindruckenden Beerdigung, organisiert von der Kommunistischen Partei auf dem Höhepunkt des Kalten Krieges. Auf den Archivbildern sieht man nur Picasso, aufrichtig niedergeschlagen auf der offiziellen Tribüne, neben Cocteau, Aragon und Elsa, dem Kommunisten Jacques Duclos, Marcel Cachin und der Witwe des Dichters, der er nicht die geringste herzliche Geste zukommen lassen kann. Es ist kalt, grau, die Stimmung traurig. Sie liegen lange zurück, die Ferien in Mougins ... sehr lange, die Kartenspiele in der Gartenlaube, die Picknicks am Strand von Garoube, die Sonnenstrahlen zwischen den Schilfrohren, die Lachsalven, die Liebeleien ...

Dubois
Jas 4642
55 bd Beauséjour

Es war etwas aufwendiger herauszufinden, wer dieser Dubois war: In meinem dicken Telefonbuch aus dem Jahr 1952 ist kein solcher an dieser Adresse vermerkt ... Suchen Sie mal einen Dubois in einem Telefonbuch, wenn Sie keinen Vornamen haben! Hätte ich mal eben daran gedacht, die Biografien von Picasso oder Cocteau durchzublättern, dann hätte ich ihn sehr schnell gefunden. Doch manchmal stellen sich die verschlungeneren Pfade als interessanter heraus.

Erst als ich andere Telefonbücher gewälzt habe, die im Musée de la Poste et des Télécommunications auf Mikrofilm aufbewahrt sind, habe ich diesen Dubois ausfindig gemacht. Seine Telefonnummer, JAS 4642, entspricht einem anderen Abonnenten im selben Gebäude: L. Sablé! Dubois lebte also bei L. Sablé. Zu dieser Zeit sind die Telefonteilnehmer für gewöhnlich Männer, und L. müsste entweder Louis, Lucien oder Léon entsprechen. Lucien ist der Glückliche! Lucien Sablé, Journalist, Sammler, Kunstliebhaber, Freund von Cocteau, Mauriac, Gide ... Nach und nach taucht mein Dubois in seinem Fahrwasser auf, insbesondere wird er von François Mauriac erwähnt:

»Sablé, der Gide zum ersten Mal trifft, stammelt fast, so aufgeregt ist er, Dubois liest ihm jeden Wunsch von den Augen ab.«[34]

Eigenartigerweise ist dieser Mann, »der ihm jeden Wunsch von den Augen abliest«, kein Künstler: André-Louis Dubois hat nacheinander erst das Amt eines stellvertretenden Direktors bei der Staatssicherheit inne, dann ist er Polizeipräfekt in Bordeaux, Präfekt von Seine-et-Marne, von la Moselle und schließlich Generalresident in Marokko. Eine seiner ruhmreichen Taten ist es, 1944 die Deportierung von Jean Genet verhindert zu haben. »Monsieur Dubois hat sich überaus ehrenhaft verhalten, ich würde ihn durch Sie gern wissen lassen, dass ich ihm dafür sehr dankbar bin«, schreibt der Dichter.[35]

Françoise Giroud, die ihn nach dem Krieg kennenlernt, ist ihm vielmehr dafür dankbar, dass er Paris vom Hupen befreite: »Er ist ein exzentrischer Präfekt ... Seine Glanzstunde war, als er das Hupverbot erlassen hat, dafür sollte er ein Denkmal bekommen. Es heißt, er soll homosexuell gewesen sein. Ich habe keine Ahnung, ob das stimmt, aber mir gefiel es, dass eine Regierung jemandem, der eine anfechtbare Moral besaß und leicht erpressbar schien, eine solch heikle Stellung anvertraute ...«[36]

Der Name dieses ungewöhnlichen hochrangigen Beamten taucht mit denselben Gerüchten behaftet erneut in einem Brief von François Mitterrand zu dessen Zeit als Innenminister auf, als er dem Ministerpräsidenten Pierre Mendès France schreibt, um ihm seine Empfehlung für den Generalgouverneur für Algerien zu erläutern: »Man wird die eine oder andere Annahme über sein Privatleben dagegenhalten, doch sein würdevolles Verhalten lässt die Annahme nicht zu, derartige Argumente seien zutreffend. Bei allen Posten, die er innegehabt hatte, hat

Monsieur Dubois niemals Anlass zu Kritik gegeben.« Mendès France zieht dennoch Soustelle vor.

Warum aber steht dieser Dubois, dieser hohe Staatsbeamte, im Adressheft von Dora? Zum Glück ist er so eitel, dass er sein Leben festhält[37]: ein erstaunlicher Parcours, von Algerien, wo er geboren wird, über eine Siedlerfamilie, in die schönen Viertel von Paris. Durch Zufall hochrangiger Polizist, durch Neigung und Neugier weltgewandt, durch Faszination Freund der brillantesten Künstler der Epoche: Cocteau, Gide, Mauriac, Chanel, Poulenc, Camus ... Dieser Dubois begeistert mich. Über ihn vergesse ich ganz das Adressheft.

Zum Glück übernimmt er es, mich zu Dora zurückzuführen. In seinen Memoiren erzählt er von seinen täglichen Besuchen bei Picasso während der Jahre der Besatzung. Das ist ein Ritual, findet in der Regel gegen 11 Uhr statt. Häufig bleibt er zum Mittagessen, zusammen mit Dora Maar und den anderen. Er hat natürlich Zeit: Er war der erste Präfekt, den Vichy seines Amtes enthob, weil er in Bordeaux zu viele Pässe an Juden ausgestellt hatte, die versuchten, nach Spanien zu kommen. Dubois ist der Anti-Papon, der im Lauf seiner Karriere eigenartigerweise mehrfach auf ihn folgt, insbesondere bei der Präfektur der Gironde. Doch während der, der die Deportation von 1600 Juden veranlasste, zum Minister wird, vergisst die Geschichte Dubois, der ihnen bei der Flucht half ...

Zunächst wird er von der Vichy-Regierung seines Amtes enthoben, dann wird er als Verwaltungsdirektor der bombardierten Gemeinden eingesetzt. Dort verschwindet er gewissermaßen in der Versenkung und kann tun und lassen, was er will. Seine Künstlerfreunde wenden sich noch immer an ihn, wenn sie irgendwelche Probleme haben. Er lässt seine Beziehungen spielen, die er noch immer bei der Polizei hat, und für gewöhnlich regelt sich alles. Homosexuell? Mag sein … Aber er verliert kein Wort darüber. Er trennt seine Lebensbereiche in Berufliches und Privates.

An der Spitze in seinem Pantheon steht Picasso, der Einzige, der ihm das »Gefühl gibt, sich einem Genie zu nähern«. Dank Cocteau haben sie sich Anfang der Dreißigerjahre kennengelernt. Als Gentleman, der er ist, besitzt Dubois die Eleganz, Olga, die erste Ehefrau von Picasso, immer noch anzurufen, um sich nach ihrem Wohlbefinden zu erkundigen. Er hat ihrer beider Sohn Paulo bei der Arbeitssuche geholfen. Und während des Spanienkrieges ist er der Einzige, den Picasso ins Vertrauen zieht, als er einen Antrag auf Einbürgerung in Frankreich stellt. Doch leider konnte Dubois in diesem Fall nichts für ihn tun. Picassos Antrag wird im Mai 1940 von einem Beamten der Nationalpolizei abgewiesen, der patriotischer war als Pétain selbst, und ihm vorwirft, zugleich ein Anarchist und ein Kommunist zu sein.

Die Deutschen beunruhigen den ehemaligen Leiter der Sicherheit deutlich mehr. Dubois erkennt, welches Symbol Picasso für die Nazis darstellt, die seine Gemälde als »degeneriert« bezeichnen. Zu Beginn der Besatzung haben sie die Schließfächer der Bank inspiziert, wo seine Gemälde zusammen mit denen von Braque lagern. Es war Picasso gelungen, sie so zu beschwatzen, dass er ihnen weismachen konnte, es handele sich um alte Schinken und Unverkäufliches. Dubois hat Dora dennoch diskret seine Telefonnummer zugesteckt: »Rufen Sie mich beim geringsten Problem an, zögern Sie nicht!«

Und was er befürchtete, tritt ein. »Hallo, Dora am Apparat, sie sind bei Picasso.« Dubois trifft gerade noch rechtzeitig ein, um im Hof die beiden Gestapo-Offiziere anzutreffen. Oben findet er die offizielle Geliebte in Tränen aufgelöst vor, steifer und stummer als je zuvor, zusammen mit Sabartés, der Sekretär des Malers, der jegliche Gelassenheit verloren hat. Vor ein paar aufgeschlitzten Gemälden müht sich Picasso ab, gefasst zu wirken, zieht einfach nur an seiner Zigarette. »Sie haben mich beleidigt, mich als Degenerierten bezichtigt, als Kommunisten und Juden. Sie haben die Gemälde zertreten. Und sie haben gesagt: ›Wir kommen wieder.‹ Das war's auch schon.«

Tatsächlich war das auch alles. Dank des Eingreifens von Arno Breker! Der vom Führer beauftragte Bildhauer versprach seinem Freund Cocteau, dass man »keine Hand an Picasso legen würde«, und er hielt sein Versprechen. Was ein paar höflichere Stippvisiten bei Picasso jedoch nicht verhindert: Der Schriftsteller und verantwortliche Offizier der Zensur Ernst Jünger und der Verleger Gerhard Heller kommen manchmal bei ihm vorbei, wie man ins Museum geht.

Dora ist nach wie vor besorgt, sowohl um Picasso als auch um sich selbst. Sie spricht mit Dubois darüber: Wenn man das Pech hat, Markovitch zu heißen, lebt man mit der beständigen Bedrohung, für eine Jüdin gehalten zu werden! Als Studentin maß sie dem keine große Bedeutung bei und begnügte sich damit, die Tatsachen klarzustellen, wenn die Frage aufkam. »Nein, ich bin keine Jüdin, Markovitch ist ein kroatischer Name.« In den Dreißigerjahren meinte sie, sich von jeglichem Verdacht befreit zu haben, indem sie ihren Nachnamen abkürzte. Aber die Gerüchte kursieren weiter. Seit Beginn des Krieges hat sie ernsthaft Angst. Auf Anraten ihres Vaters beantragt sie die jugoslawische Staatsbürgerschaft.

Was für eine eigenartige Type, dieser Joseph Markovitch: autoritär, eitel, cholerisch, rätselhaft und … antisemitisch! Die Vorstellung, man könnte ihn für einen Juden halten, hat diesen Kroaten, der es vorzieht, Marko genannt zu werden, immer schon rasend gemacht. Es gibt keine Beweise für eine Verbindung zur faschistischen Ustascha-Bewegung, die 1940 in Kroatien die Macht erlangt und die Nazis mit offenen Armen empfängt. In einem seiner Notizbücher, die ich konsultieren konnte, schreibt er: »Ehre sei Hitler, der sich ehrenvoll wie ein anständiger Soldat das Leben genommen hat!«[38] Es ist durchaus möglich, dass die Ausgabe von *Mein Kampf*, die Dora aufbewahrte, einst ihm gehörte ...

Während des Krieges zieht er es jedoch vor, nach Südamerika zu flüchten. Manche behaupten, er sei ein Spion geworden. Wenigstens hat er seiner Frau und seiner Tochter genug Geld dagelassen, damit sie bestmöglich leben konnten. Und in seinen Briefen drängt er darauf, dass Dora einen jugoslawischen Pass beantragt, damit sie nicht festgenommen wird.

Dieses Schriftstück, das sie 1940 erhält, gibt ausdrücklich an, dass sie »katholisch und arisch« ist. Auf Anraten von Dubois trägt sie es von nun an immer bei sich, dieses Visum für das Leben: Gott sei's gedankt, sie ist keine Jüdin!

Doch niemand ist vor den Razzien sicher: Zwei Jahre später wird ihre Mutter in Dijon festgenommen. Immer noch wegen dieses verfluchten Namens! Wieder einmal bittet Dora Dubois panisch um Hilfe. Wer sonst könnte ihr helfen? Doch leider kann er hier nicht viel unternehmen: Julie Voisin Markovitch ist in den Händen der deutschen Obrigkeit. Und als Dora nach Dijon eilt, wird ihr nicht einmal gestattet, ihre Mutter zu sehen, die erst nach fünf Wochen wieder freikommt.

Es kann sein, dass Dora dadurch paradoxerweise größere Ressentiments den Juden gegenüber hegt als den Deutschen. Möglicherweise macht sie sie für die Verhaftung dieser *unschuldigen Französin* verantwortlich, die sie als ungerechtes Opfer einer Geschichte erachtet, die nichts mit ihr zu tun hat ...

»Du suchst nach einer vernünftigen Erklärung für etwas, das reiner Wahnsinn ist«, lässt mich eine befreundete Psychiaterin wissen. Ich will einfach nur verstehen, wie sich dieser irrationale Hass in ihre Gedanken schleichen konnte … Aber vielleicht gibt es da tatsächlich nichts zu verstehen.

Dann verstreichen zehn Jahre: Paris ist befreit, Picasso ausgeflogen, Dubois mit allen Ehrenbezeugungen für diejenigen, die sich nichts zuschulden kommen ließen, wieder eingesetzt.

1951 überträgt Dora die Kontaktdaten in ihr Adressheft, ohne zu wissen, dass er zum Präfekten von la Moselle ernannt wurde und inzwischen in Nancy lebt. Sie hat ihn seit fünf Jahren nicht gesehen. Sie hätte ihn streichen können, wie sie so viele andere gestrichen hat. Aber man weiß ja nie … Ein so hoch platzierter Freund hat sicherlich etwas Beruhigendes für sie. »Rufen Sie mich beim geringsten Problem an, zögern Sie nicht!«, hatte er gesagt. Das hat sie nicht vergessen und bewahrt seine Nummer auf wie eine Notfallnummer, ohne zu wissen, dass es nunmehr nur die Nummer von Lucien Sablé ist. Sicher, es ist gut möglich, dass Dubois, wenn er hin und wieder nach Paris kommt, bei seinem Freund wohnt. Sie achten inzwischen nur verstärkt darauf, diskreter zu sein als früher.

Später muss er noch vorsichtiger werden: 1954 wird er zum Polizeipräfekten von Paris ernannt. Der Spitzname »Präfekt des Schweigens«, den ihm das Hupverbot einbringt, passt in mehr als einer Hinsicht zu ihm. Auch wenn nahe Angehörige über das Paar Bescheid wissen, das er lange mit Lucien gebildet hat, ist es nunmehr doch vernünftiger, wenn der Herr Präfekt ein solides Leben zur Schau stellt. Seine Hochzeit 1955 erlaubt ihm überdies, auch den wildesten Schwätzer in Paris zum Schweigen zu bringen.

Die neue Madame Dubois heißt Carmen Tessier, ist eine

berühmte Journalistin, die Artikel in *France-Soir* unter dem Pseudonym »la Commère – die Klatschbase« veröffentlicht. Der Schriftsteller Yvan Audouard bestätigt, dass sie »über eine Art zweites Büro des weltlichen Lästerns verfügt«. »Dieser feinfühlige Dubois und dann diese biestige Carmen«, seufzt auch Cocteau über die Hochzeit des ungleichen Paares. Doch das Resultat davon ist, dass die Klatschbase niemals über ihren Ehemann spottet, sondern seine Karriere vielmehr fördert.

Kurz nach ihrer Hochzeit wird Dubois zum Generalkommissar von Marokko ernannt. Die Ironie des Schicksals will es, dass er dort auf General Lyautey folgt, der vierzig Jahre zuvor dieselben Andeutungen hinsichtlich seines Privatlebens über sich ergehen lassen musste. Natürlich hat all das nichts mit Dora zu tun. Doch bestimmt ist sie geschmeichelt, denjenigen zu kennen, der nach der Unabhängigkeit von Marokko als erster Botschafter Frankreichs dort eingesetzt wird. Genau wie sie sich regelmäßig nach Roland Penrose erkundigt, den die Königin von England geadelt hatte, oder ihr Möglichstes tut, um ein Mitglied der königlichen Familie in Ménerbes zu begrüßen.

André-Louis Dubois scheitert in der Diplomatenlaufbahn: Er ist sich uneins mit seinem Minister über die Algerienfrage, woraufhin der Botschafter nach wenigen Monaten mit viel Aufhebens kündigt. Zurück in Paris wird er der Verwalter von *Paris-Match*. Ein neues Leben fängt an, immer noch sehr extravagant. Doch Monsieur und Madame Dubois treffen nicht wieder auf Dora.

Sie essen jedoch regelmäßig in Vallauris, Cannes oder Mougins mit Picasso zu Mittag. Sie treffen sich auf den Corridas während der Ferias in Arles oder Nîmes. Auch verpasst der ehemalige Polizeipräfekt keine Ausstellung. Erst nach der Veröffentlichung des Buches von Françoise Gilot, in dem sie ihr Leben mit Picasso erzählt, geht das Ehepaar etwas auf Distanz. Da sie sich weigern, die Petition zu unterschreiben, die ein Verbot des Buches verlangt, schlägt ihnen Jacqueline Roque, die letzte Madame Picasso, für immer die Tür zu ihrem Landhaus in der Provence, Notre-Dame-de-Vie, zu.

Cocteau
36 rue de Montpensier
Ric 5572

Cocteau? … »Er ließ sich schrecklich gern fotografieren!«[39]
Kurze Zeit vor seinem Tod fasst Dora Maar so das Bild zusammen, das sie von dem Dichter hat. Als hätte sie sich nie hinters
Licht führen lassen von diesem charmanten, hypersensiblen,
fesselnden Irrlicht, der gleichzeitig ein narzisstischer Hans-
dampf in allen Gassen war, nur von sich selbst und dem Blick
der anderen besessen.

1931 ist er eine der ersten Berühmtheiten, von dem eine Zeitung ein Porträt haben will. Tatsächlich macht er einen sehr ent-
spannten Eindruck vor der Kamera, selbst mit seinem leicht lä-
cherlichen, flauschigen Haarbüschel, das ihm das Aussehen
eines alten kleinen Prinzen verleiht …

Für Cocteau bleibt die Erinnerung an Dora für immer mit
Picasso verknüpft und mit dem Krieg. Ein Krieg, der schlecht
angefangen hat: Während der ersten Monate der Besatzung bezeichnet die petaínfreundliche Presse ihn über viele Artikelspal-
ten hinweg als »jüdisch angehauchten Päderasten«. Er ist das
schwarze Schaf von Céline und wird sogar von Milizsoldaten an
der Place de la Concorde zusammengeschlagen. Doch eigenarti-

gerweise beschützen die Nazis ihn vor den Kollaborateuren: Dank seiner alten deutschen Freunde, dem Schriftsteller Ernst Jünger und vor allem aber dem Bildhauer Arno Breker, wird Cocteau zu einem Unangreifbaren. Ihm gelingt es auch, Picasso schützen zu lassen, diesen Freund, den er über alle Maßen verehrt: »Wunderbar, gekleidet wie ein Armer, spritzt das Genie überall heraus wie aus einem löchrigen Eimer!«[40], schreibt er schlicht in sein Tagebuch.

Dieses Tagebuch und sein Briefwechsel mit dem Maler erlauben es, seiner Spur während all der dunklen Jahre zu folgen. 1942 entdecken wir so, dass er Picasso und Dora fast täglich sieht. »Die deutsche Besatzung lässt uns alle am Tisch im Catalan, bei Picasso, bei all jenen, die Schutz suchen und einen unsichtbaren Block bilden wollen, näher zusammenrücken. [...] Picasso hasst Besuch. Er hätte es gerne, dass wir alle zusammenleben, dass wir dieselben Gerüche riechen, dass wir nicht aus allen Ecken von Paris zusammenkommen müssen, um uns zu sehen. Er hat recht ...«

Wenn sie schon nicht »zusammen leben« können, so teilt Cocteau doch eine Art Blase mit ihnen, die sie vor der Realität zu schützen scheint. »Wo würde es mir besser gehen als bei diesen Freunden, wo die Dummheit, die Hässlichkeit, das Vulgäre und die Aktualität durch keine Öffnung hereindringen ...« Am 23. März 1942 zum Beispiel, wenige Tage, bevor die ersten Konvois Richtung Lager losgeschickt werden, hört der Dichter begeistert zu, wie Picasso sich über den Ärger mit seinem Sohn auslässt, über seine Frau Olga, die sich nicht scheiden lassen will, und »den Ruin des Schweizer Wechselkurses (der Kleine ist in Genf) ...« Warum sollte man immer vom Krieg sprechen? Es ist doch schon entnervend genug, diese ganzen Entbehrungen hinnehmen und mit dem Fahrrad fahren zu müssen. Dann statten

sie »der Wohnung, die Dora ganz in der Nähe des Hauses ge-
mietet hat, einen Besuch ab. Es ist noch immer der Stil eines von
Picasso beeinflussten Ortes: riesige leere Räume und armselige
Pracht.«

Diese Seite des Tagebuchs von Cocteau erlaubt es, Doras Um-
zug in die Rue de Savoie zeitlich zu verorten: im März 1942! Dieses Detail interessiert vermutlich nur ein paar besessene For-
scher, doch es beweist, dass sie sich erst fünf Jahre nach Picasso
in diesem Viertel niederlässt. Sie war nicht vor ihm hier. Wie so
oft folgt sie ihm.

Diese neue Wohnung wird gewissermaßen zu ihrem Haupt-
quartier. Cocteau macht sich hier breit, um das Porträt von
Éluard zu erstellen, und wenige Tage später, auf Bitte von Picasso
hin, auch das von Dora Maar. Gemein beschreibt er sie mit »Augen wie ein Affe (aber bewundernswert), einer Nase, deren Na-
senloch die Lippe nach links schiebt, und einem Mund wie eine
zerfledderte Blume«, und er ist ziemlich zufrieden mit seiner
Kohlezeichnung.

Picasso ist da anderer Meinung. Kaum hat Cocteau ihm den
Rücken gekehrt, fängt der Maler auch schon an, einige Details
zu korrigieren. »Fast nichts. Jean wird das nicht einmal bemerken ...« Dann nimmt er das Porträt mit zu sich, wo er noch weiter daran feilt. Am Ende des Tages ist die Kohlezeichnung von
Cocteau unter der Gouache von Picasso verschwunden!

Der Dichter erfährt das erst viele Jahre später, nachdem er
häufig darum gebeten hatte, das Porträt noch einmal sehen zu
dürfen. Er ist nicht einmal pikiert. Von Picasso kann er alles
akzeptieren, so glücklich ist er über diese wiedergefundene
Freundschaft, nach all den Jahren des Zerwürfnisses, als Olga
noch da war. Insbesondere dank Dora.

Sicher, für Picasso muss man sich an andere Orte begeben.

Und der Spanier ist sicher nicht oft in diese Wohnung in der Rue de Montpensier gekommen, wo Cocteau und Jean Marais nach dem Debakel einziehen: ein finsteres Zwischengeschoss mit niedriger Decke, das zum Bogengang des Palais-Royal zeigt. »Ein eigenartiger Tunnel«, sagt Cocteau darüber.[41] Zu beiden Seiten des halbmondförmigen Fensters in seinem Zimmer lässt er eine Art Schultafel aufmalen und hofft, dass sein Freund, das Genie, eines Tages mit Kreide darauf malen wird. Aber natürlich macht Picasso das nie.

Dora geht manchmal allein mit Jean zum Mittagessen. Eines Tages erzählt sie ihm »von Picassos Spannungen in Schultern und Nacken«. Also hastet er zum Telefon, um die Schriftstellerin Colette, seine Nachbarin, zu bitten, ihren Heilkundler zu ihm zu schicken …

Ein anderer Satz von Cocteau aus dem September 1942 scheint von einem Seufzer begleitet zu sein: »Ich bewundere die innere Stärke von Dora Maar …« *Innere Stärke?* Er hält das wohl für verdienstvoll: Sie erträgt, steckt ein. Obwohl Cocteau ein so enger Freund ist, gelingt es Dora, ihn hinters Licht zu führen. Sie ist zugleich sanft und unnachgiebig mit diesem genialen, schrecklichen Mann, den sie über alles liebt und schützt, als wäre er ein Kind.

Einen Monat später verliert sie ihre Mutter. Cocteau schreibt ihr eine sehr nette Karte: »Mit großer Trauer habe ich Ihren Verlust zur Kenntnis genommen, und gerne würde ich zu Ihnen eilen, aber ich führe das unglaubliche Leben eines Vagabunden und ziehe nach Joinville zurück. Was Ihnen widerfährt, was Picasso widerfährt, widerfährt auch ›mir‹ … Mit Ausnahme von Jeannot sind Sie die einzigen Freunde, die mir fehlen.«[42] Das Geschwätz eines Mannes von Welt … Er gibt vor, zu ihr eilen zu wollen, tatsächlich reicht sein Mitgefühl aber nur dafür aus, ihr zwanzig Tage nach dem Todesfall einen Rohrpostbrief zukommen zu lassen.

Er ist jedoch durchaus in der Lage, Himmel und Hölle in Bewegung zu setzen, wenn Picasso bedroht ist oder Max Jacob festgenommen wird … Der Winter 1944 ist der strengste dieser schwarzen Jahre: Die Pariser sind am Ende, erschöpft durch die Entbehrung und die Festnahmen. Doch die letzten Nachrichten von der Front sind hoffnungsvoll. Die Verbündeten rücken in Italien vor, die Russen im Osten, der Lauf des Krieges ist dabei, sich umzukehren. Erbittert über ihren Rückschlag machen sich die Deutschen und die Miliz allerdings mit Feuereifer daran, die letzten Konvois nach Auschwitz zu schicken: Am 24. Februar wird Max Jacob, der seit dreißig Jahren zum Katholizismus konvertiert ist, von der Gestapo in der Nähe des Klosters in Saint-Benoît-sur-Loire festgenommen, wo er zurückgezogen lebt.

Unter Zeitdruck werden die meisten seiner Freunde mobilisiert: Guitry, Jouhandeau … Cocteau plagt sich ab wie ein Wahnsinniger, er ruft alle hochplatzierten Deutschen an, die er kennt, verschickt Briefe, bereitet eine Petition vor … Anscheinend hat er sogar vorgeschlagen, seinen Platz in Drancy einzunehmen!

Picasso wiederum macht keinen Finger krumm. Dem Komponisten Henri Sauguet[43], der ihn als einer der Ersten darüber verständigt, als er im Catalan zu Mittag isst, antwortet er »lächelnd, dass man sich um Max keine Sorgen zu machen braucht, er ist ein Engel und wird heimlich abhauen«! Wie kann er so gleichgültig sein? Sie sind seit über fünfzig Jahren befreundet …

Ja, sicher, sie haben sich voneinander entfernt. Picasso antwortet nicht mehr auf Briefe von Max. Er lässt ihn seine Unterstützung für Franco bezahlen (eine Petition, die er, zusammen mit katholischen Intellektuellen, ohne groß darüber nachzudenken, unterzeichnet hatte[44]). Aber hat er etwa vergessen, dass er ohne Max im Bateau-Lavoir verhungert wäre, als er noch kein einziges Gemälde verkaufte? Sie teilten sich alles, selbst das Bett, in dem sie abwechselnd schliefen.

Die offizielle Version lautet: Eine Einmischung von Picasso wäre kontraproduktiv, die Deutschen würden zumachen. Die Ausrede erscheint schwammig, doch selbst Cocteau gibt sich offensichtlich damit zufrieden. Am wahrscheinlichsten ist, dass der Spanier Angst hat. Er bleibt ein Ausländer, der noch dazu geflüchtet ist. Sollte er in irgendeiner Form auffällig werden, kann er jederzeit festgenommen, zur Grenze gebracht und den Franco-Anhängern ausgehändigt werden. Da er weiß, dass Cocteau bereits zugunsten von Max Jacob interveniert, noch dazu auf höchster Ebene, ist er sich sicher, dass der eng mit Hitler verbundene Arno Breker das Notwendige unternehmen wird, genau wie er sie, ihn und Cocteau, seit Beginn des Krieges beschützt. Er hat auch allen Grund das zu glauben, und fast hätte es geklappt … Aber dann stirbt Max Jacob an einer Lungenentzündung in Drancy, wenige Stunden, bevor sein Befreiungsbefehl unterzeichnet wird.

Auch Dora hat sich sehr zurückgehalten. Obwohl sie den Dichter als spirituellen Führer erachtet, kennt sie ihn doch nur wenig. Außerdem lebt sie mit der Angst, der vor den Deutschen und der vor allem anderen … Seit einigen Tagen ist das Verhältnis mit der jungen Françoise Gilot offiziell. Die Sorge um Max lässt ihre Ängste, ihre Wutanfälle und ihre Erschöpfung nach all diesen Kriegsjahren, den weltlichen und den intimen, nur stärker werden. Sie begnügt sich damit, für ihn zu beten … Anscheinend ist Cocteau nicht nachtragend … Oder aber er spricht nicht darüber.

Ein Jahr später wird Dora in die Klinik Saint-Mandé eingewiesen. Von dort kommt sie erschöpft und aufgerieben nach Hause zurück. Auch darüber verliert Cocteau in seinem Tagebuch kein Wort. Eine sehr schwammige Andeutung in einem Brief an Picasso: »Innige Grüße an Dora ...«[45]

Ich muss wieder an ihre »innere Stärke« denken. Bestimmt hat er nichts von ihrem Leiden verstanden, von ihrer Zerbrechlichkeit und ihren Frustrationen. Nie hat er ihre Traurigkeit, ihre Tränen oder ihre Wut gesehen oder sehen wollen. Dora ist nur das unerwünschte Anhängsel seiner leidenschaftlichen Besessenheit für Picasso. Er hat sie geliebt, weil sein Freund sie geliebt hat. Als dann Françoise Gilot ihren Platz einnimmt, liebt er diese ebenso sehr, vielleicht sogar noch mehr.

Dennoch ist sicher, dass Cocteau und Dora sich gesehen haben, nachdem sie von Picasso verlassen wurde. Als Beweis dafür hat sie in ihrem Adressheft die Telefonnummer des Hauses in Milly-la-Froêt vermerkt, das er erst 1947 zusammen mit Jean Marais kauft. Ein weiterer Beweis sind Schwarz-Weiß-Fotos während eines Empfangs am 6. Dezember 1951, dem Jahr des Adressheftes: Cocteau, Man Ray, Dora Maar ... Sie ist erst 44 Jahre alt, wirkt mit ihrem blassen Teint und dem dunklen Kostüm aber zehn Jahre älter. Bestimmt treffen sie sich auch in den Salons von Marie Laure de Noailles oder von Lise Deharme. Jedes Mal küssen sie sich zur Begrüßung auf die Wange, sprechen über ein paar Erinnerungen, tauschen Neuigkeiten und etwas Smalltalk aus. Ende 1954 schicken sie einander noch ihre besten Neujahrswünsche zu. Wenige Monate später beglückwünscht sie ihn für seine Wahl in die Académie française. Und er bedankt sich bei ihr. Ein Brief voller Komplimente und doch nichts als leeres Gerede.

Viele Jahre später, lange nach dem Tod von Cocteau 1963 oder dem von Picasso 1973, grübelt sie noch immer über eine Anekdote, die der Dichter in seinem Kriegstagebuch erzählt: Er geht mit Picasso in den Sträßchen von Saint-Germain-des-Près spazieren. Im Gehen spotten die beiden Freunde über die Gedenktafeln, die im Erdgeschoss der Gebäude angebracht sind. Lächerliche posthume Eitelkeiten derer, die dort gelebt haben, oder ihrer Erben. Und sie machen sich einen Spaß daraus, sich weitere auszudenken … In der Rue de Savoie vor dem Haus mit der Nummer 6 hat Picasso eine verrückte Vorahnung: »In diesem Haus starb Dora Maar vor Langeweile!« Tatsächlich stirbt sie 55 Jahre später genau dort. Doch sollte sie an Langeweile gestorben sein, so geschah das auf ganz kleiner Flamme.

Klempner Bidance
22 rue Guénégaud
DAN 5764

Jemand, der in seinem Adressheft die Telefonnummer eines
Klempners notiert, kann nicht vollständig realitätsfremd sein.
Weder Cocteau noch Picasso wären auf die Idee gekommen,
sich die Kontaktdaten von Monsieur Bidance aufzuschreiben!
Wer erinnert sich überhaupt noch an Monsieur Bidance?

Dora hat ihn kontaktiert, nachdem Picasso in die Rue des
Grands-Augustins eingezogen ist. 1937 hat sie diesen riesigen
leerstehenden Dachboden für ihn gefunden, mitten in Saint-
Germain-des Prés, dem neuen Künstlerviertel. Sie war darüber
gestolpert, als Jean-Louis Barrault die Proben seiner Truppe dort
organisierte. Hier verortet Balzac auch das Atelier des Malers
François Porbus in *Das unbekannte Meisterwerk*. Ein Roman,
den Picasso sechs Jahre zuvor illustrierte, ehe er in diesen Dachboden investiert. Dieser »erstaunliche Zufall« muss ihm sehr
zugesagt haben.

Dieser Raum ist unglaublich. Er erstreckt sich über die letzten beiden Etagen des Hôtel de Savoie. Man gelangt über einen
gepflasterten Hof dorthin, der durch einen Zaun und ein ge-
wölbtes Portal von der Straße abgetrennt ist. Auf der linken

Seite ist eine schmale Treppe. Und im zweiten Stock, vor der Eichentür, weist ein Schild ganz ironisch darauf hin »Hier ist es«.

Zunächst bringt Picasso hier nur sein Atelier unter. Jeden Abend geht er zum Schlafen zurück nach Hause, in die Rue la Boétie. Doch unter der deutschen Besatzung werden die Strecken mit dem Auto schwieriger, das Benzin ist rationiert, die Ausgangssperre verhängt. Nach und nach geht der Maler dazu über, auch dort zu schlafen. Der Komfort ist sehr rudimentär. Früher einmal hätte er sich damit begnügt, er, bei dem Fernande sich im Bateau-Lavoir über eine »fehlende Körperhygiene«[46] beschwerte. Doch mit Olga hat er Gefallen an Luxus und Hygiene gefunden. Also organisiert Dora ihm einen Klempner, der fünf Minuten zu Fuß von dort entfernt ist, und trägt diesem auf, eine Zentralheizung und ein richtiges Badezimmer zu installieren, in dem kleinen Raum im Dachgeschoss, der, wie sein Schlafzimmer, über ein Oberlichtfenster verfügt.

Nach den Umbauarbeiten fotografiert sie Picasso vor der Badewanne, ganz angezogen, mit verschränkten Armen. Hinter ihm entdeckt man einige Fläschchen, Parfum, Talkum und ein Sträußchen Gänseblümchen, was in seinem Universum recht deplatziert wirkt. Wahrscheinlich hat sie es dorthin gestellt, um ihr Revier zu markieren. Über den drei Reihen weißer Fliesen, die Monsieur Bidance verlegt hat, sind die Wände unverputzt und leicht baufällig geblieben. Man ist hier immer noch bei Picasso und bei den »Orten, die er beeinflusst«, wie Cocteau sagen würde …

Dieses Badezimmer ist zweifellos das Werk von Dora, auf der Höhe ihres Ruhmes. Es ist ihr bereits gelungen, Sabartés, den Sekretär und Freund, zu verdrängen, einen Getreuen unter den Getreuen. Mit diesen Rohren und Hähnen glaubt sie, eine

Art Netz zu spinnen, dessen glücklicher Gefangener Picasso sein würde. Und sie erfreut sich daran, wie beglückt er jeden Morgen über die Magie eines heißen Bades ist. Noch ist sie die Magierin.

Leyris
Ode 1861

Sie hat Leiris mit einem y geschrieben, aber die Telefonnummer ist unzweifelhaft die des Schriftstellers, Ethnologen und Dichters Michel Leiris. Sie hielt es für nicht notwendig, sich seine Adresse, 53 bis, Quai des Grands-Augustins, zu notieren, denn sie kennt sie auswendig, sie wohnt gleich um die Ecke.

Leiris und Dora Maar müssen sich 1933 ab und an begegnen, als sie sich der Bewegung der extremen Linken »Contre-Attaque« anschließen. Wie sie ist auch er ein Freund von Bataille. Sie unterschreiben dieselben Petitionen und nehmen an antifaschistischen Demonstrationen teil. Danach verschwindet er mit der Mission Dakar-Djibouti nach Afrika. Tatsächlich lernen sie sich erst nach seiner Rückkehr richtig kennen.

Im Januar 1936 notiert der Schriftsteller in seinem Tagebuch: »Gestern Bataille gesehen, in Begleitung von Dora Maar, die sympathisch und hübsch ist.« Diese beiden Adjektive haben mich tagelang nicht mehr losgelassen. »Hübsch« mag ja noch durchgehen, auch wenn »schön« rühmlicher gewesen wäre. Aber »sympathisch« ist ein Wort, das noch keiner in Bezug auf Dora verwendet hat. Man beschreibt sie als »sturköpfig«, »stolz«, »kategorisch«, »jähzornig« … Umgekehrt verwendet man »sympathisch«, wenn man nichts zu sagen hat, genau wie »cool« oder »nett«. Ich drehe und wende das Wort in alle Richtungen. Ich suche nach Synonymen, Definitionen, Verbreitung ... Bis mir aufgeht, dass Leiris die Menschen, Abende oder Vorstellungen in seinem Schriftwechsel häufig als sympathisch bezeichnet. Also gibt es hier nichts zwischen den Zeilen zu lesen, keine mit »unsichtbarer« Tinte geschriebene Nachricht.

An diesem Abend geht sie mit Bataille aus, sie ist nicht offiziell seine Geliebte und noch nicht die von Picasso. Mit 29 Jahren, auf dem Gipfel ihrer Schönheit, als Fotografin bekannt und angesehen, weiß sie sich brillant zu unterhalten, hat einen ausgeprägten Sinn für schlagfertige Antworten: Sie ist witzig, bissig, provozierend, intelligent ... In einem Wort: sympathisch. Leiris' Kommentar veranschaulicht nur das Eingeständnis, dass er von ihr angetan ist, ohne deshalb gleich gefesselt zu sein, und drückt eine Art der Distanz mit einer Frau aus, die er noch nicht genug kennt, um mehr über sie zu sagen.

Sie kommen einander näher, als sie, wenige Monate später, das Leben von Pablo Picasso teilt, für den Leiris eine grenzenlose Bewunderung hegt.

Während der deutschen Besatzung wird ihre Beziehung noch enger. Sie sind fast Nachbarn: Picasso in seinem Atelier, Leiris am Quai des Grands-Augustins und Dora Maar in der Rue de Savoie. Um sie herum organisiert sich eine kleine Gruppe Künstler und Intellektueller so gut sie kann, um den Razzien, den Denunziationen, manchmal den Bombardierungen, den Entbehrungen, vor allem aber der Langeweile zu entkommen. Sie treffen sich in Cafés, die wenigstens beheizt sind, oder im großen Appartement der Leiris. Sie leben ähnlich wie Flüchtlinge in Saint-Germain-des-Prés, unter Hausarrest im de Flore oder im Catalan ... Nicht alle sind sie eng befreundet, ganz im

Gegenteil. So tut sich Leiris zum Beispiel schwer damit, Cocteau zu ertragen. Doch es gibt Schlimmeres ...

Manche, wie Desnos, Éluard oder der Verleger Zervos engagieren sich wirklich im Widerstand. Cocteau hingegen lässt sich zu ein paar wahnsinnigen Höhenflügen hinreißen, zum Ruhme Hitlers und seines Bildhauers Arno Breker ... Doch die meisten begnügen sich damit zu leben, zugleich ohne Zugeständnisse, aber auch ohne etwas zu unternehmen: Sartre, Beauvoir, Lacan, Picasso, Dora Maar ... »Passiver Widerstand«, nennen sie es. Widerstand leisten, einzig dadurch, dass sie bleiben.

Für Leiris ist es komplizierter. Wegen seiner Frau muss er vorsichtig sein: Der große Kunsthändler Henry Kahnweiler, der sich seit den Antijudengesetzen gezwungen sieht, sich in der Südzone zu verstecken, hat seine Galerie Louise Leiris überlassen, die seit zwanzig Jahren seine Mitarbeiterin ist. Nur sehr wenige kennen ihr Familiengeheimnis und wissen, dass sie tatsächlich seine Schwiegertochter ist. Doch sie ist der Willkür einer Denunziation ausgesetzt. Sollten die Deutschen von ihrer tatsächlichen Beziehung zum Galeristen erfahren, würde sie festgenommen und die Gemälde konfisziert. Leiris wiederum gesteht ein, dass er schreckliche Angst davor hat, nicht mutig genug zu sein, einer möglichen Folter standzuhalten. Während er im Musée de L'Homme arbeitet, hält er sich fern von dem Netz, das die meisten seiner Kollegen bilden. Er geht nur das Risiko ein, Freunde oder kommunistische Widerstandskämpfer wie Laurent Casanova bei sich aufzunehmen oder auch Henry Kahnweiler, wenn er in Paris ist.

Außerdem muss das Leben ja weitergehen. Das Leben erträgt keine Langeweile. Um die Zeit totzuschlagen, improvisieren sie »Fiestas«. Sie trotzen der Ausgangssperre für einen Teller Bohnen im Hotelzimmer von Simone de Beauvoir. Und regelmäßig bechern sie jeglichen Alkohol, den sie in die Finger bekommen. In seinem Tagebuch erzählt Leiris, wie er dem sturzbetrunkenen Castor nach einem Empfang bei Gallimard geholfen hat ... An einem anderen Abend bei Bataille ist Dora Maar so beschwipst, dass sie schließlich einen Stier imitiert, die Hände als Hörner an der Stirn, während sie auf andere losgeht.

Diese Nähe erlaubt es Leiris, sie besser kennenzulernen. In seinem Tagebuch amüsiert er sich im Mai 1942 damit, seine Freunde danach einzuteilen, ob sie mehr oder weniger »verkleidet« sind. Ich erspare Ihnen meine Spekulationen rund um das Verb »verkleiden«. Gehen wir, um es kurz zu machen, einfach davon aus, dass er unter »verkleiden« versteht, jemand maskiert, versteckt oder verheimlicht, was man ist, und spielt eine Rolle. »Der Castor [Simone de Beauvoir], Lucienne Salacrou und Zette [Louise Leiris] sind keine verkleideten Frauen ... Sylvia [Lacan] ist eine raffiniert verkleidete Frau und Dora eine durch ihr Porträt von Picasso ästhetisch verkleidete Frau.« Man erahnt, dass sie ihn mit ihrem affektierten Verhalten nervt, sich für ein Monument der Kunstgeschichte hält, und »Die weinende Frau« übertrieben darstellt ...

Ein paar Seiten später bemerkt er »in der letzten Zeit einen Sprachtick bei Dora Maar. Ohne eine Spur der Mokerie (anscheinend hat sie damit angefangen, um Marie Laure de Noailles – spöttisch – zu imitieren) führt sie in vielen Sätzen ein eingeschobenes ›sage ich‹ ein. Tatsächlich macht sie das wohl, weil sie einen beständigen Ich-Bezug herstellen muss.«

Am schwierigsten ist es zu vergessen, was sie sind, sie sich als Männer und Frauen vorzustellen, die sich in diesem besetzten Paris die Langeweile vertreiben, indem sie bei jeder Gelegenheit trinken, den neuesten Tratsch austauschen und sich über die einen und die anderen lustig machen. Als Leiris »anscheinend«

schreibt, hört man das Gelächter und das Scharren der Füße unter dem Tisch bei jedem »sage ich«, gefolgt von ihrem schonungslosen Sarkasmus, sobald sie sich umgedreht hat. Doch er hat richtig gesehen: Sie hämmert ein pathetisches »Ich« heraus, in dem Versuch zu existieren, verschließt sich jedoch bis hin zum Ersticken in der Figur, die Picasso seit 1937 von ihr gemacht hat. »Offizielle Geliebte« ist ihr Adelstitel, »Die weinende Frau« ihre Zwangsjacke.

Im März 1944 bestürzt die Festnahme von Max Jacob sowohl Leiris als auch Dora Maar. Jacob war Michel Leiris' Lyrikprofessor, als dieser zwanzig Jahre alt war, zudem ein sehr enger Freund und sogar mehr als das: Leiris spricht in seinem Tagebuch von der »Liebschaft mit Max«. Später haben sie sich voneinander entfernt.

Als sie von Max' Tod erfahren, wenige Tage nachdem er in der israelischen Abteilung eines Pariser Friedhofs von Ivry beigesetzt worden war[47], beschließen seine Freunde, ihm die letzte Ehre zu erweisen: Im großen Salon der Leiris unter einem Porträt, das Picasso von dem Dichter gemalt hat, halten sie eine erste, öffentliche Lektüre eines geschriebenen Stückes des Malers ab, ein surrealistischer und verrückter Entwurf, inspiriert von den Entbehrungen des Krieges, des Hungers und der Kälte. *Wie man Wünsche beim Schwanz packt* hat vor allen Dingen weder Hand noch Fuß. Picasso hat es innerhalb von drei Tagen mit der Methode des automatischen Schreibens hingekritzelt, vermutlich ohne sich sonderlich zu überarbeiten.

Das Casting ist beeindruckender als der Text: Leiris spielt den Protagonisten, genannt »Plumpfuß«, Raymond Queneau »die Zwiebel«, Simone de Beauvoir »die Kusine«, Jean-Paul Sartre »das Klümpchen«, Louise Leiris »die beiden Wauwaus«, Dora Maar »die fette Angst«, und Albert Camus führt Regie. Unter den Zuschauern um Picasso: Lacan und seine Ehefrau, Georges Bataille, Jean-Louis Barrault und Madeleine Renaud, Georges Braque, Marie Laure de Noailles, Henri Michaux … zusammen mit André-Louis Dubois und dessen Freund Lucien Sablé. Eigenartigerweise ist Cocteau nicht dabei. War er vergrämt? Oder weigerte er sich, diesen Abend der letzten Ehre gutzuheißen, der nicht viel mit dem Dichter zu tun hat?

Dora Maar trifft untergehakt bei dem jungen, noch unbekannten Schriftsteller Claude Simon ein. Wodurch die Anzahl der zukünftigen Literaturnobelpreisträger im Raum auf zwei steigt. Ganz zu schweigen von Sartre …

Die Biografin von Claude Simon[48] hat in ihren Unterlagen seine Beschreibung für Dora gefunden: »hübsches, ernstes Gesicht, immer in einfachen und ruinös teuren schwarzen Gewändern von Balenciaga gekleidet.« Eigenartigerweise findet auch er sie »sympathisch«. Am Vorabend hat sie sich damit vergnügt, ihm die Karten zu legen, und ihm ein großartiges Schicksal vorhergesagt. Er gibt jedoch zu, sie nicht als Frau wahrzunehmen, zumindest nicht in erotischer Hinsicht. »Unbewusst erschien sie mir, als wäre sie unerreichbar für mich, wie man einen Rolls-Royce oder einen Cadillac voller Bewunderung betrachtet, aber ohne Verlangen, ohne auch nur von einer Anwandlung der Lust gestreift zu werden – und das von mir, der ich in diesem Alter alle Frauen mit Blicken auszog … Sicherlich, ganz bestimmt sogar, habe ich mich ihr gegenüber wie ein Dummkopf verhalten.«[49] Und da ist er auch, der Schlüssel zu dem Wort »sympathisch«: angenehm, aber nicht begehrenswert.

Ihr ist das egal. Auch sie wird nicht vom geringsten Verlangen für diesen jungen Schreiberling ohne Manieren durchzuckt. Er beschreibt sich selbst als »hübschen Jungen«, aber von »großer, provinzlerischer Stoffeligkeit, mit mittelmäßigen Konversationsfähigkeiten, noch ganz desorientiert durch die Erfahrung des Krieges und die Gefangenschaft, ungeschickt und ignorant«[50]. Auch als naiv: Lange hinterfragt er dieses »Rätsel«, diese »überraschende Freundschaft«, die Dora Maar ihm auf einmal entgegenbringt. Armer »Dummkopf«: Er weiß nicht, dass Picasso im Begriff ist, sie zu verlassen, und dass er nur in der vergeblichen Hoffnung eingeladen wurde, die Eifersucht des Malers zu entfachen. Sie muss ihn wie einen Schauspieler bei einem Casting ausgewählt haben: dreißig Jahre alt, groß gewachsen, gut aussehend, helle Augen, die Intelligenz verströmen, und Lippen zum Niederknien. Vielleicht etwas kindisch, doch sie tut, was sie kann. Sie widersteht, reißt sich zusammen. Innerlich zerstört, schreckerfüllt bei der Vorstellung, verlassen zu werden, doch noch gelingt es ihr, dem großen Maler Paroli zu bieten.

Picasso ist nicht dumm, dennoch ärgert ihn dieser schüchterne, gequälte Schönling bestimmt. Françoise Gilot wird diese Erfahrung später machen: Man verlässt Picasso nicht! Man ersetzt ihn auch nicht! Seine Frauen gehören ihm, auch dann, wenn er ihrer überdrüssig wird und sie verstößt. Wenn er könnte, würde er sie in einer Art Möbellager aufbewahren, zusammen mit all den alten Dingen, die er sich wegzuwerfen weigert. Ihm wäre es am liebsten, sie würden in einer völligen Verehrung verharren, bewundernd, unterwürfig, wie Marie-Thérèse, die sogar seine abgeschnittenen Fingernägel als Reliquie aufbewahrte.

Dennoch ist es ein Glück, dass Claude Simon mit Dora Maar zu den Leiris kommt: Ihm verdankt man den einzigen, leicht distanzierten und bisweilen grausamen Bericht dieses Empfangs, der von Würdigung und Theater nichts als den Namen hat.

»Ich trat hinter Dora Maar in eine Art Voliere: der riesige Salon eines luxuriösen Appartements, gefüllt mit einer laut schwatzenden, geschäftigen Gruppe Menschen, die einander so vertraut in einer Atmosphäre der Ungezwungenheit, der Sorglosigkeit, des Mondänen und der Affektiertheit anredeten, was mich völlig verwirrte. Ich erinnere mich insbesondere an Jean-Louis Barrault und an seinen dämlichen Protagonisten als Kinderschreck oder Vogel, der laut und vernehmlich sprach, scherzhaft, und so tat, als würde er sich anbieten, in seinem Theater das Stück von Picasso zu inszenieren [...]. Natürlich leistete diese feine Gesellschaft ›Widerstand‹ und war in großer Mehrheit prokommunistisch.«

Unvermittelt greift Simon den Theaterregisseur auch an: »Ich weiß noch, dass mich seine Ähnlichkeit mit Fernandel sofort verblüfft hat, und wie verdutzt ich über die unglaubliche Selbstzufriedenheit war, die diese Person mit dem leicht pausbäckigen Gesicht, den prallen Wangen und dem speckigen Kinn mit der ausgewählten Sprechtechnik und dem dümmlichen Ausdruck verströmte.« Oh nein, nicht Camus!

Eine leise Stimme flüstert mir ein »Thema verfehlt« zu, aber wie soll ich der Lust widerstehen herauszufinden, weshalb diese beiden zukünftigen Literaturnobelpreisträger sich zu verabscheuen scheinen, wo sie sich doch gar nicht kennen. Dabei sind sie genau gleich alt, und sie waren beide im Widerstand aktiv. Doch während dem Algerier, der gerade *Der Fremde* veröffentlich hat, bereits ganz Paris zu Füßen liegt, ist Claude Simon noch ein erlauchter Unbekannter, gebeutelt vom Krieg und der Gefangenschaft. *Der Betrüger,* sein erstes Manuskript, verstaubt in den Kartons eines Verlegers, der schließen musste, weil er Jude ist. Ob das wohl der Grund für seine Bitterkeit ist? Vielleicht hat er ja auch ein Auge auf Maria Casarès geworfen. Aber die junge spanische Schauspielerin hat an diesem Abend nur Augen für Albert Camus, den sie zum ersten Mal trifft …

Wie dem auch sei, Simon fühlt sich so unwohl in diesem weltlichen Abgeschottetsein, dass er, als er auf der anderen Seite der Seine einen Konvoi deutscher Lkws vorbeifahren sieht, zugibt, er, der Widerständler, empfinde mehr Mitleid mit diesen armen Soldaten, die in den Tod geschickt würden, als für »diese abscheulichen Menschen«, die bei den Leiris große Reden schwingen.

Der Abend zieht sich endlos. Ehe er geht, nimmt Picasso noch das Porträt von Max Jacob von der Wand und schenkt es Dora. Sie ist zu Tränen gerührt. Diejenigen, die nicht daran gedacht haben, vor der Ausgangssperre zu gehen, übernachten vor Ort. Am frühen Morgen gesellt sich Leiris zu Picasso, Dora Maar und ein paar anderen bei der Kirche Saint-Roch, wo wahrhaftig eine Messe zu Ehren von Max Jacob abgehalten wird. Etwa sechzig Menschen haben sich versammelt, darunter Braque, Derain, Reverdy, Éluard, Mauriac, Jean Paulhan, Coco Chanel und Misia Sert. Da er befürchtet, die Deutschen könnten eine Razzia durchführen, bleibt Picasso draußen, versteckt in der Toreinfahrt eines benachbarten Gebäudes.

Wenige Tage später findet sich ein Teil der Gruppe in seinem Atelier ein für ein Erinnerungsfoto des Theaterabends, das Brassaï machen wird. Darauf vereinen sich Sartre, Simone de Beauvoir, Lacan, Valentine Hugo, Camus, Michel und Louise Leiris … Dora gehört nicht mehr zur Truppe. Ohne auf dem Foto zu sein hat Françoise Gilot sie bereits bei ihren Freunden ersetzt.

Die Verbindung zwischen den Leiris und Dora Maar ist deswegen aber nicht abgebrochen, es gibt jedoch nur wenig Hinweise dafür. Im Goldenen Buch der ersten großen Ausstellung von Doras Gemälden im Juni 1944 findet man die Unterschrift von Louise Leiris am Tag der Vernissage, nicht aber die von Michel ...

Im August 1944, während der Befreiung von Paris, dann ein Moment der Panik, jeder hakt bei jedem nach, um sich zu vergewissern, dass die anderen an einem sicheren Ort sind. Dora ruft bei Leiris an, um ihn zu beruhigen: Picasso sei zu Fuß zu Marie-Thérèse geflüchtet, dabei aber von einer verirrten Kugel gestreift worden. Sie spiele mit dem Gedanken, sich bei einer Freundin an der Place de la Madeleine einzuquartieren, um den Kämpfen aus dem Weg zu gehen, die in Saint-Germain wüten.

Dann während einiger Monate keine konkreten Informationen ... Im befreiten Paris gewöhnt sich der Clan an die abwechselnde Gegenwart von Françoise oder Dora. Zur Mittagszeit wartet die langjährige Geliebte von Picasso noch immer auf seinen Anruf, damit sie zu ihm ins Catalan eilen kann. Weil sie auf seinen Anruf hofft, schlägt sie jede andere Einladung aus. Immer häufiger bleibt sie allein und malt oder vergeht vor Langeweile, wagt es jedoch nicht, sein Atelier zu betreten. Manchmal macht sie ihm eine Szene am Telefon, tagsüber oder nachts, doch immer entschuldigt sie sich dafür, indem sie ihm einen Brief schickt. »Entschuldige, ich habe wieder geweint, war wieder heftig.«, »Komm zurück, ich verspreche dir, dass ich mich zu benehmen weiß, dass ich ruhig sein werde.«[51]

Anfang Mai 1945 ruft Simone de Beauvoir Dora an. Ihr gefallen ihre Gemälde, und sie möchte Doras letzte Arbeiten sehen. Dora widersteht nicht und lädt sie ein, am Ende des Tages zusammen mit Sartre, Leiris und seiner Frau vorbeizukommen. In ihrem Salon, der zum Atelier umgewandelt ist, zeigt sie ihre neuesten Gemälde: Stillleben, Erwachen, einen Käfig ... Bestimmt machen sie ihr Komplimente, weil sich das so gehört. Doch gerade als sie gehen wollen, schlägt Dora unvermittelt eine spiritistische Sitzung vor, die Simone de Beauvoir in ihren Memoiren detailliert schildert.

»Sie glaubte ans Tischrücken, wir aber nicht. Sie schlug vor, einen Versuch zu machen. Wir legten die Hände auf einen recht großen einfüßigen runden Tisch. Es geschah nichts, und es fing bald an, langweilig zu werden. Plötzlich begann das Möbelstück zu zittern, zu wackeln, davonzulaufen. Wir liefen hinterher, die Hände nach wie vor auf der Platte und in enger Berührung miteinander. Der Geist teilte mit, dass er Sartres Großvater sei. Mit kurzen Stößen buchstabierte der Tisch das Wort: Hölle. Fast eine Stunde lang, sich drehend oder auf der Stelle hopsend, verhieß er uns allen das höllische Feuer und erzählte Sachen über Sartre, die nur er und ich kannten. Dora triumphierte. Die Leiris und Sartre lachten verblüfft. Beim Weggehen beichtete ich ihnen, dass ich den Tisch gesteuert hatte. Da ich laut gewettet hatte, er würde sich nicht bewegen, war kein Verdacht auf mich gefallen.«[52]

Diese Szene verfolgt mich ... Während ich allein vor meinem Computer sitze, fange ich an, Simone de Beauvoir zu verabscheuen. Ich stelle sie mir vor, wie sie sich auf dem Gehsteig der Rue de Savoie schlapplachen und wie der Castor zu großen Reden ansetzt. Sie haben das Gesicht der armen Dora vor sich, mit ihren weit aufgerissenen Augen, die wie eine durchgeknallte Verrückte wirkt, und sie prusten los. Wer an ihrer Stelle hätte nicht gelacht, nach dieser leicht verrückten Séance? Mag sein, aber kann man das ohne das geringste Mitgefühl aufschreiben, wenn man weiß, dass diejenige, die man hier an der Nase herumgeführt hat, ein paar Tage später eingewiesen wurde? Natürlich sind sie nicht dafür verantwortlich. Aber es ist doch sehr grausam, sich damit zu brüsten, eine so fragile Frau hinters Licht geführt zu haben ...

Michel Leiris hat in seinem Tagebuch nichts von diesem Abend festgehalten. Ist er verlegen oder gleichgültig? Dabei hat auch er gelacht und bestimmt aus vollem Herzen, wie man über einen guten Witz lacht. Auch hat er nichts von diesem anderen Zwischenfall erzählt, der sich etwa zur selben Zeit ereignet hat: Dora taucht bei ihm auf, mit zerrissenen Kleidern, und gibt vor, im Bois de Boulogne angegriffen worden zu sein.[53] Die Situation ist peinlich, unangenehm …

Sie waren also alle Zeugen ihres Abdriftens. Waren alle ziemlich gefühllose Betrachter ihres Leidens und ihres Wahnsinns. Diese Gleichgültigkeit bringt man nicht zufällig hervor. Herablassend und verächtlich wie sie war, hatte sie sich während ihrer Jahre der Herrschaft bestimmt viele Feinde gemacht, als man zunächst ihr den Hof machen musste, um zu Picasso vorgelassen zu werden. Von ihrem Sockel gestürzt erntet die verstoßene Geliebte bestimmt das, was sie gesät hat. Im Jahr 1945 füllen ihre echten Freunde die zwanzig Seiten des Adressheftes nicht, sie lassen sich an einer, maximal an zwei Händen abzählen: Éluard und Nusch, Jacqueline Lamba, die allerdings in New York ist, der Maler und Illustrator Georges Hugnet, der genau wie sie in Argentinien aufwuchs, und Marie Laure de Noailles, wenn sie Zeit hat.

Sechs Jahre später, 1951, ist Leiris noch immer der zweite Name, der auf der Seite ihres Adressheftes mit L steht, direkt nach dem belgischen Dichter Théo Léger. Sie sehen sich jedoch fast nicht mehr, höchstens durch Zufall, wenn sie sich im Viertel oder auf einer Vernissage begegnen …

Michel Leiris bleibt weiterhin der unbeirrbare Freund und Bewunderer von Picasso. Gemeinsam besuchen sie die Stierkämpfe in Arles oder Nîmes. Nach der Trennung von Françoise ergreift er Partei für den Maler und unterzeichnet die Petition, die das Verbot des Buches verlangt, in dem sie es wagt, ihr gemeinsames Leben zu schildern.[54] Was für eine Majestätsbeleidigung! Diese Freundschaft schließt ein gewisses Eigeninteresse nicht aus: Als Galeristin und geschickte Geschäftsfrau unterhält Louise Leiris ihre Beziehung zu Jacqueline, der neuen Favoritin, die zu Madame Picasso wurde. Zukünftige Anspruchsberechtigte behandelt man immer besser rücksichtsvoll … Am Todestag von Picasso, dem 8. April 1973, gehört das Ehepaar Leiris zu den wenigen, die die Witwe informieren lässt.

1990, als Marcel Fleiss die letzte Ausstellung von Dora Maar organisiert, unternimmt Michel Leiris trotz eines kürzlichen Schlaganfalls die Anstrengung, zu kommen und der Vernissage beizuwohnen, ganz ergriffen bei der Vorstellung, Dora nach so vielen Jahren wiederzusehen. Es gibt nicht mehr viele Überlebende jener Zeit, zu der die Freunde Sartre, Beauvoir, Lacan, Éluard oder Picasso hießen. Aber sie kommt nicht, nicht einmal, um ihn wiederzusehen.

Trillat
Por 1521

Dank meines dicken Telefonbuchs von 1952 gelingt es mir, diesen Monsieur Trillat ausfindig zu machen: Er heißt Raymond und ist Grafologe. Er wird in keiner Biografie von Dora erwähnt. Und nirgendwo steht, dass sie sich für Grafologie interessiert. Aber im Internet kommt man, wenn man nach ihren beiden Namen sucht, direkt zu einem Online-Katalog einer Versteigerung von Sotheby's.

La Barre d'appui, eine überaus seltene Ausgabe von Éluards Gedichten, illustriert mit Radierungen von Picasso, ist 2016 für 135 000 Euro versteigert worden. Sie ist das Herzstück eines Postens, zu dem auch ein paar handschriftliche Blätter von Éluard gehören, in denen der Dichter, laut der Beschreibung, sowohl den Grafologen Trillat wie auch seine Freundin Dora erwähnt! Die Sammlung war verkauft worden, folglich liegen diese Dokumente bestimmt in einem Tresor, vergessen von einem Sammler, der sich mehr für die Radierungen von Picasso interessiert als für Grafologie. Zum Glück bildet Sothebys auf seiner Internetseite noch immer ein Foto der Seite ab, auf der Éluard genau von dem Versuch erzählt, dem er sich mit der Hilfe von

Trillat hingab: 1942 legt der Dichter dem Grafologen die Handschriften von Picasso und Dora Maar vor, ohne ihm die Identität der beiden zu verraten. Picasso hat Françoise Gilot noch nicht kennengelernt, doch er ist diese lästige und cholerische Geliebte leid. Sie ermüdet ihn, langweilt ihn, amüsiert ihn nicht mehr ... Wollte Éluard in der Grafologie einen Grund dafür finden, weshalb diese Beziehung verkümmerte? Oder versuchte er einfach nur, ihre seelischen Strukturen mittels neuer Wege zu erforschen?

Der Brief, der ihm vorliegt, ist sechs Jahre alt. Er ist im September 1936 in Mougins abgeschickt worden, dem ersten, strahlenden und von Verliebtsein durchdrungenem Sommer in der Pension Vaste Horizon. »Oh, wie schön ist es zu lieben«, schreibt Pablo. »Was bin ich glücklich, hier Ihren Brief zu erhalten, Nusch und Paul Éluard, meine lieben Freunde ... Meine Lieben, ihr seid für immer in meinem Herzen ...« Etwas weiter unten ein paar Zeilen von Dora: »Mein lieber Freund, ich danke Ihnen tausendfach, Sie haben mir einen großen Dienst erwiesen. Auf bald, hoffe ich.«

Éluard notiert sich in seinem Tagebuch sorgfältig die Analyse, die Raymond Trillat zunächst von Picassos Handschrift macht.

»Ritterlicher Geist, kindlich ... Für die einen ein verrückter Schöpfer, für die anderen ein Genie ... Von spontaner, eroberungslustiger, verführerischer und komplizierter Sinnlichkeit ... Sehr sanft und sehr hart ... Er liebt heftig und tötet das, was er liebt ... [...] Er will sich von keinem anderen zerstören lassen. [...] Begeisterung: zu ausschweifend, lässt sich in Worten nicht ausdrücken. [...] Die Frage nach Geld zählt für ihn nicht, aber er muss ihr eine existenzielle Wichtigkeit beimessen, denn sie erdrückt ihn geradezu. Sehr sanft und sehr hart, Ausgewogenheit und Balance sind für ihn ein Fremdwort ...«

Éluard kann kaum glauben, was er da hört, und kommentiert das Ganze selbst.

»Für jemanden, der Picasso kennt, ist diese Analyse beeindruckend. Trillat spricht sehr schnell, ohne innezuhalten, ohne zu zögern. Ich trage hier die Notizen zusammen, die ich machen konnte, ohne etwas daran zu ändern.«

Der Grafologe macht dann mit der nächsten Handschrift weiter, noch immer, ohne zu wissen, von wem sie stammt, oder dass es sich dabei um eine Frau handelt.

»Leicht zögerlich in der ersten Entscheidung erlangt dieser Mensch im weiteren Verlauf eine elegante und effiziente Selbstsicherheit. Lässt keine Einmischung von anderen in seine Beschäftigung zu ... Leicht künstlerisches, zumindest aber originelles Aussehen. Die Sinnlichkeit ist ziemlich bizarr. Sie beinhaltet sowohl ein Eintauchen in Materielles, wie auch eine Furcht, nach vorn zu streben, als bestünden Zweifel an der erlangten Erfahrung. Die Emotionalität ist geistiger Art und beinhaltet eine große Vorstellungskraft, die ihre Beziehungen nach außen sehr einfach kristallisiert. Der soziale Sinn ist leicht feminin und beinhaltet kindliche Verteidigungsmechanismen. Es gibt Hinweise auf kokette Gesten und den Wunsch zu gefallen. Dieser Mensch hängt sehr an seiner Unabhängigkeit, und nur selten verbindet er sie mit einer Verpflichtung. Und doch schafft er sich Abhängigkeiten in sinnlicher Hinsicht, die sein Handeln beeinträchtigen ...«

Das ist das Porträt einer jungen, intelligenten, instinktgetriebenen und manchmal etwas bockigen Künstlerin, die eifersüchtig über ihre Freiheit wacht, und sich dann Hals über Kopf in eine Liebe stürzt, die zu ihrer Knechtschaft wird. Die Analyse ist so verstörend, dass Éluard diese Beobachtungen zwangsweise mit Dora geteilt hat. Und wenn sie die Nummer von Trillat auch noch sechs Jahre nach dieser Erfahrung überträgt, dann bestimmt, weil sie sich in der sie betreffenden Analyse wiedererkannt hat.

Folglich will ich mit diesem Versuch fortfahren. Genau wie Éluard lege ich Doras Adressheft einem Grafologen vor, ohne ihm weitere Details zu nennen. Genau wie Éluard mache ich mir Notizen, während er redet. Im Gegensatz zu Raymond Trillat, der einen handschriftlichen Brief zu Beginn der Liebesgeschichte vorliegen hatte, beugt sich Serge Lascar aber über das Telefonverzeichnis derjenigen, die 1951 aus ihrer Depression auftaucht.

»Man erkennt, dass es ihm oder ihr schlecht geht.« Er oder sie?, er weiß es nicht. Doch »es geht etwas Symbiotisches aus dieser Schrift hervor: erinnert an ein Chamäleon, eine Fähigkeit, die Form des Moments anzunehmen, sich vom anderen zu nähren ... den anderen zu verzehren! Vermutlich um eine große innere Leere zu füllen ... Symbiotisch auch im Sinn von Verschmelzung, Explosion, Wallung, Vulkan. Diese Person ist zu starken Wutanfällen fähig, von großer Heftigkeit, aber nicht zwingend lange andauernd. Ein Psychiater würde sagen, dass sie nicht über genügend strukturierende Elemente verfügt ... Was sie charakterisiert, ist die Intensität: eine leidenschaftliche Intensität, eng mit dem Leiden verbunden. Man erkennt einen stark ausgeprägten Lebenswillen, einen Hang zum Tragischen, eine Fähigkeit, in andere Rollen zu schlüpfen, wenngleich der- oder diejenige in gewisser Weise manchmal immer noch Zuschauer ist. Ich sehe auch sehr viel Stolz ...« Er beugt sich über seine Notizen und blättert durch das Adressheft ... »Nein, *Stolz* ist nicht das richtige Wort ... Vielmehr muss man von Empörung sprechen, von Revolte, auf sehr urtümliche Art. Dieser Mensch kann auch gewalttätig sein, zuschlagen, kratzen ... Ihm fehlt es an Grundlegendem, um die Kontrolle nicht zu verlieren. Es gibt auch etwas Kindliches, mit heftigen Wutanfällen und ebenso überbordendem Enthusiasmus. Aber diese Handschrift zeugt vor allem von einem verwahrlosten Hintergrund, der in die früheste Kindheit zurückgeht und mit der Mutter zu tun hat. Etwas hat diesem Menschen gefehlt ...« Serge Lascar schweigt einen Moment lang, als würde er zögern, dann platzt er schließlich damit heraus: »Es handelt sich hier wirklich um jemanden mit Borderline-Syndrom ...«

Wie Éluard gesagt hätte, »die Analyse ist beeindruckend«. Was auf die meines Grafologen noch mehr zutrifft als auf die von Trillat! Und als ich ihm die Identität von Dora Maar offenbare, scheint er kein bisschen überrascht. Ihr Name scheint all das heraufzubeschwören, was er aus ihrer Handschrift herausgelesen hat. Nur in einem Punkt unterscheiden sich seine Beobachtungen von denen von Raymond Trillat: »Sie ist nicht in der Verführung, sie ist in der Symbiose ... Sie erfüllt sich von Picasso, sie wird zu Picasso. Er erlaubt es ihr, intensiv zu leben.«

Ich erzähle ihm von *Guernica*, von diesen wenigen Monaten Ekstase im Jahr 1937, in denen sie sich vorstellt, sie würde mit ihm malen, wenn sie ihn fotografiert. »Ja, genau das ist es ...« Aber er denkt, dass sie bereits zerbrechlich war, bevor sie ihn kennenlernte. »Sie ist nicht durch ihn verrückt geworden, sie haben sich gefunden. Diese völlige Osmose, die sie zu erleben meint, hat die Trennung nur noch schmerzlicher gemacht ... Dann muss Gott Picasso ersetzt haben ...«

In den Tagen nach unserem Treffen hat Serge Lascar ein handschriftliches Gedicht von ihr wiedergefunden, das sie im Mai 1946 geschrieben hatte, ein Jahr nach ihrem Krankenhausaufenthalt:

»Ich gehe allein durch weites Land.

Das Wetter ist schön – Doch keine Sonne. Keine Zeit.

Seit langem kein Freund keiner der vorbeikommt. Ich gehe allein. Ich rede allein.

Wahrhaftige Freunde hilfreiche Passanten

Licht Hitze Brot

Nein –

Ja. Ich glaube daran. Mein Schicksal ist wunderbar, wie es auch aussehen möge. Früher sagte ich, mein Schicksal ist furchtbar, wie es auch aussehen möge.«[55]

Sie will stark erscheinen. Doch ihre Handschrift verläuft in Wellen, die den Experten erkennen lassen, dass er hier »einen Menschen vor sich hat, der nicht mehr in der Lage ist, sich endgültig zu lösen oder sich zu entscheiden.«

In dem Adressheft, fünf Jahre später, ist schon weniger Leiden zu erkennen, dafür die Lust, unabhängig zu sein. »Das muss Lacans Werk gewesen sein.«

Die Logik würde danach verlangen, dass ich mich endlich dazu entschließe, die Akte Lacan zu öffnen. Doch vor diesem Hindernis schrecke ich zurück, lasse mir andere fixe Ideen einfallen, um dieser Schwierigkeit aus dem Weg zu gehen.

So sehr, dass mir die Gesellschaft der Dame des Adressheftes im Lauf der Tage bedrückend wird. Ich bin wie all jene, die der Schmerz des anderen schließlich ermüdet ... Wie geht es Dora?, fragt man mich häufig. Meinen Freunden wie meinem Verleger antworte ich: »Ich mache Fortschritte« ... Aber nein, ich mache nichts dergleichen. Ich tue mich schwer mit ihr. Am schwierigsten ist es, sich an eine so andersartige und bisweilen so wenig sympathische Frau zu binden. In dem Versuch, sie zu verstehen, grabe ich in meinem tiefsten Inneren nach der Erinnerung an einen Schmerz, der mich zerfrisst, der einen auffrisst wie eine Krabbe, bis man fast wahnsinnig wird. Aber ich bin nicht schwermütig genug oder aber zu wenig gepeinigt ... Sie langweilt mich, sie ermüdet mich. Wie Picasso vernachlässige ich sie ... Ich muss durchatmen, will glückliche Menschen treffen, leichte Geschichten lesen.

Eines Sonntagmorgens finde ich mich aus Gründen, die nichts mit meiner Geschichte mit ihr zu tun haben, in den Gängen einer Fachmesse in einem Pariser Vorort wieder. Dutzende Hersteller von Kerzen und Raumdüften reihen sich dicht an dicht in dem widerlichen Gestank sich vermischender Düfte. Ganz unvermittelt zerstreut da ein ganz in Schwarz gehaltenes Aushängeschild die Übelkeit: Maar ... Ja, Maar, wie Dora Maar ... »Nein, das hat nichts mit der Lebensgefährtin von Picasso zu tun«, verteidigt sich der Verkäufer. »*Maar* ist ein Name deutschen Ursprungs und bedeutet ›Krater‹ ... Das ist das Ergebnis einer Vulkanexplosion, die für gewöhnlich einen kreisrunden See hervorbringt. Von oben gesehen erinnert er an eine brennende Kerze ... Es gibt einen Bezug zu Feuer, zu Verschmelzung ... Es ist ein kurzes, spritziges Wort. Deshalb habe ich es ausgewählt ...«

Umgehend schicke ich eine Nachricht an meinen Grafologen: Als er Doras Handschrift kommentierte, verwendete er mehrfach den Begriff »Verschmelzung«.

»Was für ein netter Zufall«, lautet seine nüchterne Antwort.

Ich bin mir sicher, dass es kein Zufall ist. Theodora Markovitch kann vielleicht kein Deutsch, bestimmt aber kennt sie den Sinn des Pseudonyms, das sie zu Beginn ihrer Karriere wählt. Diese Frau, die nicht aufhört, sich zu suchen, hat wenigstens das richtige Wort dafür gefunden: Maar.

Auf seiner Internetseite hat der Schöpfer der Parfums einen

Satz von Chateaubriand vorangestellt, der auch wunderbar als Epitaph fungieren könnte: »Mit wirklichen Dingen zu brechen ist nicht weiter schwer, mit Erinnerungen jedoch ...«

Madeleine
Suf 9286

Wer also ist diese Madeleine? Immer wieder beuge ich mich
über sie, ohne mehr Licht in diese Sache zu bringen. Die Vor-
wahl *Suf* ihrer Telefonnummer müsste einer Adresse in der Nähe
des Eiffelturms entsprechen. *Suf* wie Suffren. Zunächst habe ich
an Madeleine Renaud gedacht, weil Dora lange Zeit mit Jean-
Louis Barrault befreundet war. 1951 lebte das Paar jedoch auf
der anderen Seite der Seine, in der Avenue du Président-Wilson,
mit dem Beiklang von KLEBER oder PASSY.

Also vielleicht Madeleine Sologne … Die Schauspielerin hat
damals gerade mit Jean Marais gedreht, nach einem Drehbuch
von Cocteau. Sie hätten sich kennenlernen können.

Ich blättere die Namensindexe in den Biografien von Dora
Maar und ihr nahestehenden Menschen durch. Es gibt eine
Schwester Madeleine, die sie Anfang der Fünfzigerjahre regelmäßig aufsucht. Aber eine Ordensschwester lebt in einem Kloster, nicht in einem Viertel wie diesem.

Die Widerstandskämpferin Madeleine Riffaud scheint die
wahrscheinlichste all dieser Madeleines zu sein. Sie hat Dora
1945 im Catalan kennengelernt. Sie ist noch keine zwanzig Jahre
alt, hat aber schon zwei kampferprobte Jahre in der Schatten-

armee hinter sich. Sie ist wahnsinnige Risiken eingegangen, hat an bewaffneten Kämpfen teilgenommen und sogar am helllichten Tag einen deutschen Offizier kaltblütig ermordet.

»Neun Kugeln in meinem Magazin
Um alle meine Brüder zu rächen
Töten tut weh
Es ist das erste Mal
Sieben Kugeln in meinem Magazin
Es war so einfach
Der Mann, der letzte Nacht geschossen hat,
das war ich.«[56]

Unverzüglich wird sie von einem Milizsoldaten festgenommen und der Gestapo ausgeliefert, wo sie schreckliche Foltersitzungen über sich ergehen lassen muss. Ein Austausch von Gefangenen erlaubt es ihr jedoch, knapp einer Hinrichtung zu entgehen. Am 19. August 1944 ist sie endlich frei ... Frei, um weiterzukämpfen und Paris zu befreien. Dieses junge Mädchen ist die einzige Frau an der Spitze eines Kommandos voller Männer ... In den Archivbildern sieht man sie defilieren, mit offenen Haaren auf ihrem Panzer, wie sie Paris unter den bewundernden Schreien einer jubelnden Menge durchquert.

Sowie der Krieg zu Ende geht, ist sie in dieser friedlichen Welt verloren. Dank Pierre Daix, den sie wenige Monate später heiratet, findet diese Frau sich ins Catalan katapultiert wieder, zusammen mit Éluard und Picasso, der ihr Porträt malt. In dieser befreiten Hauptstadt, die ihre neuen Helden jubelnd auf Händen trägt, ist nichts unmöglich. Einen Widerstandskämpfer am Tisch zu haben, das ist die große Mode!

Madeleine Riffaud lebt noch immer. Mit ihren 93 Jahren geht

sie höchstpersönlich ans Telefon in ihrem Appartement im Marais, das gefüllt ist mit Büchern, Gemälden, Erinnerungen und einem zwitschernden Kanarienvogel.

Sie erinnert sich sehr gut an diese Frau mit dem leeren, starren Blick, die sich im Catalan zu ihnen gesellte, ohne etwas zu essen. »Nach dem Krieg waren wir beide krank ... Ich war traumatisiert von der Folter, der Trauer um die gefallenen Kameraden in den letzten Straßenschlachten ... Bei Dora war es schlimmer ...« Schlimmer? »Das war keine Depression mehr, eher eine Psychose. Aber glauben Sie nicht, dass sich Picasso ihr gegenüber schlecht verhalten hat. Er hat sie nie im Stich gelassen.« In den Erinnerungen von Madeleine, der jungen kommunistischen Widerstandskämpferin, bleibt Kamerad Picasso ein Held. »Sie war verrückt geworden. Zusammen mit Éluard hat er alles unternommen, damit sie keine Elektroschocktherapie bekam.« Madeleine hat gehört, wie sie darüber sprachen. »Sie sagten, sie müssten die Schocktherapie unbedingt verhindern. Aus diesem Grund haben sie sie zu Lacan gebracht. Aber es wäre mehr vonnöten gewesen als eine Psychoanalyse ...«

Madeleine Riffaud erinnert sich jedoch nicht daran, Dora Maar ihre Telefonnummer gegeben zu haben. Auch hat sie niemals in der Nähe der Avenue de Suffren gelebt. Sie ist sich ziemlich sicher, nicht die Madeleine aus dem Adressheft zu sein ...

Lacan
Lit 3001

Es dauert, bis man die Nummer eines Psychoanalytikers eingibt.
Bei Lacan noch mehr als bei anderen!

Ich stelle ihn mir sarkastisch vor, in seinem Büro in der Rue
de Lille: »Was führt Sie hierher?« »Ich möchte, dass Sie mir von
Dora Maar erzählen, Doktor Lacan.« Logischerweise bringt er
mich wieder zur Tür, mehr oder weniger rasch, mehr oder weniger freundlich. Mit etwas Glück kostet mich die »Sitzung« nur
600 Francs.

Natürlich erzählt Lacan nichts. Weder von Dora noch von
sonst jemandem. Er hat keine Notizen hinterlassen, anscheinend gibt es auch keine Archive über seine Patienten, und in
seinen Seminaren macht er kein einziges Mal eine Andeutung
über diese Frau, die er sieben Jahre lang behandelte. Ärztliche
Schweigepflicht ... Die einzige winzige schriftliche Spur dieser
Analyse ist die Widmung eines Buches, das er ihr 1946 schenkt:
»In Erinnerung an arbeitsame Ferien«, eine Andeutung auf die
Arbeit, die sie im Lauf des Sommers 1945 mit ihm in Angriff
genommen hat.

Ich werde es zusammensetzen, ableiten, mutmaßen müssen.

Dora und Lacan haben sich 1935 bei den Versammlungen der

Gruppe »Contre-Attaque« kennengelernt, bei denen sich die Surrealisten und diejenigen, die Bataille nahestanden, versammelten. Damals ist der junge Psychiater noch mit der Malerin Malou Blondin verheiratet, der Schwester des Hausarztes der Markovitch-Maar-Familie. Er verlässt sie später für die Schauspielerin Sylvia Maklès, die Exfrau von Bataille, ehe er der Geliebte von Dora wird ... Diese Welt ist ein Dorf, in dem die Paare sich zusammenfinden, sich trennen und wieder neu zusammensetzen, ohne die Sippe zu verlassen und nur höchst selten das Rive Gauche. Er ist also gleichzeitig der Psychiater, der Hausarzt und der Freund, den Picasso im Mai 1945 um Hilfe ruft.

Diese Krise ist nicht die erste. Bestimmt haben Éluard und Picasso die letzten Zwischenfälle für Lacan zusammengefasst: Eines Abends hat ein Polizist sie herumirrend und verstört in der Nähe der Pont-Neuf aufgefunden, sie gibt an, man habe ihr Fahrrad gestohlen, das wenige Zeit später an genau dem Ort wiedergefunden wurde, wo sie es abgestellt hatte ... Ein anderes Mal ist sie aufgrund ihres verschwundenen Hündchens völlig außer sich. Ein kleines Schoßhündchen, ein Geschenk von Picasso. Später hält sie sich für die Königin von Tibet und sorgt für einen Eklat in einem Kino. Und schließlich findet man sie nackt in ihrem Treppenhaus wieder. Vermutlich wissen die beiden nichts von ihrer Spiritismus-Sitzung, die sie drei, vier Tage zuvor mit Simone de Beauvoir abgehalten hatte ...

Picasso beschwert sich vor allem darüber, dass sie regelmäßig mitten in der Nacht bei ihm klingelt. Wenige Wochen zuvor, als ein junger amerikanischer Soldat in aller Herrgottsfrühe bei ihm erschien, dachte der Maler, es sei wieder einmal sie, und brüllte durch die geschlossene Tür: »Was willst du hier? Kannst du mich nicht in Ruhe lassen? Wegen dir habe ich die ganze Nacht nicht geschlafen, fand keine Ruhe, war verzweifelt.«[57] Darüber hätte er sich besser früher Gedanken machen sollen. Doch der Künstler war der Meinung, dass sie nur seine Aufmerksamkeit erregen und ihn daran hindern wollte, seine neue Liebesgeschichte mit der jungen, hübschen Françoise zu genießen.

15. Mai 1945: Häufig heißt es, Lacan hätte sie zunächst in die Sainte-Anne-Klinik eingewiesen … Je mehr ich herausfinde, umso offensichtlicher erscheint es mir allerdings, dass sie niemals einen Fuß in diese psychiatrische Anstalt gesetzt hat. Éluard und Picasso hätten es nicht ertragen, sie mit Geisteskranken, Herumbrüllenden und Wahnsinnigen eingesperrt zu wissen. Lacan muss sie direkt in die Jeanne-d'Arc-Klinik von Saint-Mandé eingeliefert haben. Diese private Anstalt in der Region von Paris hat den Vorteil, ruhiger, weniger barbarisch und neuen Therapien gegenüber aufgeschlossen zu sein: »Hydrotherapie, Elektrotherapie und Psychotherapie« verspricht die Präsentationsbroschüre von damals, die ebenfalls die »überaus charmante Lage« und »die gesündeste Luft am Rand des Waldes von Vincennes« preist. Man könnte es für ein Relais & Châteaux halten, mit den hübschen, im Park verstreuten Häuschen! Dora verweilt im Chalet des Lierres, in dem der Glycines und auch in der Villa des Roses … Sie hat ein Einzelzimmer, ausgestattet mit modernstem Komfort, und kann auch die Bibliothek sowie mehrere Aufenthaltsräume, den Billardsaal oder das Klavierzimmer nutzen … Das ist eine Fünf-Sterne-Klinik: Victor Hugo hatte sie für seine Tochter Adèle ausgewählt, Cocteau wird hier seinen Opiumentzug machen, und Lacan schickt seine unruhigsten oder selbstmordgefährdetsten Patienten häufig dorthin, ehe er mit seiner analytischen Arbeit beginnt.

Für gewöhnlich kommt er am Ende eines Tages dort vorbei. Anhand des Türenschlagens weiß man, dass er da ist. Dann setzt er sich an ihr Krankenbett und lässt sie erzählen. Zu Beginn sagt sie vermutlich nicht viel, ist erschöpft, benommen ...

Da die Archive verbrannt sind, ist die Rechnung der einzige Hinweis auf ihren Aufenthalt in Saint-Mandé: »Vollpension vom 15. bis zum 24. Mai, gesonderte Überwachung und Behandlung«, ohne dass weitere Details aufgelistet wären ... Was das therapeutische Arsenal betrifft, so ist es damals noch sehr begrenzt: keine Neuroleptika, nur Beruhigungsmittel, hin und wieder eine Insulinkur, die die Kranken in einen komatösen Zustand versetzt ... Laut den Gerüchten im de Flore bekam sie dort Elektroschocks verabreicht, was zur damaligen Zeit nichts Abwegiges war. Die Psychiater sind von dieser neuen Technik begeistert, die sie als elektrisches und wundersames Antidepressivum erachten. Während eines Kongresses für Psychiatrie im Jahr 1950 vergleichen manche die Elektroschocktherapie mit der Entdeckung von Amerika! Selbst Doktor Lacan ist ihr wohlgesinnt.

Ohne Anästhesie sind die Sitzungen jedoch von beispielloser Gewalt. Man muss sich Dora vorstellen, festgebunden auf einem Stuhl, gewaltsam von drei oder vier Pflegern darauf festgehalten, damit ihre Wirbelsäule beim Aufbäumen nicht bricht. Der Stromschlag setzt ein, durchquert das Gehirn, und nach fünfzehn Sekunden sackt der getroffene Körper schwer in sich zusammen. Dann wacht sie auf, mit unendlich schwerem Kopf, ohne die geringste Erinnerung an das, was soeben passiert ist. Und nach ein paar Tagen können sie erneut damit anfangen, ohne dass sie misstrauisch wäre ...

Da sie nur zehn Tage in Saint-Mandé war, kann sie nicht mehr als vier Sitzungen unterzogen worden sein, was nach Meinung der Psychiater nicht ausreicht, um eine Verbesserung zu erzielen. Der derzeitige Leiter der Klinik wundert sich sogar, dass sie nur so kurz dort war. Damals waren die Aufenthalte deutlich länger … Bei Antonin Artaud haben die Ärzte die Elektro-schocktherapie nach der dritten Sitzung aufgrund von schreck-lichen Rückenschmerzen unterbrochen … Vielleicht waren bei ihr ähnliche Nebenwirkungen aufgetreten. Ich muss an den Satz von Madeleine Riffaud denken: »Éluard und Picasso haben alles mögliche unternommen, damit ihr die Schocktherapie erspart blieb.« Das ist vielleicht die Erklärung für diese »nur zehn Tage«. Als sie sahen, was sie dort erlitt, drängten sie bestimmt darauf, sie von dort wegzuholen. Éluard wahrscheinlich noch vehemen-ter als Picasso …

Am 24. Mai ist sie wieder in ihrer Wohnung, erschlagen, ge-brochen und verwirrt. Der Blick, der einen zuvor durchbohrte, verliert sich vermutlich irgendwo zwischen der Decke und dem Horizont. Auch ihre Stimme hat sich verändert. Ihre einst klang-volle Stimme ertönt inzwischen nur noch gedämpft. Dora schreit nicht mehr, ruft nachts nicht mehr an, widersteht nicht länger, sie hat die Waffen gestreckt. Nichts interessiert sie mehr, aber sie fühlt sich leichter. Vielleicht haben sich manche Erinnerungen aufgelöst, doch mit ihnen haben sich auch ein paar Ängste ver-flüchtigt. Lacan schlägt vor, sie einer Analyse zu unterziehen: Es würde eine langwierige Arbeit, doch er hofft, dass sich ihr Zu-stand so verbessert.

Picasso will sich schnellstmöglich von dieser Last befreien und glaubt deshalb, dass alles gut ist, was ein gutes Ende nimmt: Sie wurde behandelt, also ist sie geheilt … Wenige Tage nach-dem sie aus der Klinik entlassen wurde, nimmt er sie sogar mit ins Theater.

Der erste Galaabend seit der Befreiung. Die Premiere des Bal-lets *Rendez-vous*: eine Choreografie von Roland Petit, die Musik von Kosma, das Libretto von Prévert, das Bühnenbild von Bras-saï und der Bühnenvorhang von Picasso. Das Theater Sarah-

Bernhardt, das die Deutschen umgetauft hatten, damit es nicht den Namen einer Jüdin trug, hat stolz sein Schild wieder hervorgeholt. Alles, was in Paris Rang und Namen hat, ist da: Marlene Dietrich und Jean Gabin, Cocteau und Jean Marais, Picasso und Dora Maar.

Um sie herum wird geflüstert, doch der gedrungene kleine Maler läuft am Arm dieser erschöpften Frau, die in ihrem Bett besser aufgehoben wäre, einfach weiter, ohne jemanden anzusehen. Sie freut sich über dieses erste öffentliche Erscheinen, ohne zu ahnen, dass es eines ihrer letzten sein würde. Sie hat ihr schönstes Kleid angezogen … Sie nehmen im Orchester Platz, wo ihre Plätze direkt links neben Brassaï sind. Als Picassos Vorhang erscheint, entflammt der Saal mit einem Mal: Da gibt es diejenigen, die aufschreien, um gegen seine Zugehörigkeit zur Kommunistischen Partei zu protestieren, und diejenigen, die wie wild klatschen, um die Buhrufe zu übertönen. Dora bleibt so ungerührt wie nie zuvor. Und Picasso begnügt sich damit, die Augenbrauen hochzuziehen. Die Darbietung ist ein Erfolg, doch sehr bald nach der Vorstellung verschwinden sie, und er setzt sie bei ihr zu Hause ab. Tags darauf hat sie ein weiteres wichtiges *Rendez-vous* bei Lacan.

Keiner von denen, der von seiner analytischen Arbeit erzählte, ob in Zeitungen, Büchern oder Dokumentarfilmen, hat die Rue de Lille in denselben Jahren aufgesucht wie Dora. Es handelt sich um keine manische Detailbesessenheit, bei der es auf jeden Tag ankommt. Aber der junge Lacan wendet gegen Ende der Vierzigerjahre eine deutlich andere Methode an als der Star, der er zwanzig Jahre später ist. Dora erlebt nicht die endlosen Schlangen von Patienten, die stundenlang bis auf die Treppe stehen und warten, um dann bisweilen in gerade mal zwei Minuten abgefertigt zu werden. 1945 vergibt Lacan noch

Termine zu einer bestimmten Uhrzeit, und die Dauer seiner Sitzungen ist eher regelmäßig.

Zunächst ist sie sehr labil und er sicherlich besorgt: Er lässt sie jeden Tag zu sich kommen. In ihrem Terminkalender vermerkt sie die Sitzungen einfach mit einem großen A. A wie Analyse. Häufig hat sie am späten Vormittag einen Termin. Sie plant eine Viertelstunde Fußweg ein, der an der Seine entlangführt.

Für gewöhnlich dauert ihre Sitzung eine Stunde. Zunächst öffnet ihr die Putzfrau die Tür, im Jahr 1948 taucht dann Gloria auf, die berühmte Assistentin des Meisters. Sie empfängt Dora Zigarillo rauchend und begleitet sie zum Wartezimmer. Kurz darauf erscheint dann der Psychiater, in einem rosafarbenen Seidenhemd, Fliege und dazu passendem Einstecktuch. Er bedenkt sie mit einem »liebe Freundin« und bittet sie mit eleganter Geste in sein Büro, als würde er sie zum Tanzen auffordern. Sie legt sich hin, er nimmt Platz … Sie redet, er hört zu … oder zumindest ist er da.

Mir ist durchaus bewusst, dass ich den Allerheiligsten der Heiligen nötige, dass ich fast schon ein Sakrileg begehe, indem ich versuche, mich zwischen Dora, ihren Psychiater und ihr Unterbewusstsein zu schleichen. Ich will mir nichts ausdenken, nichts verfälschen … Nur Mutmaßungen anstellen und mich an Details festklammern, am Platz auf dem Diwan, den Gemälden, dem Nippes, den sie vor Augen hat, oder an der Art und Weise, wie Lacan sich gibt. »Vorsicht, jede Analyse ist anders«, warnen mich alle meine Freunde vom Fach. Die Szenarien, die ich mich bemühe aufleben zu lassen, sind dennoch wahrscheinlich, um nicht zu sagen zutreffend.

Lacan hört ihr zu, ohne sich je Notizen zu machen. Zunächst lässt er sie so viel reden, wie sie will, regt sie zum Weitersprechen an, wenn er ein Zögern wahrnimmt. Sie muss ihn im Profil sehen, mit seinen runden Brillengläsern über seinen Schreibtisch gebeugt. Ein starrer Blick verrät sein Missfallen. Nickt er hingegen, so ist das ein gutes Zeichen. Manchmal zieht er die Schultern hoch und sagt: »Es wäre besser, wenn ...« Häufig bringt er seine Sätze nicht zu Ende, als würden die Auslassungspunkte andere Türen öffnen als Worte. Manchmal unterbricht Gloria sie, um ihrem Meister seinen üblichen Imbiss zu bringen: zwei Datteln und einen Tee. Wenn er eine Sitzung als beendet erachtet, schließt er sie mit den Worten: »Sehr gut, dann bis morgen!«

Ich habe keine Ahnung, wie viel er verlangt. Das ist zwar nicht sonderlich orthodox, doch zu Beginn bezahlt Picasso die Sitzungen seiner ehemaligen Geliebten direkt. Vermutlich mit einem Gemälde.

Es kommt auch vor, dass Lacan Dora sonntags auf seinem Schloss von Guitrancourt in der Nähe von Mantes-la-Jolie empfängt. Zum Glück hat ein anderer seiner privilegierten Gäste anonym von seinen Sonntagen im Schloss etwa zur selben Zeit erzählt.[58]

Das Büro befindet sich in einem Nebengebäude. Ein riesiger Raum mit sehr hoher Decke, einer Bibliothek auf einer Art Zwischengeschoss, in der auch ein Porträt von Freud prangt. Genau dort oben versteckt er dann auch ab 1955 hinter einem Gemälde seines Schwagers André Masson *Der Ursprung der Welt* von Gustave Courbet.

Jeden Sonntag findet dasselbe, oder zumindest fast dasselbe Zeremoniell in Guitrancourt statt: Er setzt sich an seinen Schreibtisch, Dora wendet ihm den Rücken zu, ausgestreckt auf einer Gartenliege vor der Glasfront mit Blick zum Park. Er sagt fast nichts. Wahrscheinlich hört sie ihn nur atmen, manchmal vermutlich auch einen seiner recht vernehmlichen Rülpser, die er nie zu kontrollieren gelernt hat. Wird die Stille zu bedrückend, schickt er sie zum Nachdenken nach draußen: »Gehen Sie für eine halbe Stunde in den Park, danach machen wir weiter.« Sie wandelt durch die Alleen, trifft ab und an auf den Gärtner, dann fahren sie mit der Sitzung fort, als wäre nichts gewesen.

Sobald sie fertig sind, für gewöhnlich nach einer Stunde, gesellen sie sich gemeinsam zu den anderen Gästen in den Garten oder ins Esszimmer. Für ihn stellt es kein Problem dar, vom Diwan zu Tisch zu wechseln. Die Psychoanalyse sucht noch nach Regeln, und es ist sehr schwierig, einer so langjährigen Freundin welche aufzubürden.

Durch die vielen Zeugenaussagen jener Zeit, die ich durchgehe, gelingt es mir zwar, die Bilder aneinanderzureihen, doch der Film bleibt stumm. Keiner wird jemals wissen, was sie einander gesagt haben. Vor allem nicht, was sie erzählt hat!

Wie alle anderen ist auch Lacan von Picasso fasziniert, bestimmt ergötzt er sich an dem, was sie von ihm erzählt. Und wahrscheinlich wird er noch hellhöriger, wenn sie auf die Sexualität mit Bataille zu sprechen kommt, den Ex-Mann seiner Ehefrau. Vermutlich lässt sie sich aber mehr über das schwierige Verhältnis zu ihrer Mutter und das sehr emotionsgeladene zu ihrem Vater aus ... Wie soll man das wissen? Sie entledigt sich ihres Leidens und kleidet ihre Geschichte in Worte. Manchmal fantasiert sie sicherlich. Kurz, er kann sie zum Entgleisen bringen, im eigentlichen Sinn des Wortes: die Gleise verlassen. »Das Reale ist, wenn man sich daran stößt«, sagte er.

Kann man wenigstens herausfinden, woran sie leidet? Wie soll man ihre Krankheit, ihre Symptome nennen? Eine befreundete Psychiaterin, der ich ihren Fall schilderte, tendiert zu hysterischer Psychose, geht aber gleichzeitig davon aus, dass Lacan vermutlich eher eine Paranoia diagnostiziert hatte.

Ganz naiv versuche ich, in die Abschriften der Seminare einzutauchen, die sich um Psychosen drehen, in der Hoffnung, zwischen den Zeilen das herauszulesen, was Dora zu seiner Theorie beigetragen haben könnte. »Wenn Sie verstanden haben, dann irren Sie sich sicherlich«, sagte er, also insistieren wir hier besser nicht ... Auch seine Angehörigen haben das niemals gewusst: »Nie erzählte er von einem Erlebnis, nie sprach er von der Vergangenheit. Er war ganz in der Gegenwart«[59], erinnert sich Gérard Miller in einem Dokumentarfilm.

Ein Mal, nur ein einziges Mal, ein Jahr nach dem Ende der Analyse, erwähnte er ihren Fall in Gegenwart von André Masson und seiner Frau: »Sie ist jetzt stabilisiert. Es gab eine sehr kritische Zeit. Aber wie es aussieht, liegt diese hinter ihr ...« Doch Masson versteht nicht, wie ein so intelligenter Mensch sich mit solcher Inbrunst dem Glauben verschreiben konnte, wie diese früher so skeptische und jegliche Mystifikation ablehnende Frau nunmehr dem Aberglauben und dem Dogmatismus verfallen konnte. »Es gab keine andere Wahl«, antwortet Lacan, »es gab nur Gott oder die Zwangsjacke.« Ja, aber wer hat hier entschieden? Manche werfen dem Psychoanalytiker vor, Doras mystische Besessenheit zu fördern. Sie erwehrt sich dieses Vorwurfs, bekennt sich zu ihrem freien Willen. Außerdem stimmt es, dass sie diesen Kreuzweg bereits eingeschlagen hatte. Sagen wir mal so, vielleicht hat er sie in die Richtung gestoßen, der sie bereits zugewandt war.

Die Frage nach der Religion muss sie während ihrer Sitzungen intensiv beschäftigen. »Ich bin das Kind eines Pfarrers«, sagte Lacan. Als jemand, der von den Maristenbrüdern erzogen wurde, war er ein frommer Junge und erlangte fundierte und tiefe Kenntnisse der Leiden und Schlichen der christlichen Spiritualität, schlussfolgert sein Schwiegersohn Jacques-Alain Miller daraus. Außerdem konnte er ganz wunderbar mit Katholiken sprechen und sie für die Psychoanalyse gewinnen ... Freud, der alte Optimist der Aufklärung, hält die Religion für nichts anderes als eine Illusion, die zukünftig vom Fortschritt und vom wissenschaftlichen Geist vertrieben würde. Lacan sieht das ganz anders: Er geht davon aus, dass die wahre Religion, die römische Religion, am Ende der Tage alle für sich gewinnen würde, indem sie das immer drängendere und unerträglichere Reale, das wir der Wissenschaft verdanken, mit voller Wucht mit Sinn überschüttet.[60]

Zudem kann Lacan bestimmt nicht entgangen sein, dass TheoDora sich, um ihren Namen abzukürzen, des Präfixes Theo entledigte, was Gott bedeutet ... Ich weiß nicht, was er daraus schlussfolgerte. Aber Theo (Gott) bleibt vielleicht ein Knoten eines Leidens, wie ein Phantomschmerz bei wahrhaft Amputierten, die die abgetrennte Gliedmaße noch immer spüren.

1951, im Jahr des Adressheftes, konsultiert Dora ihn mehrfach pro Woche, oder aber sie ruft ihn an. In ihrem Kalender von 1952 steht noch immer ein A auf manchen Seiten, oder sie hinterfragt sein Schweigen. Ihrem Freund James Lord gegenüber beteuert sie, »er ist der Hohepriester hoffnungsloser Fälle.«[61] Wenn er der Hohepriester ist, dann ist sie die Hoffnungslose ... Dennoch beschwert sie sich bei Balthus darüber, dass er »viel zu häufig während der Sitzungen einschläft, als dass die Behandlung effizient sein könnte.«[62]

Und Lacan, was denkt er von Dora? Zwangsläufig verknüpft er sie mit dem »Fall Dora«, den Freud 1905 beschreibt.[63] Wie Dora Maar zeigt auch diese junge Österreicherin Symptome einer Form der Hysterie. Wie Dora Maar ist auch sie von einem übermächtigen Vater fasziniert und hegt eine leichte Verachtung für ihre Mutter. Auf manchen Bilder des Büros von Lacan erkennt man das Buch von Freud, das deutlich sichtbar in der Bibliothek steht. Sie hat es gesehen, so viel ist sicher. Und 1951, dem Jahr des Adressheftes, nimmt er ausgerechnet den Fall *Dora* von Freud in einem Kongress von Psychoanalytikern auseinander. Ob er in seinen Vortrag die ein oder andere Referenz zu seinem eigenen »Fall Dora« eingeschoben hat? Ich habe keinen Hinweis darauf gefunden.

Zum Glück hat er später einen leichter entschlüsselbaren Kommentar fallengelassen, als er sich mit einem seiner berühmteren Patienten, mit dem Schriftsteller Pierre Rey, unterhielt: »Picasso zum Beispiel. Er muss nicht einen Finger krümmen, um alle Frauen zu haben. Und es scheint Absicht zu sein, dass er sich gerade die Nervigste unter Tausenden sucht.«[64]

Michel
25 quai Bourbon
Ode 8644

Ich hätte nicht gedacht, dass ich mich über die Akte »Michel«
würde beugen müssen. Nachdem ich diese Person dank des Telefonbuchs von 1952 identifiziert hatte, hatte ich Doktor Hélène
Michel-Wolfromm unter »verschiedene Ärzte« abgelegt und
vergessen, in der Überzeugung, dass mir dieser Name nicht
nützlicher wäre als die anderen Kardiologen, Zahnärzte oder
Allgemeinmediziner, die in unseren Adressbüchern stehen. Auf
der Suche nach weiteren Auskünften zu Lacan stolpere ich jedoch über die Geschichte dieser erstaunlichen Frau: Sie ist eine
Spezialistin für Zeugungsunfähigkeit, Vorreiterin der Sexualfor-
schung und Gründerin einer revolutionären Disziplin in der
Nachkriegszeit: der psychosomatischen Gynäkologie.

Anlässlich eines Porträts von Lacan verfasst der Schriftsteller
Jérôme Peignot in den Sechzigerjahren den ziemlich komischen
Bericht eines Abendessens am Ufer der Eure bei den Michel-
Wolfromm. Hélène, klein, braunhaarig, fröhlich, herzlich, großzügig, dem Alkohol zugewandt, Raucherin ... Ihr Ehemann, ein
älterer Banker, reich, leicht versnobt, ziemlich raubeinig und ein
unverbesserlicher Schürzenjäger. Und an diesem einen Abend

ein hoher Gast: Jacques Lacan. Wie es sich gehört, trifft der »Meister« verspätet ein, dann zieht er das ganze Essen über seine Show ab, wischt Widersprüche gestenreich vom Tisch. Wenige Tage später erhält Hélène Wolfromm einen Dankesbrief: »Der Charme des Ortes, Ihr offenes Ohr und das Ihrer Gäste haben es mir ermöglicht, mein Bestes zu geben. Außerdem wäre ich Ihnen sehr verbunden, mir das anfallende Honorar für diesen Abend zu überweisen, sprich, die Summe von 6000 Francs. In Erwartung Ihrer prompten Antwort, verbleibe ich mit den besten Grüßen. Jacques Lacan.«[65]

Mit 92 Jahren erinnert sich Jérôme Peignot noch ganz genau an dieses Abendessen. Allerdings hat er den Scheck über die 6000 Francs vergessen, der Lacan natürlich »unverzüglich« zugeschickt worden war. Hélène zieht es vor, über die Fehler und Macken des Psychoanalytikers hinwegzulächeln, dem sie noch immer sehr nahesteht. Während er sich zum Star der Seminare entwickelt, wird aus ihr die große Spezialistin der weiblichen Sexualität, eine Fürsprecherin für die Empfängnisverhütung und Mitgründerin der Familienplanung. Regelmäßig schickt er Patientinnen zu ihr, die an Sterilität, Frigidität und Herzschmerz leiden. Das einzige Überbleibsel dieser avantgardistischen Vorgehensweise ist *Cette chose-là*, ein Buch von unerhörter Menschlichkeit und Modernität, das 1969, wenige Monate nach ihrem Tod, veröffentlicht wird. Hélène Wolframm ist zu früh verschwunden, um einen Namen in der Geschichte der Befreiung der Frauen hinterlassen zu haben, zu denen sie zweifelsohne zählt.

In ihrem Buch spricht sie unter anderem von »einer lebhaften Erinnerung auf einer Entbindungsstation 1936 [...]: von den langen Unterhaltungen mit denen, die abgetrieben hatten. [...] Sie werden von den Krankenschwestern verachtet, die selbst hin und wieder abtreiben lassen, aber unter besseren Umständen. Auf der Station schabt man die Frauen auf den sadistischen Beschluss des Chefs hin bei vollem Bewusstsein aus, ohne Anästhesie, in der trügerischen Annahme, ihnen so die Lust zu nehmen, wieder damit anzufangen. Trotz unserer Anstrengungen starben vor dem Zeitalter der Sulfamide und Antibiothika viele von ihnen ...«[66]

Doktor Wolfromm, die erst 22 Jahre alt ist, ist die Einzige, die am Krankenbett dieser Aussätzigen verweilt, ihnen die Stirn abwischt, sich um ihr Leiden sorgt. »Die Geschichte dieser Frauen verfolgt mich«, schreibt sie.

Dora war vielleicht eine von ihnen. Zu dieser Zeit ist die junge Fotografin 29 Jahre alt und lebt noch bei ihren Eltern, häufig schläft sie jedoch in dem neuen Studio in der Rue d'Astorg. Oder aber sie verschwindet über Monate für eine Reportage ... Tatsächlich wissen sie nichts von ihrem Leben.

Aber wenn sie schwanger ist, wie soll sie ihnen das sagen? Oder besser, wie nichts sagen? Eine Freundin hat ihr vielleicht die Adresse einer Engelmacherin zugesteckt. Seit 1920 ist das Gesetz verschärft worden, eine Abtreibung wird nunmehr wie ein Verbrechen gehandelt, kann vor Gericht gebracht werden. Eine spezialisierte Brigade verfolgt diejenigen, die abtreiben, und die hygienischen Zustände jener, die – illegal – noch immer Abtreibungen durchführen, sind entsetzlich. Wie viele Frauen sind aufgrund einer Sepsis, hervorgerufen durch eine schlecht desinfizierte Nadel verstorben? Wie viele sind in irgendeinem Hinterzimmer verblutet? Wenn sie Glück haben, landen sie in einem Krankenhaus, wo ein verabscheuungswürdiger Arzt »den Job beendet«, ohne Rücksicht oder Anästhesie, weil man der Annahme ist, auf diese Weise bekämen sie, was sie verdienten ... Wäre ich eine Romanautorin, dann würde ich mir Dora schwanger ausmalen, von Picasso oder Bataille, gezwungen abzutreiben, dann, als Folgeerscheinung dieses misslungenen Eingriffs, für immer steril, für immer schuldig. Das könnte durchaus eine wirklichkeitsgetreue Geschichte sein, wenn schon nicht der Wahrheit entsprechend so doch zumindest der damaligen Zeit.

Es kann aber auch sein, dass sie Hélène Wolfromm erst nach dem Krieg kennenlernt. Diese Adresse auf der Insel Saint-Louis ist die ihrer Wohnung und ihrer Praxis. Sie und ihr Mann richten sich 1945 hier ein, nach ihrer Rückkehr aus Algerien, wo sie sich für die Luftstreitkräfte verpflichtet hatten.

Als Dora ihre Analyse mit Lacan beginnt, hält er es möglicherweise für sinnvoll, sie zur Gynäkologin zu schicken. Aufgrund von typischen Frauenschmerzen oder wegen eines Kinderwunsches … Mit 38 Jahren hätte sie sich sehr wohl in den Kopf setzen können, Picasso erneut zu erobern und ihm ein Kind zu schenken. Nicht, dass sie ganz verrückt danach gewesen wäre, Kinder in die Welt zu setzen, aber sie stellt sich vor, er würde zu ihr zurückkommen, wenn sie schwanger wäre. Zärtlicher, verliebter, abhängiger …

Vielleicht liegt sie damit gar nicht so falsch. In den Archiven der INA, dem Archiv für audiovisuelle Medien und digitale Archivdatenbank, habe ich einen erstaunlichen Dialog zwischen Picasso und einer Radiojournalistin ausgegraben, von dem Tag, als er Achtzig wurde.

Picasso: Ich denke nur an die Liebe, ich habe nichts anderes getan, als zu lieben. Ich liebe alle, und wenn es niemanden mehr gibt, dann werde ich eine Pflanze lieben, oder was weiß ich, einen Türknauf …

Die Journalistin: Wenn Sie sagen, dass Sie nur die Liebe lieben, was halten Sie dann von den Frauen?

Picasso: Von den Frauen? Hören Sie, ich habe vier Kinder ... *(Lachen).* Vier Kinder ... Da ist alles klar ... Sie
müssen sich mit dem behelfen, was ich Ihnen gerade gesagt habe ... *(Gelächter).*

Angesichts einer so breit gefächerten Frage, dass sie geradewegs
idiotisch ist, wäre es sehr einfach gewesen, nur mit den Schultern zu zucken. Doch er antwortet, und weil er so überrumpelt
wurde, werden seine vier Kinder zum offensichtlichsten Beweis
seiner Liebe für die Frauen. Diese wiederum sind einzig auf ihre
Fähigkeit reduziert, Kinder zur Welt zu bringen, seine Kreation
hervorzubringen. Das hat Dora sehr wohl verstanden.

Leider werden wir nie wissen, weshalb sie Doktor Wolfromm
aufgesucht hat. Diejenige, die ihr Leben der Sterilität anderer gewidmet hat, wollte oder konnte keine Kinder bekommen. Ihre
Aufzeichnungen sind verschwunden. Das Adressheft von Dora
Maar liefert nur ein paar ungenaue Hinweise oder Eindrücke:
1951 hat Dora ihren Namen an zweiter Stelle des Buchstabens M
notiert, direkt nach Meyer, einem englischen Paar, ihren nächsten Nachbarn in Ménerbes. Sie steht also nicht zufällig dort.
Diese Ärztin und ihre Telefonnummer waren wichtig und hatten
einen besonderen Platz im Adressheft und im Leben von Dora
inne. Dennoch ist es überraschend, dass diese Ärztin unter Michel, dem Namen ihres Mannes, im Adressheft steht und nicht
unter Michel-Wolfromm, dem Namen, unter dem ihre Patientinnen sie kennen. Wollte sie so die Vorstellung ausmerzen, dass
sie Jüdin ist? Oder ist das nur eine bourgeoise Konvention?

Vic. Noailles
Pas 8024

Vic. für »Vicomtesse!« Dora kennt auch den Vicomte, aber Marie Laure de Noailles ist für einen Zeitraum von mindestens dreißig Jahren einer der wichtigsten Menschen in ihrem Leben. Hinter den Begrüßungsküsschen, den Vertraulichkeiten und den »meine Liebe« erahnt man dennoch Höhen und Tiefen, Zerwürfnisse und Versöhnungen ...

Die Vicomtesse ist eine exzentrische Diva, die ihre Freunde und Geliebte erwählt, wie man ein Kostüm wechselt. Sie vergöttert, ist etwas überdrüssig, begeistert sich, wird wütend, verzeiht, verlässt ... Durch die Hochzeit mit Charles de Noailles hat Marie Laure, ein schüchternes, introvertiertes Mädchen, einen guten Fang gemacht. Sie war jedoch bereits die Erbin des kolossalen Vermögens ihres Vaters, ein belgischer Banker jüdischer Herkunft. Mütterlicherseits stammt sie vom Marquis de Sade ab, und ihre Großmutter hat Proust zur Protagonistin der Herzogin von Guermantes inspiriert.

Zusammen wird das Ehepaar Noailles vor allem aber zu den größten Mäzenen ihrer Zeit. Ihre Sammlung ist beeindruckend: Braque, Dalí, Picasso, Balthus, Giacometti, Chagall, Ernst und Klee gesellen sich zu den von ihrem Vater vererbten Goyas,

Rembrandts und Rubens. Vor allem begeistern sie sich für den Surrealismus, entdecken weltweit diejenigen, die die Kunstgeschichte prägen. Außerdem unterstützen sie Musiker und finanzieren die ersten Filme von Buñuel, Dalí und Cocteau.

Ihr Meisterwerk ist jedoch die Villa, die in Hyères ihren Namen trägt, erbaut von Mallet-Stevens. Man muss zu einer großen Freiheit fähig sein, um in den Zwanzigerjahren von einem derart radikalen Haus zu träumen. Man muss sich über seine Wurzeln lustig machen, über seine Traditionen, und Tabula rasa machen, um neue zu erfinden. Jedes dieser fünfzehn kleinen Zimmer ist mit einem Badezimmer versehen. Außerdem gibt es dort einen Pool und ein Turnzimmer. Abgesehen von den Essenszeiten, steht es den Gästen frei, zu tun und zu machen, was sie wollen. Der Dresscode lautet Espadrilles, Sportoutfit oder Badeanzug. »Bei den Noailles trifft man sich wie an Bord eines Kreuzfahrtschiffes«, fasst Laurence Benaïm, der Biograf von Marie Laure, zusammen.

Sie empfangen nur die bessere Gesellschaft: Dalí, Breton, Cocteau, Gide, Giacometti, Buñuel, Man Ray, die angesagtesten Musiker, Darius Milhaud, Georges Auric, Poulenc, genannt Poupoule, und natürlich Dora Maar.

Das Paar, das Marie Laure zusammen mit Charles bildet, zeichnet das Bild eines perfekten Erfolges und einer verrückten Modernität. In intellektueller Hinsicht komplementieren sie sich, doch was die Gefühle betrifft, so erleiden sie Schiffbruch. Irgendwann hat sie ihren Ehemann mit dessen Turnlehrer im Bett vorgefunden. Sie schreibt Gedichte, um sich von ihrem Unwohlsein zu befreien, und tröstet sich in den Armen von wechselnden Geliebten, die sie nicht aufrichtig lieben oder zumindest nie lange. Sie hat ein Händchen dafür, Männer mit einer Vorliebe für Männer auszuwählen. Es fing an mit Cocteau, als sie ein Teenager war, und von da an hat sie sie gesammelt: häufig junge Musiker, sehr gut aussehend und fast immer bisexuell …

Marie Laure und Dora Maar treffen sich zu Beginn der Dreißigerjahre. Dora gehört zu den wenigen Frauen, die in ihren Augen Gnade finden, weil sie eine Künstlerin ist, noch dazu intelligent, elegant, talentiert und revolutionär. Eines der schönsten Porträts der Fotografin ist von der Vicomtesse, und sie enthüllt darauf einen Teil ihrer Melancholie, von der viele nichts wissen. Ihr Titel als offizielle Geliebte von Picasso macht Dora noch interessanter … Und die Beziehung der beiden, die zunächst nur gesellschaftlicher Natur ist, entwickelt sich unter der deutschen Besatzung zu einer wahren Freundschaft.

Während der Vicomte sich in die Südzone geflüchtet hat, zieht Marie Laure es vor, in Paris zu bleiben. Allein, aber umgeben von einer Schar Angestellter und Freunde. Sie steigt hinab in die Niederungen der Gesellschaft, wenn sie die Metro nimmt oder die Seine überquert, um ihre Freundin Dora im de Flore oder im Catalan zu treffen … Donnerstags isst sie dort mit Éluard zu Mittag, der häufig ein Gemälde oder ein Manuskript zu verkaufen hat, um über die Runden zu kommen. Die Abendessen hat sie aufgrund der Ausgangssperre aufgegeben. Aber Dora, Picasso, Éluard und Cocteau kommen zusammen mit André-Louis Dubois häufig zum Mittagessen zur Place des États-Unis. Man behilft sich, wie man kann, und serviert Terrine statt Foie gras, weich gekochte Eier statt Kaviar. Sonntags findet immer ein Konzert statt.

Für Marie Laure und ihre Entourage folgt eine eigenartige Besatzung auf einen eigenartigen Krieg. Sie hat Angst, die Deutschen könnten ihre Stadtpalais beschlagnahmen, doch ihr Freund, der Tänzer Serge Lifar, der ausgezeichnete Beziehungen zu den Besatzern hat, konnte sie vor diesem Ärger bewahren. Sie vermittelt den Eindruck, dass sie sich an alles gewöhnt: an die Hakenkreuze, die über Paris flattern, die Ausgangssperre, die Lebensmittelknappheit, den Schwarzmarkt, die gelben Sterne und die Verhaftungen. Sie hatte sogar einen Unfall, als sie einmal frühmorgens auf das Auto eines deutschen Soldaten auffuhr.

Doch Marie Laure hat nichts von einer Kollaborateurin. Regelmäßig wird sie von der Pétain wohlgesinnten Presse beleidigt, die sie als »judenverseucht« bezeichnet. Und sehr stolz spricht sie noch immer darüber, wie sie einst zwei Deutsche empfangen hatte, die gekommen waren, um sie nach ihren jüdischen Wurzeln zu befragen, ohne dass sie das Bett verlassen hätte. Jegliche Unze Diplomatie eines Dubois war vonnöten gewesen, der überstürzt zu ihr geeilt war, um die Deutschen davon zu überzeugen, sie nicht mitzunehmen …

Doch nicht jedem wurde so viel Glück zuteil. Gegen Ende des Jahres 1942 verschwindet eine Freundin und kommt nie wieder zurück: Es handelt sich um Sonia Mossé, eine surrealistische Künstlerin, Schauspielerin und Tänzerin jüdischer Herkunft, der auch Dora sehr nahestand. 1939 sind sie noch zusammen in Mougins gewesen. Als sie von ihrer Verhaftung erfahren, ist die Truppe des Catalan bestimmt höchst verunsichert … Doch nach und nach hören sie auf, von ihr zu sprechen. Keiner weiß, dass sie nach Sobibor deportiert wurde. Keiner von ihnen kennt auch nur die Namen Sobibor oder Auschwitz. Sie machen sich nicht mehr Sorgen um sie, als sie sich um die Freunde machen, die dem Widerstand beigetreten sind.

Bestimmt hat Dora für sie gebetet, wie sie auch jeden Tag für ihre vor Kurzem verstorbene Mutter oder das Baby von Huguette betet. Den Lebenden gegenüber wird sie jedoch immer gleichgültiger, mit Ausnahme von Picasso, und noch immer versetzt sie die Vorstellung, man könnte sie für eine Jüdin halten, in Angst und Schrecken. Diese Frage quält sie mehr als Marie Laure, deren Vater tatsächlich Jude war.

Die beiden Frauen teilen dieselbe Leidenschaft für das Irrationale und die Esoterik. Sie vergnügen sich damit, einander die Karten zu legen. Und wie Backfische, die von ihrem Märchenprinzen träumen, freuen sie sich darüber, wenn eine Herzkarte in ihrem Spiel gezogen wird. Eingehend betrachten sie auch das Horoskop der jeweils anderen. Beide sind sie Skorpion! Skorpion wie Picasso ... Ein Zeichen, dem man nachsagt, rebellisch, leidenschaftlich, mysteriös, intensiv und selbstzerstörerisch zu sein.

Nie werden wir wissen, was sie aus ihren Karten herausgelesen haben, doch als ich auf der Suche nach den Elementen von Doras Horoskop war, entdeckte ich, dass Picasso, der nichts wegwarf, das Horoskop seiner ehemaligen Geliebten bis zu seinem Lebensende aufbewahrt hatte. Vier maschinenbetippte Seiten, datiert vom Dezember 1936, ganz zu Beginn ihrer Beziehung. Ohne auf die Details von Aszendenten, Häusern oder Verbindungen einzugehen, sind die Schlussfolgerungen, die der Astrologe daraus zieht, ebenso verwirrend wie die des Grafologen:

»Es liegt eine Neigung zum Pessimismus vor, die bekämpft werden muss, genau wie eine übertriebene Angst vor der Zukunft. Das lässt auf Hindernisse und Leiden schließen, und es ist fast sicher, dass die Beziehungen zu ihrem engsten Umfeld alles andere als entspannt sind ... Der Bereich der Gefühle ist vielleicht der unheilvollste Punkt des Horoskops. Alles, was Zuneigung und Gefühle betrifft, wird in gewisser Weise behindert werden, um nicht zu sagen von den Umständen und den Ereignissen verhindert werden. Eine Hochzeit wird verschoben oder verhindert werden, und die Beziehungen zum anderen Geschlecht sind nicht immer günstig für ein Gefühl des inneren Friedens. Nur Freundschaften werden Ihnen hin und wieder von Nutzen sein, und Sie werden eine effiziente Hilfe in materieller Hinsicht finden.«

Unheilvoll ... Als wäre sie von einer bösen Fee verflucht worden. Als würden sich die Planeten von Geburt an gegen sie wenden, damit sie in der Liebe niemals ihr Glück findet. »Du fängst jetzt aber hoffentlich nicht an, an Sternzeichen zu glauben«, fragt mich T.D. beunruhigt.

Warum eigentlich nicht? Ein Freund und Astrologiefan hat die Analyse weiter vorangetrieben. Ihm zufolge hat Dora, wenn sie die Himmelskarte lesen konnte, ihre Befürchtung bestätigt gesehen, dass sie niemals Kinder haben würde: »Der schwarze Mond im Krebs ist häufig ein Zeichen für Sterilität.« Die Opposition von Saturn sagt ihr eine schreckliche Zeit ab Mai 1945 vorher. »Sehr hart, sehr negativ ... So sehr, dass sie in den Schatten, ins Nach-innen-gekehrt-Sein taucht ...« Das ist der Moment ihrer Einweisung.

Weder die Karten noch die Planeten konnten jedoch das Eintreffen einer neuen Muse in Picassos Leben im Frühjahr 1943 vorhersagen, um genau zu sein in einem Restaurant an der Rive Gauche. Derartige Details zeigen einem die Sterne nicht ...

Aber Marie Laure ist an jenem Tag da. Man muss sie sich im Catalan vorstellen, zwischen Dora, die keinen Ton von sich gibt, und Picasso, der sich gewissermaßen den Hals verrenkt, um sich zum Tisch des Schauspielers Alain Cuny umzudrehen. Er hat ein junges Ding entdeckt, von etwa zwanzig Jahren, das vorgibt Malerin zu sein ... Er könnte ihr Großvater sein. Ich stelle mir vor, wie Marie Laure die Augen zum Himmel verdreht, als sie hört, wie Picasso der jungen Françoise Gilot zuflüstert: »Mädchen, die so aussehen, können keine Malerin sein?«[67] Pathetisch ...

Sie zwingt sich, lauter zu sprechen, um die Unterhaltung wieder in Gang zu bringen. Aber er ist zu sehr damit beschäftigt, Cuny und seiner Freundin Kirschen anzubieten. Also tauscht sie etwas Tratsch mit Dora aus, die für gewöhnlich Gefallen daran findet. Doch die ist wie erstarrt. Die Eifersucht ist wie eine Krabbe, die sie von innen auffrisst.

Was für ein Albtraum, dieses Mittagessen! Ganz Paris durchqueren, um sich eine derart langweilige Tischgesellschaft aufzubürden. Würde sie auf sich hören, dann würde Marie Laure sofort nach Hause fahren, auch wenn sie dazu die Metro nehmen müsste. Doch man verlässt Picassos Tisch nicht einfach.

Was für eine Erleichterung, als das Mittagessen schließlich zu Ende ist, sowohl für sie als auch für Dora. Die beiden Frauen verlassen das Bistro, ohne das junge Ding eines Blickes zu würdigen; Cuny nicken sie nur im Vorbeigehen zu. Würden sie sich sehen, wie Picasso sie sieht, dann könnten sie es verstehen: Eingezwängt in ihre Pelzmäntel, Marie Laure in Chanel und Dora in Balenciaga, erinnern sie an Frauen von Welt, sind anmaßend und extravagant. Er zieht es vor, noch etwas bei diesem jungen Ding stehen zu bleiben, lädt es sogar zu sich ins Atelier ein. Marie Laure ist das völlig egal. Sie ist nur deshalb verärgert, weil man ihr das Mittagessen verdorben hat!

Ein Jahr später ist Paris befreit. Was in einer Explosion beispielloser Freude vonstattengeht, bei den Noailles wie auf den Champs-Élysées. In einem Gespräch mit dem Fotografen Cecil Beaton vergleicht Marie Laure die Besatzung mit einer Badewanne: »Zunächst war es entspannend, doch dann ist das Badewasser immer heißer geworden, und zum Schluss haben wir uns daran verbrüht.«[68] Andere bekamen das noch mehr zu spüren, dennoch ist nachvollziehbar, wie erleichtert sie darüber ist, endlich aus dieser Wanne herauszukommen.

Er gibt ein leicht unscharfes Foto, auf dem man Dora Maar während der Demonstrationen erkennt, die mit der Befreiung von Paris einhergehen. Sie schlüpft allein zwischen den GIs hindurch, ihre Rolleiflex um den Hals, erstaunlich traurig in diesen Tagen des Jubels. Nicht im Hier und jetzt verankert, verloren ... Sie hat sich gezwungen, das Haus zu verlassen, kann sich aber nicht daran erfreuen. Noch immer wartet sie darauf, dass er ihrer überdrüssig wird, wie das bei den anderen war ... Doch manchmal glaubt sie nicht mehr daran.

Im Mai 1945 wird Dora erst eingeliefert, dann sperrt sie sich bei sich zu Hause ein, während Marie Laure wieder den Strudel ihrer Partys und Maskenbälle aufleben lässt. Es ist mir nicht gelungen herauszufinden, ob sie viel zugegen war. Bestimmt war sie besorgt und hat bei Éluard angerufen, um sich nach Dora zu erkundigen ...

Logischerweise sehen sie sich erst dann wieder, als Dora sich erneut der Welt und dem Mondänen zuwendet. Zu diesem Zeitpunkt ist sie weder eine angesagte Fotografin noch die Geliebte eines Genies. Ihre Malerei wühlt die Kritiker nicht auf. Aber sie bleibt eine Legende der Kunstgeschichte, eine öffentliche Figur des Pariser Lebens und ein Konversationsthema.

Das Gericht der Unerbittlichen, Marie Laure und ihr Hofstaat, weist sie manchmal ab. »Damit eine Feier ein Erfolg ist, braucht man jemanden, den man bestraft ...« Das bekommt Dora manchmal zu spüren. Sie wird »bestraft«, weil sie zu deprimierend ist. Sie nimmt die Erniedrigungen hin, schmollt der Form halber etwas, nimmt die nächste Einladung jedoch wieder an, allerdings ohne sich irgendetwas vorzumachen: »Sie wissen doch, wie boshaft die Menschen sein können«[69], sagt sie eines Tages einem Freund, als sie von Marie Laure spricht.

Für John Richardson, den Biografen von Picasso, ist die Vicomtesse die widersinnigste Frau, die ihm je begegnete: »verwöhntes Gör, großzügig, hinterhältig, unerschrocken, manipulativ, ungestüm, gemein, aufmerksam, albern, nervenaufreibend und vor allem aber überaus kultiviert«.[70] Aus all diesen Gründen, auch aus den schlechtesten, kehrt Dora immer wieder zu ihr zurück. Regelmäßig stellt ihre Freundin ihr ihre neuen Schützlinge vor.

Im Jahr 1951, dem Jahr des Adressheftes, heißt der Favorit Ned Rorem: Er ist ein junger, gut aussehender amerikanischer Komponist, intelligent, eingebildet und dem Alkohol sehr zugetan. Seit er in Paris ist, verdreht er allen den Kopf, Männern wie Frauen. Die Vicomtesse schleppt ihn überall mit hin, beherbergt ihn sogar, ist geblendet von seiner Schönheit, beeindruckt von seiner Musik und amüsiert über seine Konversation und seine Witze. Manchmal schlägt er jedoch etwas über die Stränge. Eines Tages verpasst er ihr während einer Party eine Ohrfeige, einfach spaßeshalber. Und sie lacht … Je älter sie wird, umso mehr liebt sie Exzesse und Provokationen.

Mit Dora verbindet Ned Rorem vor allem lange, ernste Unterhaltungen, an ein klares kristallenes Lachen, eine lange Zigarettenspitze, die elegant in ihrer Hand liegt, und einen geknoteten Turban, der ihr das Aussehen von Mata Hari verleiht. Er findet sie weniger lustig als Marie Laure, aber tiefgründiger. Eines Tages schlägt sie ihm vor, sein Porträt zu malen. Während dieser Momente zu zweit entdeckt der junge Mann eine einfache, einfühlsame Frau, die sowohl »cool als auch nervös« war. Natürlich versucht sie, ihn zum Katholizismus zu konvertieren. Er hört sich ihren Sermon kaum an und hält liebevoll fest: »Sie war

nicht … unglücklich, sondern auf gewisse Weise *unrealized*[71] …«
Wie soll man *unrealized* am besten übersetzen? Im Werden, unvollständig, instabil, im Wandel, im Erbauen … Dora ist dabei,
sich zu verändern. Sie steht auf der Mitte einer Brücke, die vom
Gestern ins Morgen führt. Von Picasso zu etwas anderem …
Der Musiker spürt das intuitiv oder aber nachdem er sich viel
mit Marie Laure unterhalten hat.

Die Vicomtesse unterhält nur platonische Beziehungen zu
jungen Homosexuellen. Zu Beginn der Fünfzigerjahre wird sie
die Geliebte des Malers Óscar Domínguez, der weder das eine
noch das andere ist: mit seiner Boxervisage, der Statur eines
Lkw-Fahrers und einem Weinkonsum, der ein ganzes Bataillon
betrunken machen würde. Ganz zu schweigen davon, dass er
durch den Alkohol übellaunig wird … Vor dem Krieg hat er
dem surrealistischen Maler Victor Brauner mit einem Faustschlag das Auge zerschmettert … Während des Krieges hat er
viele falsche Picassos gemalt, die er den Deutschen verkaufte,
indem er vorgab, den Widerstand zu unterstützen, und der
Meister hat sie, ob aus Freundschaft oder Barmherzigkeit, hin
und wieder für echt erklärt …

Marie Laure und Óscar geben einander liebevoll den Spitznamen Putchie. Mit ihm hat sie das Gefühl, intensiv zu leben!
Mit ihm ist sie Marie Laure und nicht mehr die Vicomtesse. Sie
lachen lauthals und kopulieren unüberhörbar … Und ihr gefällt
es, wenn er sie schockiert, auch nimmt sie keinen Anstoß daran,
wenn er sie beleidigt oder in der Öffentlichkeit einen Skandal
provoziert.

Eines Abends essen sie mit Dora Maar in einem Restaurant in
der Rue Mazarine zu Abend. Nach ein paar Gläsern zerreißt er
die Tischdecke aus Papier, stopft die Papierfetzen in den Hals
einer Flasche und zündet sie an. Als der Tisch schließlich Feuer

fängt, klatscht er überall etwas Senf darauf und blafft die Gäste an, die es wagen, sich darüber zu erbosen. Als Erstes wird Dora gehörig abgekanzelt: »Tu nicht so fein, Süße. Wir wissen alle, daß du Picasso das Papier gegeben hast, wenn er kacken mußte!«[72] Sie ist umso erzürnter, als Marie Laure kaum darauf reagiert: »Na, na, Putchie, sei lieb ...« Doch an diesem Abend ist sie nicht ernsthaft böse, weder mit ihm noch mit ihr. Sie versteht bestens, dass Óscars Wahnsinn nur das Symptom einer unermesslichen Verzweiflung ist.

Domínguez ist nicht nur verrückt, er wird auch physisch immer monströser. Sein Gesicht verändert sich durch die Auswirkungen einer Krankheit, die Akromegalie, während sich der Bauch von Marie Laure aufgrund einer Zyste, die sie sich zu operieren weigert, ebenfalls aufbläht.

Man muss sich das Paar vorstellen, das die beiden abgeben: Der Elefantenmensch untergehakt bei einer alten, schwangeren Frau. Sie hat nichts mehr gemein mit der makellosen Vicomtesse in ihren Chanel-Kostümen. Sie räumt sogar selbst ein, dass sie zur »am schlechtesten gekleideten Frau Europas« geworden ist!

Doch nichts kann Óscar beschwichtigen oder trösten. Weder das Geld noch die Zuneigung von Marie Laure. Letztlich verliert er sich in zu viel Alkohol, zu viel Leid. 1957 bringt er sich um, vor allem verzweifelt über die Vorstellung, niemals etwas anderes als eine blasse Kopie von Picasso gewesen zu sein. Dora kümmert sich um den Beerdigungsgottesdienst. Aus Zuneigung, aber auch um Marie Laure ganz perfide eine Lektion fürs Leben zu erteilen, die es vorgezogen hat, sich zum Trost in den Süden zu flüchten.

Von da an scheint es gut möglich, dass die beiden Frauen sich nicht mehr gesehen haben. Bestimmt waren sie zerstritten ... Oder unversöhnlich. Im Mai 1968 lässt sich die Vicomtesse manchmal im Rolls in der Nähe der Barrikaden absetzen, um die Demonstranten zu unterstützen.

Im Jahr 1973 jedoch, drei Jahre nach dem Tod von Marie Laure, erwähnt Dora bei den wenigen Freunden, denen sie ihre Tür noch öffnet, liebevoll die Erinnerungen an sie. Die Tatsache, sich von der Welt abzuschotten, erlaubt es ihr, wie sie sagt, die Abwesenheit ihrer langjährigen Freunde nicht zu spüren. Sie hat das Gefühl, als würden sie irgendwo wohnen, alle zusammen, die Toten wie auch die Lebenden.

Boudinot
95 rue de la Boétie
Ely 4678

Boudinot war einer der Namen, die am einfachsten zu identi-
fizieren waren. Es reichte, ihn im Telefonbuch nachzuschlagen:
Boudineau, Schönheitssalon, 95, Rue de La Boétie, ÉLYSÉE
4678. Zwar beinhaltet der Name einen Schreibfehler, aber es ist
sowohl die richtige Adresse als auch die richtige Telefonnummer.

Dora hat diesen Salon vermutlich für ihre Maniküre aufgesucht. Ihren Händen hat sie immer eine große Bedeutung beigemessen. In den Porträts von Picasso erkennt man sie an den lackierten Nägeln. Am häufigsten trug sie ein knalliges Rot.

Und das ist alles andere als ein Detail. In den Dreißigerjahren
sind die meisten verkauften Nagellacke eher hell, schwer aufzu-
tragen, und sie splittern rasch ab. Dora Maar ist Teil des überaus exklusiven Clubs der knalligen Fingernägel. Als Gipfel des
Schicks gehört sie zu den wenigen Privilegierten, die ihre Hände
noch dem berühmten Señor Perrera anvertrauen, ein Star, dessen Telefonnummer eines der am besten bewahrten Geheimnisse der vornehmsten Zehntausend von Paris bis New York mit
einem Abstecher über Venedig ist. Diesen Luxus teilt sie sich nur

mit den Herzoginnen, den Prinzessinnen und der Milliardärin Barbara Hutton oder Marie Laure de Noailles.

Als Handfetischist, wie andere Fußfetischisten sind, arbeitet dieser exzentrische Katalane mit Instrumenten aus Gold, die Königin Edna von Spanien ihm geschenkt hat. Als Maniküre-künstler ist er ganz versessen darauf, die Fingernägel als Krallen zu feilen, ehe er sie mit der Raffinesse eines Miniaturmalers lackiert. Señor Perrera hat jedoch einen »sofort trocknenden Nagellack, der die Fingernägel so hart wie Stein werden lässt«[73] entwickelt. Und er wacht eifersüchtig über das Geheimnis seiner magischen Formel. Bis es zwei Amerikanern irgendwann gelingt, ein fast leeres Nagellackfläschchen zu ergattern, den Nagellack zu analysieren und dann in großem Stil zu vermarkten. So erblickte die Marke Revlon das Licht der Welt ...

In den Fünfzigerjahren muss Dora Maar also nicht mehr die horrend teuren Dienste von Señor Perrera in Anspruch nehmen. Sie wendet sich an das Schönheitsinstitut Boudineau, das ihr jeden Donnerstag um 11 Uhr eine Nagelpflegerin vorbeischickt. Für gewöhnlich ist das eine Russin, die sie als enervierend, geschwätzig und indiskret erachtet.[74] Dora richtet es immer so ein, dass sie telefoniert, während die Dame da ist, damit sie nicht mit ihr sprechen muss. Mit einer Hand hält sie den Hörer fest, während sich die junge Frau schweigend der anderen zuwendet. Dora nimmt es mit der Wahrheit nicht ganz so genau und erzählt oder erfindet ihr Leben eine Stunde lang neu. Es kommt sogar vor, dass sie nur so tut, als wäre sie am Telefon, dass sie allein spricht, ohne dass jemand am anderen Ende wäre, und dann schildert sie eingebildete Zusammenkünfte mit Picasso. Schließlich muss sie ihre Stellung halten! Wenn die Nagelpflegerin sich schließlich verabschiedet, nimmt sie mehr Tratsch mit, als sie sich erhofft hätte, hätte sie Fragen gestellt.

In Ménerbes kommt Dora ganz allein zurecht. Sie schließt sich im Badezimmer ein und kommt erst wieder heraus, wenn der Nagellack trocken ist.

Eines Tages musste sie jedoch sogar damit aufhören, sich die Nägel zu lackieren.

Marchand
Ode 1097
31 rue Campagne Première

Hin und wieder ereilt mich der verrückte Eindruck, als hätte dieses Adressheft vielmehr mich gewählt, als dass ich es gefunden hätte.

Beim Buchstaben M hat sie mit Bleistift einen gewissen Marchand, eine Adresse, 31, Rue Campagne-Première und eine Telefonnummer, Ode 1097, vermerkt.

André Marchand ist ein Maler, der heutzutage fast ganz in Vergessenheit geraten ist. In den Vierzigerjahren jedoch wird er als aufsteigende Gestalt der »neuen Pariser Schule« erachtet. Sein Talent wird von Matisse, Braque und Bonnard gelobt. Seine Beliebtheit erreicht die von Chagall. Marie Laure de Noailles nennt ihn sogar unter den zehn französischen Künstlern, die die Nachwelt feiern wird.[75] Und als es Louis Carré unter der Besetzung gelingt, eine Galerie wiederzueröffnen, widmet er ihm die erste Ausstellung. Ganz Paris defiliert vor seinen Gemälden, sogar Picasso höchstpersönlich, der neugierig auf diesen jungen Künstler ist, den die Kritiker tatsächlich als ihren brillantesten Nachkommen darstellen. Zwar reicht schon allein das Wort »Nachkomme« aus, damit er Pickel bekommt, doch die Neugier treibt ihn dorthin. Brassaï erinnert sich daran, ein Gemälde von Marchand in Picassos Atelier herumstehen gesehen zu haben. Was nicht sonderlich erstaunlich ist, schließlich gehören sie demselben Milieu an, das sich feiert, sich trifft und sich abwechselnd beglückwünscht ... Was dann folgt, ist schon erstaunlicher.

Aus unerfindlichen Gründen wird sich Marchand, genau wie Dora Maar, nach und nach vom angesagten Milieu der Malerei lossagen. Man unterstellt ihm, cholerisch zu sein, kompromisslos, dünnhäutig ... mit engelsgleichem Aussehen und unausstehlichem Wesen. Im Grunde genommen liebt er sich selbst so wenig, dass er nicht die geringste Kritik erträgt. Nach einer enttäuschenden Ausstellung verschwindet er für mehrere Monate ins Burgund. Ende der Vierzigerjahre fährt er in die Provence, wo er geboren wurde, um nach Inspiration zu suchen und seine Bitterkeit zu ertränken. Er richtet sich für mindestens sechs Monate im Jahr in Arles ein, wo er bis zu seinem Tod 1997 lebt.

Arles wiederum ist mein Zuhause ... Die Stadt, in der ich groß geworden bin, wo ich heute schreibe und wo ich ihn vielleicht getroffen habe ... Also stelle ich alle anderen hintan. Balthus, Braque, Aragon, Giacometti, sie alle sind mir egal. Ich will alles über Marchand wissen, über seine Malerei, seine erratischen Figuren, seine Frauen aus Arles, seine Schwalben und die Stillleben, die er lieber »stille Leben« nennt.

Zufälligerweise erinnern sich noch zwei Männer in Arles an ihn: Jean-Maurice Rouquette, der ehemalige Konservator der Museen der Stadt, und Jean-Marie Magnan, ein hervorragender Schriftsteller, der ebenfalls mit Picasso, Cocteau und Tournier befreundet war. Sie beschreiben denselben Mann, einfühlsam, dünnhäutig, jähzornig. Und sie erzählen dieselbe Begebenheit an der Place du Forum gegen Ende der Fünfzigerjahre.

Picasso kommt von der Corrida zurück. Kerzengerade wie ein

Torero steht er vor dem *paseo*, stolz und aufrecht auf der Vortreppe des Hotels Nord-Pinus. Germaine, die mythische Inhaberin dieses legendären Ortes, kommt eine Idee, als sie Marchand erblickt, und sie stellt die beiden einander vor! Zwei Maler, die müssen einander natürlich kennenlernen. Sie weiß nicht, dass die beiden bereits Bekanntschaft gemacht hatten. »Ah, Marrrrchand!«, ruft Picasso spöttelnd, ehe er sich über die Schwalben lustig macht, die der andere manchmal über der Rhône malt. »Diese Stadt ist eine Stadt der Stiere, nicht der Schwalben!« Die Stimmen werden lauter. Picasso ist der Ungestümere von beiden. Marchand ist kreidebleich. Die Inhaberin versucht einzuschreiten, wird dann aber nur ihrerseits mit einer Schimpfkanonade überschüttet. »Kommt schnell, Picasso prügelt sich gleich!« Immer mehr Schaulustige versammeln sich um die beiden Männer, doch Marchand weigert sich zu kämpfen und macht auf dem Absatz kehrt.

All das wegen ein paar Schwalben? Ich kann dasselbe verstohlene Lächeln bei meinen betagten Zeugen feststellen, die an kleine Schlingel erinnern. Nein, die Schwalben trifft keine Schuld. Der eigentliche Grund für den Hass, den sie füreinander empfinden, ist eine Frau: »Picasso hat ihm Françoise Gilot weggeschnappt!« Seinen Freunden aus Arles soll André Marchand tatsächlich erzählt haben, dass Françoise Gilot zunächst sein Modell und seine Geliebte war, ehe er zusammen mit ihr Picassos Atelier aufsuchte. Einer meiner Zeugen ist sich sicher, dass er an jenem Tag allein auf dem Dachboden des Klosters der Grands-Augustins gewesen sein muss. Der andere ist vorsichtiger, geht nicht so weit. Aber beide sind kategorisch.

Das Problem: Diese Arler Legende passt überhaupt nicht zur offiziellen Version. Alle Biografien von Picasso verorten sein Kennenlernen mit der jungen Françoise bei einem Mittagessen im Catalan: Picasso sitzt mit Dora Maar und Marie Laure de Noailles an einem Tisch, sie mit Alain Cuny. Niemand erwähnt jemals den Namen von Marchand, nicht einmal Françoise Gilot in ihren Memoiren.[76]

Aber Arles ist eine eigenständige Stadt, die keine Angst davor hat, sich gegen den Rest der Welt zu behaupten. Ich habe einen Kunsthistoriker getroffen, der noch begeisterter von Marchand ist, als ich es geworden bin. Laurent Lecomte hat mir eine Ausgabe des *Life*-Magazins von 1947 aus seinem Archiv gezeigt: In einem sehr langen Porträt von Picasso bestätigt der amerikanische Journalist, dass »Françoise die Freundin eines anderen Malers, nämlich die von André Marchand war«. Diese ketzerische Version der Geschichte von Picasso findet sich auch in den Archiven der regionalen Presse wieder, in der Bretagne oder im Burgund ... Überall da, wo Marchand selbst war und es weitererzählt hatte.

Françoise wurde die Frage vor einigen Jahren gestellt, als eine Ausstellung von ihr in Nîmes geplant wurde: Sie hat geantwortet, sie könne sich nicht an diesen Namen erinnern. Gehe ich also gerade den Flunkereien eines alten Fabulierers auf den Leim, der damit einfach nur seine Freunde in der Provinz beeindrucken will?

Zum Untermauern von Marchands Bericht gibt es jedoch ein paar Porträts von *Mademoiselle Gilot*, die er 1943 gemalt hat. Hat sie etwa auch vergessen, dass sie für ihn Modell gestanden hat?

Wer ist hier der Lügner? Wer fabuliert? Wer übertreibt? Nur Françoise Gilot könnte uns diese Frage beantworten. Aber die alte Dame will nichts mehr von dieser Geschichte wissen.

Dank eines Interviews, das sie einer amerikanischen Journalistin in den Achtzigerjahren gewährte, ist es mir letztlich gelungen, nachzustellen, was damals passiert sein muss.[77] Hier also die nachgestellte und mutmaßliche Geschichte von Pablo Picasso, Dora Maar, Françoise Gilot und … André Marchand!

Sie beginnt im Frühling 1943. Wie jeden Tag nehmen Dora Maar und Picasso das Mittagessen zusammen mit Freunden im Catalan ein. Am Nachbartisch sitzen Alain Cuny und Françoise Gilot. Picasso entdeckt sie, lädt sie in sein Atelier ein, dann werden sie zu Geliebten … Bis hierher nichts Neues. Marchand kommt erst mehrere Monate später dazu, in dem Moment, in dem Dora Maar von ihrer Rivalin erfährt. »Im Bett, aber nicht bei Tisch!«, hat sie von Picasso verlangt, in der Hoffnung, die Rivalin so auf Distanz halten zu können. Da schätzt sie ihn aber falsch ein: Er ruht nicht eher, bis er seinem Tisch eben jene aufdrängt, die Dora verächtlich »die Schülerin« nennt. Um den Schein zu wahren, hat Françoise die Idee, sich mit einem angeblichen Verlobten zu präsentieren: Ihre Wahl fällt auf André Marchand. Der junge Maler ist überglücklich, stolz, mit dieser jungen Studentin auszugehen, in die er heimlich verliebt ist, stolz, Zugang zu Picassos Tisch zu bekommen, der ihn bis dato zu verachten schien … Das wäre eine ziemlich banale Posse, würde sie nicht den größten Künstler des Jahrhunderts in Szene setzen. Natürlich ahnt Marchand nichts davon! Er hat nur erzählt[78], wie erstaunt er über das Outfit derjenigen war, die das Atelier des Grands-Augustins angeblich zum allerersten Mal aufsuchte: Sie kommt von ihrer Reitstunde und hat keine Zeit mehr, sich umzuziehen. Was macht das schon? Sie sieht gut aus mit ihren Reitstiefeln, und Picassos Überraschung schmeichelt auch dem Ego des angeblichen Verlobten. Hingerissen folgt er ihr, wie sie mit einer unglaublichen Dreistigkeit zwischen den Gemälden des Meisters herumwandelt, nachlässig mit ihrer Peitsche darüberstreicht, um zu bedeuten, was ihr gefällt und was ihr weniger zusagt. »Dieses Grün hier mag ich nicht …«

Picasso scheint das nicht zu stören. Im Gegenteil, er lacht viel. Dann gehen alle drei die Treppe nach unten, um Dora Maar im Catalan zu treffen.

Die offizielle Geliebte kennt André Marchand sehr gut. Sie hat ihn in den Dreißigerjahren beim Schauspieler Jean-Louis Barrault kennengelernt, dessen Trauzeuge er war. Also setzt sie sich in den Kopf, ihn erneut mit »der Schülerin« einzuladen, und geht davon aus, Picasso würde verstehen, dass sie in einer festen Beziehung ist und sein Interesse an ihr schwindet. Die Eifersucht leitet einen manchmal in die Irre. Und Marchand zieht seine Show ab, hält sich für den festen Freund und lässt sich hinauskomplimentieren, sobald Françoise ihren falschen Kavalier nicht mehr benötigt. Vermutlich hat er nichts von dieser ganzen Sache verstanden, aber diese falsche-echte Trennung demütigt ihn.

Ein Jahr später ist Frankreich befreit. Keine Demarkationslinie mehr. Endlich kann Picasso wieder ungestört an die Riviera reisen. Er dachte, die mediterrane Luft würde Dora nach ihrem Klinikaufenthalt guttun. Sie steckt noch voller Illusionen, will daran glauben, dass die Zeit »der Schülerin« abgelaufen ist …

Die Reise beginnt mit ein paar Wochen in Cannes. Zufällig hält sich auch Marchand dort auf: Sein Galerist, Aimé Maeght, hat ihm ein Atelier überlassen, damit er in aller Ruhe die nächste Ausstellung vorbereiten kann. Bestimmt ist er erleichtert, als sie zusammen eintreffen … Er geht davon aus, dass die Periode Gilot zu Ende ist, und empfängt sie freundlich. Dora ist müde, erschöpft von den Elektroschocks, aber hellsichtig genug, um zu bemerken, dass die meisten seiner Gemälde zur Wand umgedreht sind. Wie viele andere junge Maler ist Marchand Picasso gegenüber misstrauisch. Er hat Angst, er könnte ihm seine Ideen stehlen. Hat er ihm nicht bereits die schwarzen Badenden geklaut? Als er das Atelier verlässt, ist der Spanier, der nichts sehen konnte, wütend: »*Mierda, mierda …*« Dora ist so erschöpft, sie hat weder die Kraft, ihm zu widersprechen, noch kann sie seine Empörung aufstacheln.

Das ist ihre letzte gemeinsame Reise. Nach Cannes will Picasso nur einen Umweg über das Luberon machen, um sich in Ménerbes ein Haus anzusehen, dass er während des Krieges gegen ein Gemälde eingetauscht hatte. Er hat vor, es Dora zu schenken und sich so seine Freiheit zu erkaufen. »Du wolltest doch ein Haus auf dem Land!« Zurück in Paris setzt er sie vor ihrem Gebäude ab und verabschiedet sich etwas herzlicher von ihr als gewöhnlich. Damit ist es zu Ende. Ohne es aussprechen zu müssen. Dann richtet er sich mit Françoise ein.

Marchand hat das bestimmt aus der Zeitung oder von gemeinsamen Freunden erfahren. Und bestimmt hat er die Vermessenheit besessen, seine Bitterkeit vertraulich weiterzuerzählen … Doch wie kann er es wagen, sich zu beklagen? Picasso kann regelrecht teuflisch werden, wenn er anfängt zu hassen. Er hat bereits von dem Galeristen Louis Carré verlangt, seinen Vertrag mit dem Arler Künstler zu zerreißen. Dieses Mal macht er einen Skandal vor der Galerie Maeght, noch vor der Eröffnung der Ausstellung seines Pseudorivalen. Er ist umso erzürnter, als er dort die Gemälde entdeckt, die der andere in Cannes vor ihm versteckt hatte. Dann verbreitet er lauthals in ganz Paris: »Marchand, das ist nur *mierda*!«

Die Journalisten fragen sich, was ihm jetzt über die Leber gelaufen ist. Mit einem einfachen Satz stachelt Marchand Picassos Wut noch weiter auf: »Es ist ganz normal, dass junge Frauen sich zu alten, berühmten Männern hingezogen fühlen.«[79] Françoise ist wütend. Doch sie begnügt sich damit, ihn aus ihrem Leben und aus ihrer offiziellen Geschichte zu streichen. Picassos Wut hingegen mäßigt sich nicht: »berühmt« geht ja noch, aber »alt«, niemals! Jetzt lässt sich sein Wutanfall nach dem Stierkampf auf der Place du Forum in Arles besser verstehen.

Eigenartigerweise unterzeichnet Marchand nach dem Erscheinen der Memoiren von Françoise Gilot[80] 1965 die Petition zur Unterstützung von Picasso, die das Verbot des Buches verlangt. Vermutlich ist er vor allem darüber gekränkt, dass er nicht einmal darin auftaucht. Picasso wiederum ist nicht empfänglich für diese beschwichtigende Geste: 1971, als André Marchand sein gesamtes Werk dem größten Museum in Arles überlassen will, beschließt der Spanier, rachsüchtiger als je zuvor, ganz unvermittelt eine Spende an eben dieses Musée Réattu zu tätigen. 57 Zeichnungen! Hinaus mit Marchand und seinen Schwalben, der Minotaurus verlangt nach Raum! Der verfluchte Maler erholt sich niemals davon, sinnt bis an sein Lebensende auf der anderen Seite der Rhône, mit Blick auf besagtes Museum, über seine Verbitterung nach. Er überwirft sich sogar mit seinen beiden engsten Freunden in Arles, weil sie sich mit Picasso treffen: mit dem Fotografen Lucien Clergue und dem Schriftsteller Jean-Marie Magnan.

Die Rachsucht des Spaniers geht aber noch weiter. Am Vorabend seines Todes lässt er den Maler Pignon eine letzte Nachricht an Marchand übermitteln. Er teilt ihm mit, er bedaure es, sich mit ihm zerstritten zu haben … Sollte er mit einem Mal großmütig geworden sein? Keineswegs! Sein letzter Seitenhieb ist noch niederträchtiger: Er bedaure es nur deshalb, weil er sich eigentlich »nur mit echten Malern« zerstreiten würde!

Diese künstlerische und völlig irrationale Rivalität wird auch in einem Dokumentarfilm erzählt, der vor dem Tod von Marchand von Daniel Le Comte, einem heute ebenfalls verstorbenen Spezialisten der modernen Kunst, gedreht wurde. Der Arler sagt darin diesen einen schrecklichen Satz: »Picasso, das war Luzifer ... ich habe Luzifer getroffen ...«[81]

Warum also steht Marchand nach so viel Hass noch immer in Doras Adressheft von 1951? Auch wenn es Françoise Gilot gelungen ist, ihn aus ihrem Leben und ihren Memoiren zu tilgen, so hat Dora sicherlich nichts davon vergessen. Zunächst teilt sie natürlich die Meinung von Picasso: »Was für eine *mierda*!« Wie mit ihm leben, ohne sich auch seine Wutausbrüche, seine Paranoia und seine Erlasse zu eigen zu machen? Im Lauf der Zeit emanzipiert sie sich. Der fast schon gemeinsame Kummer bringt Dora und Marchand einander näher. Sie sind die beiden Kollateralopfer ein und derselben Liebesgeschichte.

Eigenartigerweise tauchen beide zur selben Zeit in eine Form des Mystizismus ab. 1946 verzieht sich André Marchand in die Abtei Saint-Martin de Ligugé im Departement Vienne. Lange wird er nicht in diesem Kloster bleiben, wo es ihm verboten ist zu malen, und er findet auch nie zu einem so inbrünstigen Glauben wie Dora.

Glaubt man aber dem Adressheft, dann haben sie sich 1951 getroffen. Die Nummer von Marchand ist nicht so sauber mit brauner Tinte abgeschrieben wie alle anderen Nummern, die sie vom vorherigen Adressheft übertragen hat. Es ist der letzte Name, aufgeschrieben mit Bleistift ganz unten auf der Seite des Buchstaben M. Sie muss das Adressheft an dem Tag, als er anrief, gerade zur Hand gehabt haben. Vielleicht haben sie sich auch im Restaurant getroffen, bei einer Vernissage oder in diesen Pariser Salons, die er zu verabscheuen vorgibt und die sie noch immer aufsucht. Bestimmt wollte er ihre letzten Gemälde sehen. Sie sind gleich alt, 44 Jahre. Beide sind sie dünnhäutig, reizbar, zart besaitet. Sie ist noch immer sehr schön, auch mit den Augenringen und den paar Kilos mehr auf den Hüften. Er hat ein unvorteilhafteres Äußeres, doch mit dem Alter geht es durch ... und er ist noch immer ein Schürzenjäger.

Ja, sie haben sich wiedergesehen, so viel ist sicher ... Die Nichte von André Marchand hat einen Kalender von 1953 gefunden, in dem ihr Onkel mehrere Treffen mit Dora notiert hatte. Manchmal an zwei aufeinanderfolgenden Tagen. Der Arler Schriftsteller Jean-Marie Magnan ermutigt mich, eine pikante Liebesgeschichte zu entwerfen. »Sie würden die Arbeit einer Romanautorin machen, indem sie das Lüge-Wahrheit-Prinzip praktizieren ... Erfinden Sie etwas, erfinden Sie, etwas davon trifft immer zu!« Doch wie soll ich mir eine derart unwahrscheinliche Beziehung vorstellen? Sie ist zu stolz, um sich auf einen mittelmäßigen Maler einzulassen. Lieber nichts als etwas weniger Gutes!

Douglas Cooper
Ch. de Castille
Argilliers Gard
Vers par Remoulin 10
Tel.

Douglas Cooper: Kunsthistoriker, Kritiker, Sammler ... Er genoss es, wenn man ihn mit Oscar Wilde verglich. Auf den Fotos erinnert die pausbäckige, dickbauchige Gestalt, die neben Picasso posiert, eher an Benny Hill. Komisch wirkt er mit seiner großen Brille, exzentrisch, mit dem karierten Anzug, triefend vor Müdigkeit hier zu sein, auf dem Gipfel der Kunst der Moderne, einem Genie ganz nah!

Über Cooper kann man die schrecklichsten Widerlichkeiten lesen. Als Picasso sich schließlich mit ihm zerstreitet, nennt er ihn »widerlicher Cooper«. Und Francis Bacon beschreibt ihn als »perfide Frau, die noch abstoßender ist, als sie auf den ersten Eindruck wirkt«. Allerdings wäre es ungerecht, ihn auf diese Gemeinheiten zu reduzieren oder zu vergessen, dass er vor allem einer der größten Spezialisten des Kubismus war.

Als er Anfang der Dreißigerjahre an der Sorbonne Kunstgeschichte studiert, beginnt er damit, sich für die Malerei zu interessieren. Zu dieser Zeit lernt er auch Dora Maar kennen ... Sie ist damals 25 Jahre alt, eine junge, hübsche Fotografin »mit starkem Willen und ziemlich provokant«. Als Erbe von reichen englischen Aristokraten verfügt er über ausreichend Mittel, um zu investieren, und er begeistert sich für den Kubismus. In der Gefolgschaft von Picasso trifft er folglich wieder auf Dora. Als der Krieg ausbricht, ist er erst 28 Jahre alt und besitzt bereits knapp 150 Gemälde, alle signiert mit Picasso, Juan Gris, Braque und Léger.

Da man ihn als kampfunfähig erachtet, wird er zum Geheimdienst der Royal Air Force abkommandiert. Dann wird er in die berühmte Gruppe der Monuments Men eingegliedert, den Kunstschutzoffizieren, damit beauftragt, Ermittlungen hinsichtlich der von den Nazis geplünderten Kunstwerke durchzuführen. Er zeichnet sich dort durch sein Fachwissen über Malerei aus, seine guten Deutschkenntnisse und seinen Kampfgeist. Ihm verdankt man insbesondere die Verhaftung von Hitlers wichtigstem Kunsthändler.

Im Jahr 1951, dem Jahr des Adressheftes, nimmt er wieder Kontakt zu Dora Maar auf. Er ist eben ins Château de Castille gezogen, wenige Kilometer von der Pont du Gard entfernt. Eine barocke Schönheit, die er zufällig entdeckte, als er auf dem Weg nach Uzès war. Ich nehme denselben Weg und entdecke, genau wie er, inmitten von Kiefern ein paar zerfallene Säulen, die die untergehende Sonne golden erstrahlen lässt. Sie bilden eine Art zum Himmel hin offenen Tempel, sind eigenartig mitten auf dem Land platziert, von wo aus eine ebenfalls von Säulen gesäumte Allee abgeht, die zum Schloss führt.

Als Douglas Cooper das am Zaun angebrachte Schild »zu verkaufen« sieht, ist das Gebäude völlig heruntergekommen. Aber von einer Schönheit, zum Niederknien! Mit einer solchen Kulisse hätte Cocteau *Es war einmal – Die Schöne und das Biest* drehen können. Douglas entschließt sich, seine kubistische Sammlung dort auszustellen. Nach umfangreichen Renovierungsarbeiten lädt er alle Maler, Freunde und Bekannte ein, die gerade in der Gegend sind. Dora gehört dazu, schließlich ist Ménerbes nur 70 Kilometer von dort entfernt.

Da sie noch immer nur ein Moped besitzt, um sich fortzubewegen, muss sie entweder ein Taxi nehmen oder einen anderen Gast mit Auto finden. Ansonsten fahren immer Cooper und sein Freund John über den Fluss Durance, um mit ihr zu Mittag zu essen. Sie richtet es stets so ein, sie nicht zu sich ins Haus bitten zu müssen, als würde sie sich dafür schämen. Sie zieht es vor, sie in ein kleines Restaurant in dem wenige Kilometer entfernten Beaumettes einzuladen.

Cooper nennt sie scherzhaft seine »Nachbarin«. Von London aus betrachtet mag das zutreffen, man braucht nämlich über eine Stunde von Castille nach Ménerbes, selbst wenn man so schnell wie er über die Straßen des Luberon fährt.

Häufig sagt er: »Ich mag Dora sehr gern«, und gibt vor, sich Sorgen um sie zu machen. »Schrecklich einsam muss sie sein. Sie tut mir leid. Arme Dora, sie hat nur Picassos Geist und Gott, die ihr in dieser finsteren Zeit Gesellschaft leisten ...«[82] Bestimmt steckt ein Teil ehrlicher Anteilnahme in seinen Worten oder eine Faszination für das kunstgeschichtliche Denkmal, das sie repräsentiert, doch Cooper interessiert sich vor allem für ihre Picassos, von denen sie hin und wieder einen verkauft, um ihre Rechnungen zu begleichen. 1954 während eines Empfangs bei Chagall macht er ihr sogar öffentlich eine Szene, weil sie dem Händler Kahnweiler ein paar Zeichnungen überlassen hat, ohne vorher mit ihm darüber zu sprechen ... Sicher lässt sie sich von dem Interesse, das er ihr entgegenbringt, nicht täuschen, aber sie nutzt die Situation auch aus. Er hat recht, sie ist allein und braucht Beziehungen, um ihre Gemälde bekannt zu machen.

Einer der denkwürdigsten Abende im Château de Castille spielt sich im Juni 1954 ab. Ein so verrücktes Abendessen, dass mindestens drei von zehn geladenen Gästen in ihren Tagebüchern oder Memoiren davon erzählen, und die Berichte stimmen überein. Dora ruft als Erste bei Cooper an, um zu fragen, ob sie für eine Nacht im Château de Castille Halt machen können. Sie ist mit James Lord unterwegs, einem jungen amerikanischen homosexuellen Schriftsteller, für den sie seit ein paar Monaten schwärmt. Sie reisen mit dem Auto nach Paris und haben vor, gleich am nächsten Morgen weiterzufahren, um bei Balthus im Departement Nièvre Halt zu machen. Aber natürlich!, sagt Cooper. Picasso, der davon erfährt, richtet es so ein, ebenfalls eingeladen zu werden. Er wird jedoch vorgewarnt, dass Dora da sein würde. Er soll sogar gesagt haben: »Umso besser! Ich habe sie schon seit Ewigkeiten nicht mehr gesehen. Sagen Sie ihr vor allen Dingen nichts! Das wird eine hübsche Überraschung.«[83]

Eine Überraschung, ja, zweifelsohne. Dora schnappt nach Luft, als sie den Hispano-Suiza vor dem Schloss entdeckt. Doch sie nimmt sich zusammen. Ihm nur ja nicht das Vergnügen bereiten, aufgewühlt zu erscheinen! »Er ist meinethalben gekommen«, flüstert sie ihrem Freund zu. Sie weiß nicht, dass Françoise ihn soeben verlassen hat … Picasso lebt allein, ohne Frau, zum ersten Mal seit über fünfzig Jahren. Der Platz ist frei, kann vielleicht wieder eingenommen werden …

Picasso hat sich auf dieses Aufeinandertreffen vorbereitet wie ein Boxer, ehe er in den Ring steigt: Er drückt den Rücken durch und nimmt einen tiefen Atemzug. Dann tritt er als Erster nach vorn. »Dora, mein Liebes, was für eine Überraschung, dich hier zu treffen! Ich hatte ja keine Ahnung!« Daraufhin küsst der

Lügner seine ehemalige Geliebte auf den Mund, ehe er lachend das unwahrscheinliche Paar in Augenschein nimmt, das sie mit ihrem homosexuellen Freund abgibt: »Dann seid ihr also … verheiratet?« »Nein, nur verlobt«, antwortet sie gefasst.

Während des gesamten Abendessens überschüttet Picasso Dora mit »mein Liebes« und lässt nicht von dem jungen Amerikaner ab: Er nennt ihn »mein kleiner Lord«, macht sich über sein zu hohes Lachen lustig, widerspricht ihm oder durchbohrt ihn mit Blicken. Der Hausherr ist begeistert: Douglas Cooper ist sehr eifersüchtig auf den Platz, den der Lord in Doras Leben einnimmt. Grundsätzlich geht er davon aus, dass seine Freunde nicht das Recht haben, einander mehr zu lieben, als sie ihn lieben.

Nach dem Abendessen wird die Unterhaltung im Salon weitergeführt. Man redet über Malerei, Literatur … Mit einem Mal erhebt sich der Maler und bittet Dora, ihm zu folgen. Er habe ihr, so sagt er, etwas sehr Persönliches, sehr Vertrauliches mitzuteilen, das kein anderer hören solle. Er schleppt sie in eine Ecke des Salons, hält sie an der Schulter fest. Die anderen schweigen. Wie Dora stellen auch sie sich vor, dass er sie bitten wird, zu ihm zurückzukommen … Doch in der anderen Ecke des Salons angekommen macht Picasso unvermutet kehrt und lässt Dora allein in der Ecke stehen. Selbst Douglas fehlen die Worte! Einen Moment bleibt sie dort, ohne so recht zu verstehen, dann kommt sie zurück, setzt sich wieder, ebenso gedemütigt, als hätte man ihr eine schallende Ohrfeige verpasst.

Diese Szene wird für gewöhnlich als sadistische Absicht des Malers interpretiert, seine Ex-Geliebte in aller Öffentlichkeit bloßzustellen. Lange Zeit ist es mir nicht gelungen, das zu glauben … Mir erschien die Situation viel mehr lächerlich als grausam. Weshalb dieses Theater? Manchmal jedoch wird Picasso von einer Grausamkeit angetrieben, deren Sinn sich dem gewöhnlichen Sterblichen entzieht. Sein einziges Ziel hierbei besteht darin, sie in die Knie zu zwingen, zu zeigen, dass sie noch immer ihm gehört … Und er bekommt nicht genug. Am Ende des Abends richtet er sich abermals an sie: »Dann macht ihr also einen weiteren Stopp bei Balthus? Klingt ganz amüsant, warum fahren wir nicht zusammen dorthin?« Widerwillig sagt Dora »warum nicht?«, doch sie bleibt misstrauisch. Wo liegt dieses Mal die Falle? Er bietet an, sie zu begleiten; sie würde so viel bequemer im Hispano-Suiza reisen als in dem winzigen Auto dieses Amerikaners. James Lord könnte ihnen mit dem Gepäck einfach nachfahren. Vermutlich hat sie einen winzigen Moment lang gezögert … Aber dann, zum ersten Mal in ihrem Leben, schlägt sie ihm etwas aus. Wütend reist Picasso unverzüglich ab und fährt mitten in der Nacht zu sich nach Vallauris. Sie sehen sich niemals wieder.

Sie wird jedoch wieder zum Abendessen zu Cooper kommen, über den sie allerdings nur Schlechtes zu sagen weiß: »Er sei hinterhältig und mache sich ein schamloses Vergnügen daraus, seine zahlreichen Feinde lächerlich zu machen, manchmal sogar seine«.[84] James Lord schwört sie, dass sie »nicht im Traum daran denke, sich ihm auszuliefern, indem sie ihn um einen Gefallen bitte«. Liebe Dora, wie sagt man so schön, sag niemals nie! Drei Jahre später bittet sie ihn, das Vorwort für ihren Ausstellungskatalog in der Galerie Berggruen zu schreiben … Es wird ein eigenartiges Vorwort, dem man anmerkt, dass er sich zwingt: »Du musst schon selbst wissen, weshalb du gedacht hast, deine Gemälde müssten der Öffentlichkeit ›präsentiert‹ werden oder weshalb deine Wahl auf mich gefallen ist …« Man kann sich regelrecht vorstellen, wie er seufzt. Sie ist nicht auf seinem Niveau … Sobald er angefangen hat, wird er etwas enthusiastischer:

»Diese Ausstellung markiert das Ende eines langen Zeitraumes, in dem du dich zum Arbeiten in deinem Atelier eingeschlossen hattest, allein und mit einer seltenen Leidenschaft … Das Öffnen der Türen ist wie das Entfalten eines Schmetterlings. Du bist nicht mehr dieselbe … So viele Fortschritte …« Dann kann ihn nichts mehr bremsen: Er endet damit, ihre Landschaften mit denen von Courbet oder Turner zu vergleichen. Bestimmt fühlt sie sich geschmeichelt. Aber sie ist zugleich zu intelligent und zu paranoid, um dieses Geschwafel zu glauben. Sie weiß, dass er wie alle Galeristen ist, die sie nur deshalb ausstellen, um sie zu besänftigen: Was er wirklich will, sind ihre Picassos! Sie ist durchtriebener, als alle annehmen. Sie werden nichts bekommen oder fast nichts.

Douglas Cooper stirbt 1984, aber derjenige, der während all dieser Jahre im Château de Castille sein Lebensgefährte war, lebt zu diesem Zeitpunkt noch immer in New York: John Richardson ist der bedeutendste Biograf von Picasso und hat eine Fülle Informationen über ihn in mehreren Bänden veröffentlicht. Eine Freundin hat den Kontakt hergestellt. Und schon werde ich zu ihm eingeladen!

Ich wage es kaum, vor den Meisterwerken stehen zu bleiben, mit denen die Wände vollhängen … Ich erinnere mich nur noch an den ersten Picasso, gleich beim Aussteigen aus dem Aufzug: eine Frau mit halblangen Haaren, die auf diesem berühmten Stuhl sitzt, auf dem er Dora so oft hat Platz nehmen lassen. Nachzufragen, ob es sich dabei um sie handelt, würde bedeuten das Risiko eingehen, es dementiert zu bekommen. Ich stelle mir lieber vor, hier von Dora Maar empfangen worden zu sein.

John Richardson war ein sehr gut aussehender junger Mann, und er ist immer noch ein eleganter älterer Herr, entzückend und mit wachem Geist. Es ist, als würden ihn all die Jahre, die auf seinen Schultern lasten, nur zu einem etwas gebeugteren Gang zwingen.

Dieses kleines Adressheft macht ihn neugierig. Vermutlich hat er einem Treffen mit mir nur zugestimmt, um es zu sehen. Langsam blättert er die Seiten um und hält es sich dicht vors Gesicht. Er erkennt all seine Freunde und hat für jeden von ihnen ein nettes Wort, ein Detail, einen zusätzlichen Hinweis, eine Anekdote. Auf Französisch, auf Englisch und manchmal, wie das bei den Erinnerungen so ist, vermischen sich die beiden Sprachen …

»Ich mochte Dora, aber sie war so *black*. Manchmal ganz nett, aber häufig bitter, traurig, unglücklich … Sie kleidete sich wie eine Bürgerliche, wollte dem Bild einer respektablen Frau entsprechen … Doch als sie älter wurde, nahm ihre Koketterie immer mehr ab …« Er erinnert sich wie alle anderen daran, dass sie sonntags immer in die Kirche ging, »*very religious, religious maniac* sogar … Sie hatte Douglas und mich gezwungen, zur Beichte zu gehen, sie war regelrecht besessen davon. Man wusste nie, womit bei ihr als Nächstes zu rechnen war. Ihre Besessenheit konnte sich urplötzlich etwas ganz anderem zuwenden … Ihr Leben war ein beständiges Hin und Her. *She became right wing, you know?* Dabei hatte sie sich so sehr für die Linke engagiert …« Ging es vielleicht sogar so weit, dass sie zu einer Antisemitin wurde?

John Richardson bedauert, sie nie gefragt zu haben, warum sie eine Ausgabe von *Mein Kampf* besaß. »Vielleicht aus reiner Provokation, vermutlich aber war ihre Krankheit daran schuld …«

Krank … Das ist ein Pflaster, das die gut erzogenen Menschen den Begriffen verstört, verrückt oder gar wahnsinnig vorziehen … Doch der Wahnsinn ist keine Krankheit, die man sich einfängt. Eine Krankheit, die kann man sich »einfangen«, nicht aber den Wahnsinn, den »fängt man sich nicht mal eben ein«! Er befällt einen, man driftet in ihn ab oder versinkt darin … Manchmal nur für kurze Augenblicke. Woher soll man wissen, wann das Abgleiten einsetzt? Das Gedicht von Louis Chavance erwähnt ab 1935 eine »wahnsinnige Verrückte«, eine »aufbrausende Jähzornige«. Picasso behauptet zudem, dass sie bereits verstört gewesen sei, ehe sie ihn kennenlernte. Er spricht sich von jeglicher Verantwortung frei, beschuldigt die Surrealisten, ihr die wahnsinnigen Ideen in den Kopf gesetzt zu haben. Zum Beweis führt er die Szene im Les Deux Magots an, als sie für ihn mit ihrem Messer spielt und sich ritzt, vergisst dabei ganz nebenbei, dass er sie damals vor allem »überaus erregend« fand.

»Sie werden nichts von Dora verstehen, wenn Sie ihren tief verwurzelten Masochismus nicht verstehen«, warnt mich John Richardson vor. »Sie war zur Sklavin von Picasso geworden, der keine wahrhafte Liebesbeziehung mit ihr hatte … Die Art, wie sie funktionierten, hatte etwas Sadomasochistisches. Er bestrafte sie. Und er genoss es, sie zu bestrafen.« Und sie vermutlich auch.

Er erinnert sich auch an den Tag, an dem Picasso ihn mit Douglas Cooper zu Dora schickt, um ein Skizzenheft zu holen, das er veröffentlichen will. Eigenartigerweise bricht sie in Tränen aus, als Douglas sie darum bittet, und verlegen drängen die beiden Männer nicht weiter darauf. Picasso hingegen wird fuchsteufelswild, als er erfährt, dass sie nicht gehorcht hatte, und ruft seine Ex-Geliebte in ihrem Beisein an. Die beiden Boten gehen zurück zu Dora. Das Skizzenheft liegt auf dem Arbeitstisch … Anscheinend handelt es sich dabei nur um eine Art Comicheft, in dem aufgezeichnet ist, wie der Postbote Cheval dem Palais einen Besuch abstattet. Je mehr Seiten sie umblättern, umso blasser und aufgeregter wird Dora. Der Grund dafür geht ihnen auf, als sie die letzten Zeichnungen entdecken, auf denen sie in fast schon pornografischen Posen abgebildet ist. »Dieses Monster, wie kann er mich so quälen?«, hat sie sie schluchzend gefragt ... »Und, hat sie geflennt?«, hat Picasso sie später gefragt.

Von diesem Skizzenheft, das letztlich niemals veröffentlicht wurde, sind nur noch zwei Seiten vorhanden. Ehe sie starb, muss sie dafür gesorgt haben, die anderen verschwinden zu lassen.

»Frauen sind Leidensmaschinen«, sagte Picasso zu Malraux. »Dora war für mich immer die weinende Frau. Sie war immer schon eine kafkaeske Person.«

Picasso
Trinquetaille
Arles

Picasso hat niemals in Arles gelebt. Wenn er zu den Ferias kam, stieg er im Hotel ab. Sein Name ist im Adressheft von Dora Maar nicht aufgeführt. Und doch habe ich heute Abend einen Termin mit M. Picasso im Viertel von Trinquetaille ... und zwar mit Claude Picasso! Der Sohn des Malers ist zu Besuch in Arles. Eine Freundin, die ihn seit vielen Jahren kennt, hat mich gefragt, ob ich mich ihnen anschließen wolle. Ein Abendessen ohne viele Umstände, in einer Gartenlaube, während die Kinder im Garten spielen, ohne dass jemand um den Erben herumscharwenzeln und um eine Ausstellung bitten oder sich eine offizielle Beglaubigung erbeten kann. Nur das Adressheft von Dora steckt in meiner Handtasche ...

Der Blick packt einen als Erstes. Dieselben großen schwarzen Augen, weit aufgerissen, die einen intensiv anstarren. Dieselbe unbeschreibliche Melancholie. Allerdings findet sich beim Sohn eine Sanftheit, die sich auf den Fotos des Vaters niemals erkennen lässt. Sobald er lächelt, erstrahlt sein Gesicht mit einer schon fast kindlichen Freude: Man hat das Kindergesicht des kleinen Jungen vor Augen, den das Frankreich der Fünfzigerjahre in

Paris-Match aufwachsen sah, und das bezaubernde Lächeln seiner Mutter, Françoise Gilot. Dieses Lächeln hatte sie beim Zusammenleben mit Picasso verloren. Wiedergefunden hat sie es, als sie ihn verließ, und sie hat es beibehalten, auch noch als verschmitzte und strahlende ältere Dame.

Beim Flanieren durch die Straßen von Arles hat Claude am Nachmittag ein sehr schönes Foto von ihr entdeckt, das auf die Mauern der Stadt plakatiert war. Er hat sich daneben ablichten lassen, wie ein kleiner Junge, den seine Mama noch immer bezaubert. Natürlich lächelnd ...

Meine Freundin Annie hat ihm bereits von meinem Adressheft erzählt. Bei seiner Frau scheint die Neugier größer zu sein. Er blättert es ernst durch, schweigend, ehe er nach ein paar Minuten und ein paar Seiten verlauten lässt: »Das ist unglaublich ... Ich habe sie alle gekannt!«

Im Jahr 1951, dem Jahr des Adressheftes, ist Claude erst vier Jahre alt, er lebt zusammen mit seiner Mutter Françoise, seinem Vater Pablo Picasso und seiner Schwester Paloma in Vallauris. Sie wohnen dort in einem kleinen Haus ohne besonderen Charme, unweit des Meeres, inmitten von trockenem Gras ... Es heißt la Galloise ... Freunde sind häufig erstaunt darüber, dass der große Picasso sich mit einer so bescheidenen Bleibe zufriedengibt.

Cocteau, Douglas, Cooper, Éluard, Leiris, Brassaï, Chagall, Dubois, Aragon, de Noailles ... »Mich überrascht sehr, dass sich ihre Welt nicht verändert hatte. Auch getrennt von meinem Vater hatte sie dieselben Freunde, sie traf sich mit genau denselben Leuten!«

Man kann sich eine gewisse Form des Vergnügens vorstellen, weiterhin in Picassos Orbit zu navigieren, zu wissen, was er tat, wo er war, mit wem ... Oder aber von ihm sprechen, hier und da

etwas durchsickern zu lassen, selbst noch ein wenig existieren …
Dann wiederum, warum hätte sie den Freundeskreis wechseln
sollen? Und wer sagt, dass sie sich wirklich mit ihnen traf? Manche, wie Éluard, sind vielleicht nur Telefonnummern, an denen
sie festhält, um an einer Erinnerung festzuhalten.

Der Name André Marchand ruft bei Claude Picasso hingegen
keine Erinnerung wach. Er verspricht, seine Mutter danach zu
befragen.

Die offensichtlichste Frage stelle ich ihm erst nach einer
Stunde. Die Logik hätte eigentlich verlangt, dass ich mit ihr an-
fange: »Kannten Sie Dora?« Ich war mir so sicher, dass er mit
Nein antworten würde … Wie hätte der Sohn von Françoise auch
mit der offiziellen Geliebten vor seiner Mutter Kontakt haben
sollen? In seinem Buch behauptet James Lord sogar, dass »Dora
zu stolz war, um Claude persönlich anzusprechen […]; er war
schließlich das lebende Symbol ihrer Demütigung und Qual«.[85]

Doch mit sanfter Stimme flüstert er ein »Ja« … Ein Ja als wäre
es eine Selbstverständlichkeit … Aber wie das, Ja? »Ja, 1977.«
1977? »Ja, vier Jahre nach dem Tod von Picasso. Sie hat mich
angerufen, mich gebeten, zu ihr zu kommen, und ich bin zu ihr
gegangen …«

Ich stelle mir vor, wie bewegt er gewesen sein muss, eine der
Frauen kennengelernt zu haben, die im Leben und Werk seines
Vaters am meisten gezählt hatte. Ein Vater, von dem er als Teenager brutal getrennt wurde: Nach dem Erscheinen des Buches
von Françoise Gilot, in dem sie ihr Leben mit ihm erzählt, rächt
sich Picasso, indem er sich weigert, seine Kinder zu sehen. »Das
hättest du verhindern sollen!«, wirft der erzürnte Maler seinem
Sohn vor. Sie werden sich nie wieder sehen … Zumindest teilen
Dora und Claude dasselbe Schicksal, sie wurden beide verstoßen, jeder auf seine Weise.

Sie ist siebzig. Sie passt nicht mehr in ihre alten Kostüme von Balenciaga, hat sich aber bestimmt Mühe gegeben, um vorteilhaft auszusehen, hat sich frisiert und geschminkt. Vermutlich ist ihr etwas bang.

»Nein, ganz und gar nicht«, teilt mir Claude Picassos mit. »Sie hat sich auch nicht sonderlich für mich interessiert ...« Ich muss aufhören, dieser Frau Gefühlsregungen anzudichten, wie ich sie gehabt haben könnte. »Sie hat sich nur für die wirtschaftliche Seite, für den Marktwert ihrer Picasso interessiert. Ich denke, dass sie sich mit mir ein bisschen so verhalten hat wie mit meinem Vater, immer fordernd!«

Dennoch ist er mehrfach in die Rue de Savoie zurückgekehrt. Immer dieselben Fragen, immer dieselbe Besessenheit. Sie hielt sich bestens informiert über alle Picasso, die bei Auktionen verkauft wurden, behielt die Kataloge, notierte sich die Versteigerungspreise. Ob er sie als »krank« wahrgenommen habe? »Nein, nicht als verrückt, aber auch nicht als sonderlich ausgeglichen. Einzig besessen vom Verkaufswert der Gemälde.« Und sehr geheimnisvoll, sehr undurchschaubar, sie misstraute allem: Erst nach ihrem Tod, zwanzig Jahre später, entdeckt er erstaunt, wie viele Gemälde sie besaß.

Bis zu ihrem Tod schickt er ihr Blumen zum Geburtstag. Jedes Jahr am 22. November, fast zwanzig Jahre lang ...

Anchorena
53 avenue Foch
Kle 4682

Das ist der allererste Name, den sie in ihr Adressheft schreibt. Ich hätte mit ihm anfangen können. Da er jedoch zum Teil durch einen schwarzen Tintenfleck verdeckt ist, ist er unleserlich. Ich habe Monate damit zugebracht, diese Buchstaben mit der Lupe zu erforschen, habe die Seite allen möglichen Spezialisten vorgelegt und gleichzeitig versucht herauszufinden, wer in der Avenue Foch Nummer 53 gelebt haben könnte.

Letztlich entziffert ein Betriebsarzt aus Chalon-sur-Saône, zudem leidenschaftlicher Biograf des surrealistischen Malers Lucien Coutaud[86], den Namen auf den ersten Blick als Anchorena.

Marcelo und Hortensia Anchorena sind argentinische Milliardäre, Erben einer großen Familie, die mehrere tausend Hektar Land in der Pampa besitzt. In Paris bewohnen sie die letzte Etage dieses Art-déco-Gebäudes in der Avenue Foch. Sie sind überaus reich, exzentrisch, wahnsinnig versnobt und bilden sich etwas darauf ein, dass bei ihnen nur die Dichter, Schriftsteller und Künstler der Avantgarde verkehren.

Abgesehen von den Gemälden, die ihre Wände pflastern,

sammeln sie die Briefe und Widmungen dieser Stars, die sie als Dank für ihre Gefälligkeiten erhalten, als wären es Schätze.

Die Inneneinrichtung ihres Duplex-Appartements haben sie den größten Künstlern jener Zeit überlassen: Braque, de Chirico, Jean Hugo und Lucien Coutaud haben jeweils eine Tür bemalt. Picasso hat versprochen, die Badezimmertür zu übernehmen, doch letztlich hat sie sein Atelier niemals verlassen. Und Cocteau, der auf die gesamte Baustelle gehofft hatte, begnügt sich damit, einen kleinen schiefergrauen Flügel, in dem sich ein Plattenspieler befindet, mit Kreide zu bemalen.

Der Dichter ist einer der Pfeiler der Mittagessen bei den Anchorena. Er verkehrt dort mit Braque, Picasso, manchmal Éluard und natürlich mit Dora Maar, der es gefällt, sich mit den Hausherren auf Spanisch über ihre Kindheitserinnerungen aus Argentinien austauschen zu können …

Während der Besatzung kommt diese feine Gesellschaft aber vor allem zum Essen zusammen! Von den Kellnern in Jackett und den Dienern in Livree wird alles im Überfluss aufgetragen. »So viele Angestellte! So viel zu Essen! So viel Eis zum Ansehen und Genießen!«, schreibt Cocteau, der manchmal befindet, »das Mittagessen würde mit zu viel Soße serviert«.[87] Zu jener Zeit der Rationierung ist er wohl der Einzige, der sich darüber beschwert.

Auch verdirbt die Bibliothek, »in der eine Ausgabe von *Mein Kampf* unter dem Porträt des Reichskanzlers Hitler auffällt«[88], niemandem den Appetit. Noch so eine Verschrobenheit der Argentinier! Sie erachten den Führer als größten Mann des Jahrhunderts. Und wenn schon, Hauptsache die Geladenen sind fröhlich und der Champagner kühl! Die Anchorena wurden sogar zur Gedenkfeier von Max Jacob eingeladen. Sie sind mit einem riesigen Schokokuchen gekommen … Da sagt man doch nicht Nein …

Picasso ist der Einzige, der laut verkündet, dass er sie verabscheut. Das hindert ihn jedoch nicht daran, zum Mittagessen zu kommen. Für gewöhnlich zieht Cocteau bis mindestens sechs Uhr abends seine Show ab. Und solange Dora da ist, applaudiert Picasso die alten Geschichten bis zum Abwinken, obwohl er sie schon alle auswendig kennt. Man lacht viel bei den Anchorena. Claude Arnaud, der Biograf von Cocteau, erkennt darin »eine Art Hitler-Dalinismus, der von de Chirico überarbeitet wurde«[89], eine unglückliche Kreuzung eines dekadenten Surrealismus und eines weltgewandten Nazismus.

Vor allen Dingen sehe ich da aber Dora, die sich inmitten dieser Menschen verliert. Sie verliert sich, zumindest begräbt sie jedenfalls die »Pasionaria«, die vor dem Krieg wie Jacqueline Lamba, Breton, Prévert und die Surrealisten dachte. Es geht jetzt nicht mehr um Revolution, noch nicht einmal mehr um Widerstand. Sie kämpft nur noch um ihr eigenes Überleben. Aus Angst, festgenommen, deportiert oder von Picasso verlassen zu werden.

Vielleicht bin ich hier aber auch auf dem Holzweg: Vielleicht verliert sie sich nicht, sondern sie findet sich. Als Tochter eines faschistoiden Kroaten und einer Betschwester gibt sich Dora Maar vor dem Krieg vielleicht nur deshalb revolutionären Neigungen hin, um sich mit ihrer Epoche zu verbinden und der Mode zu folgen.

Nach der Befreiung, als es ihr etwas besser geht, fängt sie an, wieder auszugehen, insbesondere zu Marcelo und Hortensia. Bei ihren großen Empfängen trifft man manchmal auf den Maler Vlaminck, der als Kollaborateur enttarnt wurde, oder den Herzog und die Herzogin von Windsor, die als Nazi-Sympathisanten bekannt sind. Ohne Picasso führt Dora lange Gespräche mit Hortensia, die eine fromme Katholikin ist. Sie tauschen sich über mystische Lehren und die besten Adressen der Beichtväter in Paris aus.

1951 notiert Dora die Anchorena noch als Erste in ihrem Adressheft. Doch nach gerade mal vier Buchstaben löst sich ein schwarzer Tintenklecks aus der neuen Feder und verunstaltet die weiße Seite. Da sie den Tintenfleck nicht auslöschen kann, versucht sie, ihn zu maskieren, indem sie das O von AnchOrena größer macht.

Der eigentliche Fleck befindet sich jedoch an anderer Stelle: in diesen unwürdigen Beziehungen und den obszönen Beiläufigkeiten, in diesem salonfähigen Nazismus und den faulen, ernährungsbedingten Kompromissen, in Hitler und *Mein Kampf,* auf die mit Champagner angestoßen wurde.

Étienne Perier
573 avenue Louise
Bruxelles

Ich bin nicht davon ausgegangen, dass einer der Freunde aus dem Adressheft noch am Leben sein könnte. Sie schienen so fern, Geister und Legenden eines anderen Jahrhunderts und einer anderen Epoche.

Als ich jedoch ein Gesicht und eine Geschichte zum Namen von Étienne Périer ausfindig mache, muss ich mir eingestehen, dass ich nirgendwo ein Todesdatum dazu finde. Geboren wurde er 1931 in Brüssel. Er ist Belgier. Er war Filmregisseur und hat mit Piccoli, Serrault, Lea Massari, Michel Bouquet, Anthony Hopkins, Danielle Darrieux, Charlotte Rampling etc. gearbeitet. Ich erinnere mich an einen seiner Filme, *Mord in einem hübschen Dorf ...* Darin spielt Jean Carmet einen Haftrichter, der im Frankreich unter Giscard d'Estaing das Verschwinden der Frau des angesehenen Mannes Victor Lanoux untersucht. Es ist Étienne Périers letzter Spielfilm fürs Kino. Danach hat er nur noch für das belgische Fernsehen gedreht, und seit fünfzehn Jahren dreht er gar nicht mehr. In solchem Maße, dass weder die Produzenten noch die Kritiker, an die ich mich wende, seine Kontaktdaten haben.

Es war einfacher, das Haus in Brüssel zu finden, dessen Adresse in Doras Adressheft steht. Es heißt ganz einfach »Maison Périer«. Es ist ein wunderschönes, modernes Stadthaus aus roten Backsteinen mit schwarzen schmiedeeisernen Elementen, der Eingang ist integriert in eine Art Zylinder. Der Vater des Filmemachers ließ es 1928 erbauen: Gilbert Périer, Präsident von Sabena, einer belgischen Fluggesellschaft, Kunstliebhaber, Sammler, unersättlicher Leser und Hobbymaler. Er empfing die größten Künstler jener Zeit bei sich zu Hause. Er besaß Gemälde von Picasso, Magritte, Max Ernst oder Zadkine ...

Étienne Périer ist also zwischen all diesen Kunstwerken aufgewachsen und hat all diese Maler getroffen. Da er 24 Jahre jünger als Dora ist, kann man sich durchaus vorstellen, dass sie sich kennengelernt haben ... Aber wie soll ich das nachprüfen? Mit seinen 85 Jahren ist der Filmemacher inzwischen vielleicht krank, verliert sich in einer Art Nebel, in den die Erinnerung sich manchmal flüchtet ... Mein Vater ist vor wenigen Wochen in genau demselben Alter verstorben. Ich fürchte, ich könnte zu lange gewartet haben, um zu hoffen, den letzten Überlebenden des Adressheftes zu finden.

Doch meine Sorge ist unbegründet. Étienne Périer hat sich in ein noch hübscheres Dorf als das seines letzten Filmes zurückgezogen, am Fuße des Massif des Maures, Fluglinie nur wenige Kilometer vom Mittelmeer entfernt. Er geht selbst ans Telefon. Heiter, begeistert, amüsiert. Wenn man ihm zuhört, dann wäre das Adressheft ein idealer Ausgangspunkt für ein Drehbuch. In wenigen Sekunden strickt er mir das Abenteuer eines jungen Mannes, der sich, nachdem das Adressheft bei ihm gelandet ist, eines Abends in Paris auf die Suche nach dessen Besitzerin macht. »Ja, aber ich bin kein junger Mann, und ich will mir nichts ausdenken!« »Da haben Sie aber unrecht, Mademoiselle, das wäre ganz hervorragend«, drängt er lächelnd, der alte Filme-macher, der die Szenen bereits vor seinem geistigen Auge sieht.

Jedem Tierchen sein Pläsierchen, ich jedoch will einfach nur wissen, was er im Leben und im Adressheft von Dora Maar macht. Zum Glück erinnert sich Étienne Périer: Er hat sie 1950 in Saint-Tropez bei Nadine Effront, einer Freundin der Familie, kennengelernt.

Effront … Auch dieser Name steht im Adressheft … »55, Drève des Gendarmes, Uccle, Bruxelles, Tel: 432724« … Ich weiß nur, dass sie Belgierin und Bildhauerin war.

Juli 1950: Étienne ist 18 Jahre alt. Zum größten Leidwesen sei-nes Vaters will er sein Jurastudium abbrechen, um im Kino zu arbeiten. Er fährt die Nationale 7 in einem alten Auto gen Süden.

Ehe Dora eintrifft, warnt Nadine Effront ihn vor: »Das ist *die weinende Frau*, weißt du! Die arme Dora ist von Picasso verlas-sen worden.« Was für ein Tick, immer »die Arme« hinzuzufü-gen, wenn sie von ihr sprechen! »Ich nehme sie hier auf, weil sie sonst niemanden in Saint-Tropez hat. Du wirst schon sehen, sie ist eigenartig …« Étienne behält tatsächlich das Bild einer eigen-artigen Frau von ihr zurück, die an Stimmungsschwankungen leidet, mal voller Überschwang ist, dann wieder in melancholi-sche Phasen eintaucht. Eine alterslose Frau, die niemals an den Strand geht, im Haus bleibt und liest oder sich mit Nadine auf der Terrasse unterhält. Sie interessiert sich wenig für andere, ist sehr egozentrisch, dann wieder zeigt sie sich an manchen Tagen »charmant und säuselnd«. Vor allem, als sie entdeckt, dass Étienne über die Fähigkeiten eines Hypnotiseurs verfügt. Der Vater eines Freundes, ein sehr ernsthafter Arzt, hat ihm diese Methode beigebracht. Nach dem Abendessen verlangt Nadine hin und wieder eine Sitzung von ihm, wie man ein Kind um ein Lied oder ein Gedicht bittet. Die Erfahrung erweist sich immer als voller Erfolg bei den Gästen. Eingelullt von der Stimme des jungen Étienne lässt sich die Testperson sehr schnell fallen und beantwortet dann ganz mechanisch ein paar einfache Fragen, deren Antwort nur sie kennt: »Was haben Sie am Tag Ihrer Kommunion getragen? Wie heißt ihre Großmutter?« Étienne macht sich Notizen, als nachfolgenden Beweis für den Bewusstseinszustand, in den er den Schläfer versetzt.

Für Dora ist das keine Entdeckung. Mit Bataille und den Surrealisten hat sie den hypnotischen Zustand häufig praktiziert, war fasziniert vom Automatischen Schreiben oder Zeichnen, die aus diesem Kontrollverlust entstehen konnten. Inzwischen kommt es jedoch nicht mehr in Frage, sich so fallenzulassen, vor allem nicht mit diesem Jungen, und sich auf das Risiko einzulassen, den Fragen nicht widerstehen zu können.

Sie lässt sich nicht verschaukeln. Sie weiß, dass sie eingeladen wird, weil sie eine lebende Legende der Kunst der Moderne ist, und dass man sie immer als »Die weinende Frau« präsentiert. Bestimmt weiß sie auch, dass man sie »die Arme« nennt und dass man den anderen Gästen verbietet, Picasso zu erwähnen. Sind sie so dumm, halten sie sie wirklich für so naiv? Sie spielt damit, amüsiert sich über ihre Neugier und ihre Befangenheit. Also spricht sie über Picasso, wann immer ihr der Sinn danach steht. Nur selten spricht sie schlecht über ihn. Es geht eher darum, Erinnerungen wachzurufen, wenn ihr gerade etwas einfällt. Auf dem Weg zum Meer kann sie unvermittelt davon anfangen, wie der Maler sie im August 1936 an genau diesem Ort entführt hat. »Ich war bei einer Freundin, in diesem Haus da hinten, hinter den Weinstöcken. Er ist mit Éluard aufgekreuzt, hat mich erst mit sich geschleppt, weit hinter das Cap des Salins ... Nachdem wir wieder zurück waren, bin ich mit ihm nach Mougins weitergefahren ...« Sie wäre ihm bis ans Ende der Welt gefolgt.

Mit einem gewissen Talent gelingt es ihr, sich bedauern zu lassen, ohne dass sie sich jemals beklagt. Étienne Périer glaubt, dass sie sich an ihrem ehemaligen Geliebten rächt, indem sie die Mittellose spielt und wortlos nahelegt, dass das »Monster« sie in der Misere leben lässt. »Die Arme …« Dabei würde ihr ein einziger der Picassos, die sie unter ihrem Bett aufbewahrt, erlauben, das schönste Haus auf der Halbinsel zu erstehen. Vielleicht ist sie deshalb hergekommen … Um sich auf ihre Art zu rächen … Oder um diesen Strand zu sehen, an dem sie so glücklich war. Étienne glaubt, sie nur an zwei aufeinanderfolgenden Jahren bei Nadine getroffen zu haben, er ist sogar überrascht, das sein Name in ihrem Adressheft steht.

Tatsächlich könnte man sich fragen, warum sie sich die Adresse eines jungen Studenten notiert, den sie kaum kennt. Der alte Herr bricht wie ein Kind in schallendes Lachen aus: »Es ist nicht das, was sie sich darunter vorstellen!« Aber nein, ich stelle mir nie etwas vor … und ganz bestimmt nicht eine so unwahrscheinliche Verbindung! Ich würde eher vermuten, dass sie sich über Étienne Zugang zu dessen Vater verschaffen wollte, der ein reicher Sammler war und sich für den Surrealismus begeisterte. Selbst wenn ich mir ein erstaunlicheres Szenario hätte erstellen wollen, nie wäre ich in der Lage gewesen, mir eine so unwahrscheinliche Geschichte auszudenken, wie die, die Étienne tatsächlich erlebt hat, vier Jahre bevor er Dora kennenlernte.

Er hat es mir nicht selbst erzählt, sondern eine alte Dame, die allein in Alpilles lebt, und die mir eine gemeinsame Freundin als Adoptivtochter von Nadine Effront vorgestellt hat … »Das ist unmöglich!«, sagt Étienne Périer am Telefon zu mir. »Nadine hat nie eine Adoptivtochter gehabt. Es sei denn, sie meint damit meine Schwester. Nach dem Tod unserer Mutter, da waren wir noch ganz jung, ist Nadine gewissermaßen zu einer zweiten

Mutter für uns geworden.« Tatsächlich ist Jeanne die Schwester von Étienne Périer. Und sie erzählt mir die Tragödie, die sie am 18. September 1946 an Bord eines Flugzeugs der Sabena, unterwegs von Brüssel nach New York, gemeinsam durchlebt haben. Étienne ist 15, seine Schwester Jeanne 17 Jahre alt. Sie sind unterwegs mit ihrer Mutter und ihrer älteren Schwester. An Bord des Flugzeugs werden die Kinder des Chefs wie Prinzen behandelt.

Dann plötzlich, wenige Kilometer von Neufundland entfernt, wo sie nachts ein letztes Mal auftanken müssen, verschwindet die Douglas Skymaster urplötzlich von den Radarschirmen. Die Erschütterung im Flugzeug ist schrecklich. Die Flügel brechen, als sie gegen die Baumwipfel stoßen, dann stürzt das Flugzeug auf eine Lichtung. Bestimmt wurde geschrien, Hände hielten sich krampfhaft fest, Gesichter waren vor Angst wie versteinert ... Jeanne erinnert sich nur noch daran, dass sie die Letzte ist, die lebend aus dem Wrack herauskommt. Ihre Mutter und ihre ältere Schwester stecken im Flugzeug fest: Sie werden niemals wissen, ob sie gleich tot waren, oder nur bewusstlos. Der blutüberströmte Étienne will zurück, will sie herausholen, aber ein Erwachsener hindert ihn daran. Das Flugzeug hat inzwischen Feuer gefangen ... Der Mann muss den Jungen gewaltsam festhalten, damit er nicht zurückgeht ... Zitternd entfernen sich die Überlebenden, die beiden Kinder starren unentwegt auf den brennenden Rumpf des Flugzeuges. Sie müssen zweieinhalb Tage warten, ehe Hilfe eintrifft. Von den 44 Passagieren und Besatzungsmitgliedern zählen die Rettungssanitäter 26 Tote, darunter Madame Périer und ihre älteste Tochter, und 18 Überlebende, darunter Étienne und seine Schwester Jeanne. Waisen, traumatisiert und wie durch ein Wunder am Leben.

Dieser erste bedeutsame Unfall der Zivilluftfahrt sorgt über mehrere Tage hinweg für große Schlagzeilen in der Presse weltweit. Es ist das erste Linienflugzeug, das mit so vielen Passagieren an Bord abstürzt. Vier Tage später, als Dora in Gesellschaft von Étienne in Saint-Tropez ist, kann sie nicht mehr ignorieren, was ihm widerfahren ist. Selbst wenn sie dieser Information in den Untiefen ihrer Depression entkommen ist, so hat Nadine ihr ganz bestimmt die grauenvolle Geschichte der Familie Périer erzählt. Und ihre Erschütterung damals war noch größer, als wir heute erschüttert wären.

Étienne hat sie als »weniger neugierig als die anderen und als egozentrisch« wahrgenommen, vielleicht ist Dora verlegen, ratlos oder verwirrt hinsichtlich dieses jungen Überlebenden. Was soll sie ihm sagen? Wie sich ihm nähern? Sie weiß, dass er zugesehen hat, wie seine Mutter starb, wie sie am Telefon zugehört hat, wie die ihre starb. Und er war genauso ohnmächtig gewesen wie sie. Besser als jeder andere kann sie erahnen, was er fühlt. Aber ein derart großer Kummer ist einschüchternd. Vor allem der eines Jugendlichen.

Étienne Périer ist also schon damals ein Überlebender, lange bevor er der letzte Überlebende von Doras Adressheft ist …

Effront
Drève des Gendarmes
Uccle

Nadine Effront hat nicht nur das Verdienst, Étienne und Dora Maar bei sich in Saint-Tropez aufgenommen zu haben. Mitten im 20. Jahrhundert ist sie eine anerkannte Bildhauerin, die in den Kreisen der Surrealisten und bei den angesagtesten Künstlern in Paris und Brüssel verkehrt. Wenn sie heute in Vergessenheit geraten ist, so werden ihre Werke noch immer bei Auktionen gehandelt: Bronzestatuen mit fließenden Formen, Tische aus geschmiedetem Eisen, Aluminium, Glas oder Malachit, seltener Schmuckstücke. Da ich kein Foto von ihr auftreiben konnte, versuche ich, ein Phantombild von ihr zu zeichnen, indem ich Daten, Wörter und Adjektive zusammentrage.

Sie ist 1901 geboren. Sie muss Dora Maar 1948 kennengelernt haben, als sie die Geliebte des surrealistischen Malers Óscar Domínguez wird, ein paar Jahre vor Marie Laure de Noailles: Er verliebt sich Hals über Kopf in sie, als er sie in Brüssel kennenlernt, so sehr, dass er seine Ehefrau umgehend verlässt … Vermutlich ist sie also sehr schön … Und ausreichend verrückt, um sich auf den schlechten Umgang dieses Aufschneiders mit den Boxer-, Trinker- und Rauferallüren einzulassen.

In einem Artikel auf Spanisch, der ihm gewidmet ist, wird Nadine Effront als »*culta, liberal y rica*«, also als kultiviert, unabhängig und reich bezeichnet ... Zur gleichen Zeit erwähnt der amerikanische Musiker Ned Rorem in seiner Pariser Zeitschrift »eine schlanke belgische Bildhauerin«. Durch schlank habe ich automatisch auf groß geschlossen ...

»Nein, gar nicht! Sie war eher klein und zierlich«, erinnert sich Étienne Périer. »Aber tatsächlich sehr schön, immer elegant, eine Erscheinung wie Coco Chanel, die sie im Übrigen sehr gut kannte.« Und er bestätigt »reich«: Ihr Vater, Chemiker und russischer Anarchist, vertrieben durch die Revolution, hat in Belgien sein Glück gemacht, wo er das Backpulver erfunden hat.

Sie wohnt in der 55, Drève des Gendarmes, im vornehmsten Vorort von Brüssel: Es ist mehr als nur ein Haus, eher ein Herrenhaus, umgeben von einem riesigen Park. Hier empfängt sie Domínguez, ehe sie seine Wutanfälle und Saufgelage leid wird. »Hat man Ihnen gesagt, dass sie sieben Ehemänner hatte?«, fragt Jeanne, die Schwester von Étienne Périer. Also Verführerin, launisch ... vielleicht eine Femme fatale ...

Nadine Effront ist spät Bildhauerin geworden, nach der Geburt ihrer Tochter, wie eine Bürgerliche, die nach einer Beschäftigung sucht ... Doch sie hat unverschämtes Glück und Beziehungen in die Welt der Kunst: Sehr schnell wird sie zu einer Schülerin von Braque. Als sie Dora Maar empfängt, lebt sie mit dem Sohn des Bildhauers Henri Laurens, einem anderen ihrer Meister, den Jeanne wie folgt beschreibt: »ebenso attraktiv wie ein amerikanischer Schauspieler«. Zusammen mieten sie jeden Sommer dieses Haus zwischen Kiefern und Weinstöcken, unweit des völlig naturbelassenen Strandes von Salins. Eine Epoche vor Bardot, ohne Jachten und Pools, als Saint-Tropez noch nicht das angesagte Saint-Trop ist. Hier versammeln sich die unkon-

ventionellen, reichen Künstler, die als Wegbereiter in allen Ge-
bieten fungieren, ohne großes Aufheben empfangen, und das
Ganze, und das ist der Gipfel des Chic, in einem Haus mit wild
zusammengewürfeltem Mobiliar. Sie kleiden sich in weiß-blau
gestreiften Shirts und tragen Espadrilles. Nadine kocht liebend
gern selbst für ihre wenigen Gäste und ihre Enkelkinder.

Sie mag eine Großmutter sein, aber von unglaublicher Freiheit und Verwegenheit. Jeanne Périer erinnert sich daran, sie
einen Sommer nach Italien begleitet zu haben, wo sie den Marmor in den Steinbrüchen von Carrara aussuchte. Nadine war
von einer Sache besessen: nur ja keine Bikini- oder sonstigen
Streifen vom Bräunen zurückbehalten. Sie behauptete, Männern
würde das gar nicht gefallen ... Also war sie mit ihrem roten
Kabrio oben ohne unterwegs, einen Schal von Hermès griffbe-
reit, um sich notfalls rasch zu bedecken. Bis ihr Auto inmitten
eines Trauerzuges in einem Dorf feststeckt. »Sie werden mir vermutlich nicht glauben, aber das ist die reine Wahrheit«, beharrt
die alte Dame. »Ich habe sie noch deutlich vor mir, wie sie ihren
Schal unter die Achseln klemmt. Was haben wir da gelacht.«

Dora geht nicht gern zum Strand von Saint-Tropez. Da sie seit
ihrer Depression zugenommen hat, vermeidet sie es nach Mög-
lichkeit, sich im Badeanzug zu zeigen. Nadine bleibt mit ihr in
der Gartenlaube. Sie vertrauen sich einander an. Dora vermutlich mehr als Nadine. Natürlich ist sie nicht sonderlich spaßig,
wenn sie sich auf das Thema Gott eingeschossen hat, aber sie ist
brillant, wann immer sie über Malerei spricht, und Nadine
könnte ihr stundenlang zuhören, wenn sie von ihrem Leben mit
Picasso erzählt.

Sie kennt ihn im Übrigen selbst sehr gut, hat ihn bei Braque
kennengelernt, als er noch mit Olga zusammenlebte. Nadine
hasst Lügen oder Betrügereien: Sie verheimlicht Dora nicht, dass

er manchmal mit Françoise und den Kindern zum Mittagessen nach Saint-Tropez kommt. Aber ihr ist wohl aufgefallen, dass es der Ex-Geliebten gefällt, in seinen Fußstapfen zu wandeln, von ihm zu hören, gemeinsame Bekanntschaften zu pflegen, wie eine Verbindung, die niemals ganz abreißen kann.

Nadine empfängt liebend gern Gäste, und sie macht das ohne großes Aufheben. Sie genießt aber auch die Momente der Ruhe im Haus, wenn sie allein zum Bräunen an den Strand von Salins gehen kann! Manchmal erwischen die Gendarmen von Saint-Tropez sie in den Dünen, da müsste man wirklich selbst dabei gewesen sein, und verwarnen sie. Es spielt sich jedes Mal derselbe Sketch ab, eines Louis de Funès würdig, wenn man sie nach ihrer Adresse befragt und sie nackt und mit einem Lächeln antwortet: »55, Drève des Gendarmes«. Die Gendarmen werden wütend, sind der festen Überzeugung, dass sie sich über sie lustig macht. Effront, vielleicht wie das französische Wort *effronté* für frech …

Étienne Périer hat mir irgendwann ein Foto von ihr geschickt, das er zu jener Zeit in Paris gemacht hatte. Sie entspricht nicht dem Typ Frau, nach der man sich auf der Straße umdreht. Weder ist sie versnobt noch provokant: nicht, oder nur wenig geschminkt, ziemlich kurze, gewellte Haare, nachlässig nach hinten gekämmt, dazu trägt sie eine Männerjacke über einer braven Hemdbluse, die fast bis obenhin zugeknöpft ist. Doch mit ihren fünfzig Jahren, sechs Jahre älter als Dora Maar, versprüht sie eine unglaubliche Sinnlichkeit. Ganz natürlich verstörend. Leiris würde über diese Frau sicherlich sagen, dass sie »nicht verkleidet« ist. Tatsächlich hätte ich gar kein Foto gebraucht, sie sieht genau so aus, wie ich sie mir vorgestellt hatte.

Penrose
Farley Farm
Chiddingly Sussex
Chi 308

Penrose: Roland Penrose, englischer Maler und surrealistischer Dichter. Noch ein Freund von Picasso, der auch lange der von Dora sein wird.

Im Lauf des Sommers 1937 gehört Penrose zu der fröhlichen Gruppe, die in der Pension Vaste Horizon verweilt, zusammen mit seiner neuen Geliebten, der amerikanischen Fotografin Lee Miller. Picasso hat im Übrigen in Mougins mehrere Porträts von Lee, in denen sie das traditionelle Gewand der Arler Frauen trägt: eine diskrete Anspielung auf van Gogh, vor allem aber auf die Oper von Bizet, denn für ihn verkörpert sie die Femme fatale.

Tatsächlich widersteht niemand dieser bezaubernden Blondine, dem einstigen Modell für *Vogue*, der talentierten, wunderlichen, überschäumenden und sexuell absolut enthemmten Fotografin. Sie ist erst dreißig Jahre alt, war aber bereits die Geliebte von Man Ray, hat mit ihm die Solarisation erfunden, Dutzende Liebhaber gesammelt, einen ägyptischen Milliardär geheiratet, ehe sie wieder zurück nach Paris kam, wo sie sich in Penrose verliebte.

Rein intuitiv stelle ich mir vor, dass Dora ihr gegenüber schrecklich misstrauisch sein muss: Sie ist Fotografin, wie sie selbst auch, aber so schön, so frei, so gefährlich ... Ganz zu schweigen von den feucht-fröhlichen Abenden, in denen die Amerikanerin hemmungslos in den Armen von Picasso enden kann. Für sie hat Sex rein gar nichts mit Liebe zu tun.

Lee Miller hat Dora häufig fotografiert, ein Zeichen ihres Interesses für Dora. Es ist ihr sogar gelungen, ein Lächeln von ihr einzufangen! Allerdings tauchen die beiden Frauen nur auf einem einzigen Foto gemeinsam auf, es ist ein Foto, auf dem sie neben Picasso vor dessen Auto stehen. Die eine lächelt, die andere nicht. Dora Maar wartet vermutlich darauf, mit ihrem Geliebten allein zu sein, um ihm eine neuerliche Szene zu machen, für die sie sich gleich im Anschluss entschuldigen wird, wie so häufig: »Entschuldige bitte, nimm das nicht ernst, ich versuche, mich zu bessern.«[90]

Der Krieg zersprengt diese »Familie«, die so »glücklich« sein will. Roland und Lee kehren nach England zurück, wo er als Experte für Tarnmuster in der britischen Armee und sie als Fotografin für *Vogue* arbeiten. Die Welt erscheint ihm lächerlich in diesen erbarmungslosen Zeiten. Als die Landung der Alliierten bevorsteht, lässt sich Lee Miller als Kriegskorrespondentin akkreditieren. Sie ist die einzige weibliche Fotografin in den Gefechtszonen. Im August 1944 taucht sie in Uniform bei Picasso auf: Er empfängt sie, überwältigt, bewundernd, als hätte sie Paris befreit. Er hat sich nicht verändert! Dora Maar hingegen ist nurmehr ein Schatten ihrer selbst: erschöpft, übernächtigt, bedrückt, verschlossen, und manchmal scheint sie gleich explodieren zu wollen. Lee hat das Gefühl, nicht hierher zu gehören. Recht schnell reist sie mit der amerikanischen Armee wieder ab ...

Sie kommt bis nach Dachau und Buchenwald, wo sie als eine der Ersten den Schrecken entdeckt und das Unerträgliche fotografiert. Die Männer und Soldaten, mit denen sie dort ist, brechen neben ihr zusammen. Sie scheint das Ganze nicht zu berühren, doch am Abend trinkt sie, um zu vergessen. Am Tag von Hitlers Selbstmord ist sie zufällig mit einem anderen Fotografen in Hitlers ehemaliger Wohnung in München. Sie beschließt, ein Bad zu nehmen, und ihr Kompagnon hält diese Szene fest: nackt und ernst liegt sie in der Badewanne des Führers, ihre dreckigen Stiefel stehen auf den Fliesen. Um die Provokation noch etwas zu steigern, stellen sie ein Foto von Hitler links neben den Wasserhahn. Ein surrealistischer Moment, ein erstaunliches Foto, eine makabre Inszenierung, die sie nicht einmal zu erheitern scheint. Der Sieg ist trostlos für jene, die die Hölle gesehen haben.

Die Wiederherstellung des Friedens gestaltet sich auch nicht fröhlicher. Heute würde man von einem posttraumatischen Schock sprechen. Damals sagte man: »Das geht vorbei.« Doch nichts hilft, weder ihre Hochzeit mit Roland noch die befreundeten Surrealisten, die im Haus einfallen, oder die Geburt ihres Sohnes Anthony. Die wunderschöne Lee Miller versinkt im Alkohol und in der Depression. Ihre Schönheit verkümmert.

In den Fünfzigerjahren trifft sich das Ehepaar Penrose manchmal mit Dora, wenn sie in Paris sind, und sie ist mindestens dreimal bei ihnen eingeladen: Wie man dem Adressheft entnimmt, leben sie inzwischen auf einem abgelegenen Hof mitten in einer ländlichen Gegend Englands.

Die Erfahrung von Schmerz knüpft eine stärkere Verbindung zwischen diesen beiden Frauen, die bis dato keine enge Vertraute waren. Mit Roland drehen sich die Unterhaltungen um die Malerei oder um Picasso. Der junge Anthony Penrose erinnert sich jedoch daran, dass sich Dora und Lee häufig in die Küche verzogen hatten. Bestimmt sprechen sie über den Krieg und ihre Leiden, über Männer und Alkohol, die Psychoanalyse oder Gott. Und wenn Dora darauf drängt, zur Messe zu gehen, gibt Lee, die an nichts glaubt, sich die größte Mühe, eine Kirche für sie zu finden und sie mit dem Auto dorthin zu fahren. Er erinnert sich auch an die maßlose Traurigkeit, die Dora verströmte: »Müsste ich sie zeichnen, dann würde ich sie zerschmettert von der Schwere und von einer dunklen Wolke überragt zeichnen.« Auf Farley Farm macht sie auch ein paar Skizzen: Sie hat mehrere Landschaften und ein pointillistisches Porträt von Lee als Geschenk zurückgelassen.

Hinter ihrem Rücken sind Penrose und die Freunde über ihre neuerliche mystische Besessenheit betrübt, aber sie tun so, als würden sie sie immer noch lieben, ihre Entscheidungen respektieren und ihr Talent bewundern. Dennoch muss Dora das Gefühl haben, beurteilt zu werden und unverstanden zu sein, und sie beobachtet, wie der Graben zwischen ihr und den anderen immer größer wird, selbst zwischen ihr und Lee Miller … Ja, sie hat »diesen linken Surrealisten nichts mehr zu sagen.«[91]

1958 ist Dora Maar für eine Ausstellung ihrer Gemälde in der Leicester Gallery wieder in London. Lee Miller und Roland Penrose sind bei der Vernissage zugegen. Zwei Jahre später organisiert Roland Penrose die Retrospektive von Picasso in der Tate Gallery. Sie ist zunächst einverstanden, ihm ein paar Gemälde zu leihen, dann verlangt sie diese unvermittelt wieder von ihm zurück, obwohl die Ausstellung verlängert wird, und führt dafür irgendwelche fadenscheinigen Versicherungsgründe an. Das Ehepaar ist erstaunt, macht sich Sorgen um ihre mentale Gesundheit. Es ist jedoch sehr viel wahrscheinlicher, dass Dora ein paar Passagen der Biografie verdrießen, die Penrose Picasso widmet und die soeben erschienen ist.[92] Dabei ist der englische Dichter überaus feinfühlig vorgegangen, doch Dora wird immer dünnhäutiger.

Nach und nach entfernt sie sich immer mehr von ihnen, ignoriert ihre Briefe und Anrufe. Sie schafft es gerade mal, Roland Penrose zu beglückwünschen, als sie erfährt, dass er 1966 von der Königin geadelt wurde.

Lee Miller wiederum findet neue Lust am Leben, als sie ihre Leidenschaft fürs Kochen entdeckt. Jedem seine Besessenheit, jedem seine Welt. Sie stirbt 1977 an Krebs. Und Penrose verscheidet sieben Jahre später.

Sarraute
Kle 9383

Nathalie Sarraute und Dora Maar ... »Aber natürlich mussten sie sich kennen«, seufzt Claude Sarraute. »Aber ich erinnere mich einfach nicht mehr, meine Liebe. Ich bin über 90, weißt du ...« Wer erinnert sich dann noch? Der Nachlass seiner Mutter, der Schriftstellerin Nathalie Sarraute, ist in der Nationalbibliothek von Frankreich aufbewahrt, und laut Katalog soll sich auch ein Brief von Dora Maar darunter befinden. Doch leider handelt es sich hierbei nur um ein Empfehlungsschreiben ohne Datum, das in einem Umschlag ohne Briefmarke und Poststempel steckt und an den Namen M. Chevalier, 29, Rue d'Astorg adressiert ist.

> »Lieber Freund, darf ich Ihnen die Fotografin Anne
> Sarraute ans Herz legen. Sie hat bereits gearbeitet. Sie geht
> in ihrem Beruf auf. Ich wäre Ihnen sehr verbunden, wenn
> Sie ihr helfen könnten. Ich hoffe, dass sich bald eine
> Gelegenheit ergibt, damit wir uns wiedersehen.
> Mit freundlichen Grüßen,
> Dora Maar«

Ich hatte auf etwas anderes, Intimeres, Fesselnderes gehofft. Aber wenigstens erzählt dieser Brief die Geschichte von zwei Frauen, die ausreichend befreundet waren, dass die eine die andere gebeten hat, ihrer Tochter bei der Jobsuche behilflich zu sein. »Ja genau ... das stimmt«, würde Nathalie Sarraute sagen. Gewissermaßen: »Und jetzt sieh zu, wie du die Lücken gefüllt bekommst.«

Fangen wir damit an, unsere Protagonisten zu umreißen: Nathalie, die von ihren engen Freunden Natascha genannt wird, ist ein paar Jahre älter als Dora. Sie wurde in Russland geboren und stammt aus einer betuchten jüdischen Familie. Zunächst war sie Anwältin, hat sich aber der Literatur zugewandt, nachdem sie durch die antijüdischen Gesetze von der Anwaltskammer ausgeschlossen worden war. Ihre Anfänge sind mühsam: Trotz der Vorworte von Sartre finden ihre ersten Bücher keine sonderliche Beachtung.

Anne, ihre von Dora weiterempfohlene Tochter, kommt 1930 zur Welt, drei Jahre nach der ältesten, der Journalistin Claude Sarraute. Wenn sie alt genug ist, um Arbeit zu suchen, dann könnte dieser Brief im Jahr 1951 verschickt worden sein, dem Jahr des Adressheftes. Noch ein Mädchen, das Dora unter ihre Fittiche nimmt. Umso liebevoller, als die junge Frau vorhat, Fotografin zu werden und im selben Alter ist, in dem Dora in diesem Metier Fuß fasste. Es wäre ihr durchaus zuzutrauen, dass sie sich als ihre Patin aufführt! Doch Anne ist verstorben, wer also sollte sich daran erinnern?

Rückkehr in die Archive: Die Nationalbibliothek bewahrt auch die Kalender von Nathalie Sarraute auf. Leider ist der von 1951 verschollen, doch 1952 hat sie mehrere Verabredungen mit Dora Maar notiert. Im Januar trifft sie sich um 20 Uhr mit ihr. Im Februar lädt sie sie zu sich ein, in die Avenue Pierre Ier de Serbie. Im März essen sie mit dem Maler Javier Vilato zu Abend, dem Neffen von Picasso. Manchmal schreibt sie einfach nur »Catalan« in den Kalender, das Restaurant, das noch immer ihre Kantine ist. Ab April 1952 tauchen dann weder Dora noch das Catalan auf.

Der nächste Kalender ist der von 1955: In diesem Jahr steht der Name von Françoise Gilot, die sich unlängst von Picasso getrennt hat, mehrmals im Kalender. Nicht ein Mal der Name von Dora.

Zugegebenermaßen ist das nicht viel, um sich vorzustellen, welchen Platz Nathalie Sarraute im Leben und im Adressheft von Dora innehatte …

Bei mir zu Hause stapeln sich die Bücher: Biografien, Kriegstagebücher, Briefwechsel, in denen ich hin und wieder Fragmente eines Lebens, Fragmente der Geschichte erhasche. T. D. erträgt diese Anhäufung und meine Besessenheit, Geistern hinterherzujagen, nicht länger.

Doch schließlich finde ich Dora und Nathalie in den Memoiren des Komponisten Ned Rorem wieder. 1952 … Wie so häufig nimmt Marie Laure de Noailles den jungen Amerikaner, für den sie schwärmt, zum Mittagessen mit ins Catalan. An einem Nachbartisch entdecken sie Nathalie Sarraute und Dora Maar vertieft in eine Unterhaltung, und zum Ende des Essens gesellen sie sich für den Kaffee zu ihnen. Das Wesentliche steckt in Ned Rorems Schlussfolgerung: »Sarraute schien mir genau dem zu entsprechen, was ich bereits von Dora wusste: eine fantasielose Künstlerin, strebsam, politisch einigermaßen links, und sie verachtet in gleichem Maße den Leichtsinn wie die militanten Feministinnen von heute.«

Die beiden Frauen ähneln einander weniger, als er annimmt, aber sie haben tatsächlich beide ein strenges Äußeres und eine radikale Erwartungshaltung. Sarraute wirkt androgyner von den beiden, hat kürzere Haare und trägt einen Schal um den Hals, wie ein Mann ihn tragen würde. Dora ist eitler, ihre Nägel sind immer lackiert, aber sie trägt einen strengen Dutt und ist schwarz gekleidet wie eine Witwe. Beide sind gleichermaßen einschüchternd, haben diese Art, einen beim Sprechen zu mustern, ohne selbst ein Wort zu sagen, doch man sieht ihnen an, wie sehr sie missbilligen, was gesagt wird.

Sie machen einen sehr vertrauten Eindruck auf ihn, scheinen verbunden zu sein, dabei ist es das letzte Mal, dass sie sich sehen werden. Erst Jahre später vertraut Nathalie Sarraute Ned Rorem an, dass sie Dora seit diesem Mittagessen im Catalan nicht wiedergesehen hat, erwähnt dabei jedoch nicht, warum sie sich voneinander entfernt haben. Dora ist manchmal irrational. Nathalie unerbittlich. Es ist gut möglich, dass sie nach einer für sie zweifelhaften Aussage mit ihr gebrochen hat, oder aber sie war ihrer überdrüssig.

Vermutlich gibt Dora noch keine antisemitischen Äußerungen von sich, aber mit großer Wahrscheinlichkeit ist ihr christlicher Bekehrungseifer unerträglich.

Du Bouchet
Lamartine 9301
41 r. des Martys 9e

Nathalie Sarraute ist diejenige, die Dora Maar den Dichter André du Bouchet vorstellt. Im Adressheft gehört sein Name nicht
zu denen, die sie aus vorangegangenen Adressheften übernom-
men hat. Wie Marchand muss auch er eine neue Bekanntschaft,
ein neuer Freund sein, den sie 1951 kennenlernt, dabei benutzt
sie dieses Adressheft schon seit ein paar Wochen. Bestimmt hat
sie gezögert, ob sie ihn unter dem Buchstaben B oder D vermer-
ken soll. Letztlich wird er zu einem der letzten Einträge unter B;
Bouchet, mit brauner Tinte, mit größeren Buchstaben als die
vorangegangenen Namen, das Adelsprädikat, wie ein Bedauern,
mit Bleistift hinzugefügt. Sie mag sie, die Adelsprädikate …

Als Dora ihn kennenlernt, ist sie 44 Jahre alt und André du
Bouchet zwanzig Jahre jünger. Er könnte ihr Sohn sein. Er kehrt
aus den USA zurück, wohin seine Eltern sich im Moment der
antijüdischen Gesetze geflüchtet haben. Sein Vater ist Amerikaner mit französischen Wurzeln, daher stammt auch sein Name.
Doch seine Mutter ist, genau wie Sarraute, in Russland geboren
worden und stammt aus einer jüdischen Familie. Also nennt er
Nathalie Natascha.

1951 hat André seine ersten Gedichte noch nicht veröffentlicht, er verdient seinen Lebensunterhalt als Bibliothekar und wohnt mit seiner jungen Ehefrau Tina Jolas, die vor Kurzem ihre kleine Tochter Paule zur Welt gebracht hat, tatsächlich in der Rue des Martyrs, Hausnummer 41.

Es dauert, ehe ich Paule du Bouchet treffe. Mindestens ein Dutzend Nachrichten und freundlicher Telefonate, dazu ein paar vertagte Termine sind vonnöten. Die Schriftstellerin stimmt erst zu, mich zu treffen, nachdem sie viele Male betont hatte, sie könne mir nicht viel erzählen. Sie verabredet sich im Café de l'Espérance mit mir; dem Café der Hoffnung – eigentlich wäre ein Café namens Beharrlichkeit treffender gewesen.

Doch schon die erste Erinnerung, die ihr beim Namen Dora Maar einfällt, rechtfertigt meine Hartnäckigkeit: Im Jahr 1951, dem Jahr ihrer Geburt, dem Jahr des Adressheftes, beschließt Dora, dass sie ihre Patin wird.

Überrascht beobachtet Paule du Bouchet, wie ich dieses Detail, das ihr lächerlich erscheint, in mich aufsauge. Nie wäre sie auf die Idee gekommen, dass jemand sich dafür interessieren könnte, vor allen Dingen, wo sie doch niemals wirklich ihr Patenkind war: André und Tina, die kein bisschen religiös sind, weigern sich, sie taufen zu lassen. Und anscheinend lässt Doras Interesse an dem Kind nach. Doch Paule du Bouchet wächst mit der Vorstellung auf, dass sie gewissermaßen eine Patin hatte, die sich wie eine Fee über ihr Bett beugte, ohne zu wissen, dass sie nicht die Einzige war … Nach Brigitte Lamba ist sie das zweite kleine Mädchen, dessen Patin Dora gerne gewesen wäre. Fünf Jahre nach der Geburt von Paule verliebt sich ihre junge Mutter Hals über Kopf in den Dichter René Char. Für ihn verlässt sie Mann, Kinder und Paris.[93]

Es ist unvermeidlich, dass Dora sich hineinversetzt und Partei gegen die ergreift, die ihre Familie für einen zwanzig Jahre älteren Mann verlässt. Es wird überdies erzählt, dass René Char, dessen Adresse nicht im Adressheft auftaucht, Dora Maar nicht leiden konnte. Es ist aber vor allem der Kummer von André, der sie erschüttert, er ist so zerrissen wie sie damals, so niedergeschlagen, wie sie sich manchmal noch immer fühlt ... »Ich habe verstanden, dass das Leiden kein Argument ist.«[94] Dieser Satz von André du Bouchet hätte auch von ihr stammen können. Sie weiß sehr wohl, dass durch das Leiden niemand zurückkehrt, weder Picasso noch Tina.

Auch die Poesie bringt die beiden einander näher. Wie konnte ich bislang diesen Teil ihrer Persönlichkeit ignorieren? Éluard, Ponge, Pierre Jean Jouve, Théo Léger, du Bouchet: fünf Dichter in ihrem Adressheft und kein einziger Romanautor. Die Poesie lieben heißt, dem Unaussprechbaren des Seelenlebens nahekommen wollen. Die Poesie lieben heißt, in der Lage sein, sich von Bildern und Emotionen mitreißen zu lassen, der Musik der Worte lauschen zu können und manchmal zu lieben, ohne zu verstehen, einfach nur zu spüren ... Bei du Bouchet ist die Sprache anspruchsvoll, schmucklos, melancholisch, kontemplativ und gespalten, skandiert von Leerzeichen zwischen den Worten, als wäre es Schweigen, ein Atemzug oder eine Meditation.

»Berg

fast nichts

Berg
Dessen Grünspan-Steigung
wir folgen«[95]

Dora ermutigt ihn! So wie sie Picasso in seinen Anwandlungen des automatischen Schreibens ermutigte. Sie selbst schreibt schon immer. Noch mehr wenn sie leidet. 1956 illustriert sie mit vier Originalradierungen die Gedichtsammlung von André du Bouchet *Sol de la montagne*.

Zwei Jahre später zieht André ganz in ihre Nähe, in die Rue des Grands-Augustins. Wie Picasso! Paule erinnert sich nicht daran, Dora jemals dort gesehen zu haben. Aber sie muss sich um alles gekümmert haben und vielleicht hat sie sogar dieses Appartement gefunden wie einst das Atelier von Picasso. Sie sehen sich auch dann, wenn sie in Ménerbes ist und er in der Drôme weilt. Dann gehen sie »in den Bergen mit fernem Horizont« spazieren, für die sie dieselbe Faszination empfinden. Er mit seinem Heft mit weichem Einband, in das er beim Laufen schreibt. Sie mit ihrer Staffelei auf dem Moped.

Ab 1958 bittet sie die meisten ihrer Freunde, ihr nicht mehr zu schreiben und sie nicht mehr anzurufen ... Sie nimmt sich fest vor, niemandem mehr zu antworten. Doch sie trifft sich noch immer mit André du Bouchet. »In der Einsamkeit, nach ihrem Rückzug, hatte sie ein paar wenige Freunde, zu denen sie auch mich zählte. Die anderen traf sie ohne großes Bedauern einfach nicht mehr, sie riefen in ihr gerade mal eine amüsierte Distanz hervor. Schreckliche Menschen, allen voran Marie Laure de Noailles. Dora war so viel besser als sie alle, so viel intelligenter, so viel unbescholtener. Eine heftige, reine Frau. Ich habe mich zu einer Zeit ihres Lebens mit ihr getroffen, als sie sich zwang, sich von Picasso zu lösen. Während dieser Jahre hatte sie unglaublich viel Energie und einen ausgeprägten Humor, selbst wenn es dabei um Religion ging.«[96]

»Heftig, rein, intelligent, unbescholten ...« Die Worte, die der Dichter wählt, weichen den bisweilen überzogenen oder irrationalen Zornesausbrüchen nicht aus, aber sie erzählen vor allem von der Aufrichtigkeit, der Spitzfindigkeit und manchmal auch der Komik einer Frau ohne Zugeständnisse, die »mit all jenen, die um nichts baten, großzügig war«.

Im Nachlass von Dora sind die Briefe von André du Bouchet die schönsten. Er schreibt ihr, dass sie ihm fehle, er erzählt von seinen »Spaziergängen in der erdigen Einsamkeit und dem weißen Licht«, er kommentiert seine Lektüre in *Le Monde* und manchmal die Aktualität, die ihm Angst macht ... Zwischen ihnen war der Antisemitismus nie ein Thema. André du Bouchet, dessen Mutter Jüdin war, hätte das nicht ertragen. Sie führen lange Gespräche über das Leben, die Malerei oder über Gott, und manchmal macht sich zwischen ihnen ein friedliches Schweigen breit, wie zwischen zwei Menschen, die ehrlich genug sind, um das Schweigen nicht zu fürchten. Mit du Bouchet fange ich an, sie zu lieben.

Im Lauf des Sommers 1973, wenige Wochen nach dem Tod von Picasso, stattet du Bouchet ihr zusammen mit seiner Tochter einen Besuch ab. Er muss sich Sorgen um sie machen ... Dora Maar ist 65 Jahre alt. Sie trägt ihre grauen Haare sehr kurz geschnitten, ohne die geringste Bemühung, schön auszusehen. Doch sie macht ganz den Eindruck, als würde es ihr gut gehen, und sie freut sich, die beiden zu sehen. Sie interessiert sich sehr für die junge Frau, befragt sie zu ihrem Studium, ihren Plänen ... Bestimmt hat sie nicht vergessen, dass sie einst ihre Patin sein wollte.

Zum Ende des Sommers kommt André du Bouchet nach Ménerbes, dieses Mal mit seiner neuen Lebensgefährtin: eine junge Frau, die Dora sehr gut kennt, Anne de Staël, die Tochter von Nicolas.

Staël
7 r. Gauguet
Gob 9624

Im Jahr 1951 ist Nicolas de Staël noch nicht ihr Nachbar in Ménerbes. Der große Russe lebt mit seiner neuen Ehefrau und seinen vier Kindern in Paris in einer ruhigen Sackgasse in der Nähe
des Parks Montsouris.

Wenn sich Dora Maar diese Nummer und diese Adresse no-
tiert hat, dann um sich seine Gemälde anzusehen. Sie muss von
dem neuen Atelier beeindruckt gewesen sein. Nichts im Ver-
gleich zur »Zwergenmansarde«, in der er lange Zeit lebte: acht
Meter hohe Decken, endlich ein seiner Statur und seinen Gemälden angemessener Raum! Und die Farben explodieren, seine
Malerei wird überschäumend, überbordet mit Material und
Energie. Sehr viel interessanter als seine Gemälde während des
Krieges, sagt sie sich. Damals hatten sie dieselbe Galeristin,
Jeanne Bucher, bewegten sich aber nicht in derselben Welt: er, ein
abgebrannter Künstler, sie, weltgewandt und voll und ganz dem
Kult von Picasso ergeben. Damals schwor er nur auf Abstraktion,
und sie glaubte an nichts anderes als an die figurative Kunst.

1951: Er ist etwas weniger abgebrannt, sie hat ihren Titel als
offizielle Geliebte verloren, und ihre Meinungen über das Abs-

trakte und das Figurative verbinden sich miteinander. Der Dialog findet fast auf Augenhöhe statt. Sie müssen noch drei, vier Jahre warten, bis sich sich besser kennen.

1953 explodiert der Kurs seiner Gemälde nach seiner ersten Ausstellung in New York, und er hat endlich das Geld, sich ein Haus in der Provence zu kaufen. »Ich habe mir einen Traum gekauft!«, sagt er. Ménerbes ist die Kulisse dieses Traumes, dasselbe Dorf wie Dora. Er hat eine kleine befestigte Burg des 16. Jahrhunderts gefunden, etwas abseits gelegen. Sie kennt dieses Schlösschen gut: Sie hat sogar versucht, Balthus zu überreden, es zu kaufen. Nicolas bringt seine Familie dort unter und knüpft mit Dora sehr herzliche Nachbarschaftsbande. Häufig kommt er unangemeldet vorbei. Oder aber sie steigt auf ihr Moped, um zum Mittagessen zur Burg zu fahren. Stundenlang können sie sich über Malerei unterhalten, sie teilen dieselben radikalen Vorstellungen, was die Rolle und den Platz des Künstlers betreffen. Bestimmt hat sie auch von seinem Lieferwagen profitiert, um hin und wieder zusammen mit ihm bei Douglas Cooper zu Abend zu essen.

Aber Nicolas de Staël interessiert sich eigentlich gar nicht für Doras Gemälde. In den unzähligen Briefen, die er seinen Freunden und seinen Galeristen schreibt, erwähnt er seine Nachbarin mit keinem Wort. Vermutlich wirft er höchstens einen flüchtigen Blick auf ihre Landschaftsbilder. Gekränkt zahlt sie ihm seine Geringachtung damit heim, dass sie jedem, der es hören will, erzählt, er »versteh[e] nichts von der Provence und zieh[e] aus dem Aufenthalt hier [in Ménerbes] keinen Nutzen«, oder »die Zeit [würde] schon zeigen, wie oberflächlich seine Gemälde [seien]«[97] …

In jedem Fall bleibt es bei einem kurzen Verweilen. Nach wenigen Monaten verliebt er sich Hals über Kopf in eine junge

Frau, die ihm sein Freund René Char vorstellt. Er folgt ihr bis nach Antibes. Da sie sich weigert, ihren Mann zu verlassen, begeht er mit 41 Jahren Selbstmord und hinterlässt eine Unmenge Gemälde, eine Witwe und vier Kinder.

Wie bei André du Bouchet findet sich Dora, die Nachbarin von Ménerbes, mitten in diesem Familiendrama wieder und bietet der jungen Witwe ihre Hilfe an. Aus christlicher Nächstenliebe oder bedingt durch einen Hang zu Tragischem? Sie kümmert sich vor allem um die Älteste, Anne de Staël, die Tochter der letzten Lebensgefährtin von Nicolas, die ebenfalls verstorben ist.

Mit ihren 14 Jahren scheint Anne betroffener über den Selbstmord des Vaters als ihre Halbbrüder und ihre Schwester. Man hat mir erzählt, Dora hätte sich erneut zu ihrer Patin ernannt. Anne de Staël erklärt das für falsch, gibt jedoch zu, welch wichtige Rolle sie in ihrem Leben gespielt hat. Sie unterhalten sich viel. Dora berät sie, und nachdem sie ihre Gedichte gelesen hat, ermutigt sie sie, damit weiterzumachen. Auf der Suche nach einem weiblichen Vorbild sagt sich die Jugendliche sogar, dass sie, wenn es ihr gelingt »erwachsen zu werden, groß zu werden«, woran sie zu zweifeln scheint, »so werden will wie sie«[98] ...

Jähzornig? »Notgedrungen, wie jemand, der einen starken Charakter hat. Die Leute taten sich schwer damit, sie einzuordnen. Sie war eine sehr kultivierte Frau. In ihren Gemälden, ihren Skizzen steckt etwas Zärtlicheres, Freieres, Entspannteres. Sie zeigte sie nie und veräußerte sie auch nie.«[99]

Als Krönung des Ganzen verliebt sich dieses junge Mädchen schließlich in ihren engen Freund André du Bouchet. Ich vermute sogar, dass Dora sie einander vorgestellt hat, aber anscheinend war dem nicht so. Dennoch war sie bestimmt überglücklich ...

1973 hört sie jedoch auch auf, sich mit ihnen zu treffen. Es ist das Jahr, in dem Picasso stirbt, vier Jahre nach dem Tod ihres Vaters. Sie hat ihre Bezugspunkte verloren … Lacan hätte geschmunzelt … Väter und Bezugspunkte … Sie bricht die letzten Brücken hinter sich ab, schließt sich mit ihren Geistern ein. Keine Schutzmaßnahme mehr.

Selbst André du Bouchet, der ihr Nachbar in Paris bleibt, trifft sie nicht wieder. Aber jedes Mal, wenn man sich bei ihm nach Dora erkundigte, sprach er von dem Glück, das er gehabt hatte, ihr Freund zu sein.

Shedan
Dan 9767-4781

Shedan ist einer der Letzten, den ich identifiziert habe. In der Annahme, dass Dora auch die Orthografie dieses Eigennamens verschandelt hat, stelle ich mir alle möglichen Varianten vor: Shetan, Shitan, Seredan, Sheridan … Georges Schehadé, der großartige Schriftsteller und libanesische Dichter, ist mir als eine der wahrscheinlichsten Kombinationen erschienen, da Dora in diesem Jahr die Kulisse und die Kostüme seines Stücks *Monsieur Bob'le* am Théatre de La Huchette entworfen hat. Der Regisseur, Georges Vitaly, steht im Übrigen auch in ihrem Adressheft. Warum also nicht Schehadé?

Die Vorstellung, zum ersten Mal für ein Theaterprojekt zu arbeiten, muss sie begeistert haben. Und bestimmt hat ihr diese poetische, traumhafte und mystische Geschichte gefallen. Das Modell ihrer Kulisse ist aufbewahrt worden: Es handelt sich um einen kleinen gekalkten Raum mit nur zwei Türen mit gotischen Bogen, die eine Sakristei evozieren sollen.

Es steht außer Frage, dass sie den Autor des Stückes kennengelernt hat. Sie hat sogar in ihrer Bibliothek eine getippte Ausgabe von *Monsieur Bob'le* stehen, mit der Widmung: »Für Dora Maar, in großer Bewunderung, Georges Schehadé«. Ich stehe kurz davor, mich in das Leben und das gesamte Werk dieses libanesischen Autors zu stürzen, als ich entdecke, dass er immer im 16. Arrondissement gelebt hat! Folglich kann seine Telefonnummer nicht mit einer Vorwahlnummer von DAN anfangen, die dem 6. Arrondissement entspricht.

Dann stolpere ich in einer Biografie von Marie Laure de Noailles über Sherban Sidery. Er wird darin als »scharfsinniger Vertrauter und Prügelknabe«[100] beschrieben. Natürlich, er ist hier gemeint!

Sherban und nicht etwa Shedan, Schriftsteller, Regisseur, Songschreiber und Übersetzer. Er wurde in Bukarest geboren, doch wie in allen großen rumänischen Familien sprach man zu Hause Französisch, und er lernte mit dem Buch *Les Malheurs de Sophie* der Comtesse de Ségur lesen. Anfang der Dreißigerjahre entdeckt er Paris, als er zum Studieren an die Sorbonne kommt. Damals ist er ein junger Homosexueller, der sich mit Malerei und Literatur zerstreut, schlechten Umgang in den Männerkabaretts pflegt und sich am Tisch von Cocteau im Boeuf sur le Toit wiederfindet. Paris ist ein einziges Fest!

Sherban Sidery muss Dora Maar vor dem Krieg kennengelernt haben, oder ganz zu Beginn der deutschen Besatzung. Denn als ihre Mutter 1942 stirbt, sind sie vertraut genug, dass er sich herausnimmt, ihr ein sehr freundschaftliches Beileidsschreiben zukommen zu lassen. Und während der ersten Ausstellung von Doras Gemälden 1944 hastet er gleich nach der Eröffnung zum Gästebuch, um zu sich darin zu verewigen: Sein Name steht direkt unter dem von Picasso.

Ich habe nur ein Foto von ihm ausfindig gemacht: Er ist ein junger, altersloser Dandy mit lockigen Haaren und einem ziemlich romantischen Aussehen. Marie Laure de Noailles beschreibt ihn auch wie »eine immer junge Person, stets mit einem Lächeln im Stil von Luini«[101]. Kostbar, kultiviert, gelehrt … Genau der Typ junger Mann, mit dem die Vicomtesse sich gerne zeigt. Es gefällt ihr, ihn zu necken, und sie hofft, ihn damit zum Äußersten zu treiben. Doch er zieht sich immer mit einer intelligenten und witzigen Antwort aus der Affäre, ohne dabei jedoch bissig zu wirken. Marie Laure behauptet, »an ihm würden sich Psychoanalytiker die Zähne ausbeißen«. Und sie vermutlich auch.

Die Psychoanalyse ist das, was Dora und Sherban Ende der Vierzigerjahre einander näherbringt. Er ist seit Jahren bei Blanche Reverchon in Behandlung, der Ehefrau des Dichters Pierre Jean Jouve, eine bei Dichtern und Künstlern sehr gefeierte Analytikerin, die davon fasziniert sind, dass sie Freud in Wien kennenlernte, und dann seine Werke übersetzte. Ohne es beabsichtigt zu haben, hat sie aus der Homosexualität eine gewisse Spezialität ihrerseits gemacht: in der Gemeinschaft, die noch nicht als »schwul« bezeichnet wird, vertraut man sich ihre Adresse an wie eine Zauberformel und hofft, dass es einem danach besser geht. Manche kommen aus London, um sich von ihr behandeln zu lassen, in aller Diskretion und auf Englisch.

Dora und Sherban teilen nicht nur den Glauben an die Psychoanalyse. Er ist in einem orthodoxen Umfeld aufgewachsen und hat sich bei seiner Ankunft in Paris zum christlichen Glauben bekehrt. Wie Dora ist auch er sehr fromm geworden. Doch im Gegensatz zu ihr spricht er darüber nur mit denen, die seine Überzeugung teilen, außerdem ist er nicht ganz so streng wie sie. Sie denkt, dass die Religion mehr auf der blinden Akzeptanz und den disziplinierten Praktiken und Ritualen beruht, als auf der Gewissheit des Glaubens. Für Sherban ist der Zweifel eine Tugend. Bestimmt hört er ihr viel zu. Das gefällt ihr. Doch sie weiß auch die Feinheit seiner Argumentation, seiner Belesenheit und seines Humors zu schätzen, er ist eigenartig *British* für einen Rumänen …

Nicht selten kommt es jedoch vor, dass sie sich weigert, ihn zu sehen, oder dass sie ihn versetzt: Er kennt sie gut genug, um sich nicht daran zu stoßen. Bestimmt nur ein schlechter Tag, er würde ein anderes Mal wiederkommen. Sie beide eint auch das Gefühl, im Exil zu leben. Das Rumänien von Sidery hat nichts mit dem Kroatien von Markovitch gemein, in das sie im Übrigen noch nie einen Fuß gesetzt hat, aber sie verspüren eine Balkanverbundenheit.

An Weihnachten 1948 schenkt Sherban Dora eine Ausgabe seines Lieblingsbuches *Die Beziehungen zwischen dem Ich und dem Unbewussten* von C. G. Jung mit folgender Widmung: »Für Dora, meine liebe Freundin, als Erinnerung an unsere gemeinsame Suche, in Liebe, Sherban.«

Das Wort »Liebe« benutzt er nicht leichtfertig. Er ist wirklich verliebt in sie! Natürlich nur auf platonische Weise: Sie verkörpert für ihn sowohl *die weinende Frau* wie auch die ideale Frau, sie ist eine Legende der Kunst der Moderne und eine unerreichbare Ikone. Dora begnügt sich mittlerweile mit dieser Vergötterung oder dieser rein geistigen Devotion.

Er ist nicht der Einzige, der sie so umgarnt … Zur Zeit des Adressheftes kreisen mehrere junge Homosexuelle um sie und verehren sie: der belgische Dichter Théo Léger, ein sehr hübscher, charmanter und depressiver Bankierssohn, der ebenfalls von Blanche Reverchon behandelt wird; vor allem aber der Amerikaner James Lord, ihr Begleiter für den verrückten Abend bei Douglas Cooper.

Dora behandelt sie wie Kinder, amüsiert sich, wenn sie eifersüchtig aufeinander werden, und führt sich auf wie eine leicht launische Grundschullehrerin, deren Liebling regelmäßig wechselt. Häufig ist es Sherban, dann jedoch verschwindet sie ohne Vorwarnung mit James nach Ménerbes. Vielleicht, weil er ein Auto hat ... Doch es ist Théo, den sie schließlich in ihrem Testament vermerkt ...

Im Gegenteil zu James Lord, der seine Erinnerungen mit Dora und Picasso veröffentlicht und sich selbst dabei grundsätzlich eine bedeutende Rolle zuweist, ist Sidery ein diskreter Liebling geblieben, der nichts über diese einzigartige Freundschaft erzählt hat.

Und ein treuer Freund: Er hält auch noch nach 1958 den Kontakt zu ihr, als sie jeglichem gesellschaftlichem Leben den Rücken kehrt und sich von einem Tag auf den anderen vom intriganten James Lord abwendet. Dann gehört er wohl nicht zu den »schrecklichen Leuten«, von denen André du Bouchet spricht. Weltgewandt, aber einfühlsam, kultiviert, mit einer Begeisterung für Malerei, Theater, Poesie und Literatur. Er übersetzt ebenso aus dem Englischen wie aus dem Deutschen ... Und sollte sie es noch nicht wissen, so hat er ihr bestimmt die Bedeutung des Wortes »Maar« offenbart: eine Mulde vulkanischen Ursprungs.

1971 ist Sherban der Autor einer sehr ernsthaften Studie über Prousts Judentum. Bestimmt haben sie darüber gesprochen. Aber sie ist nicht zwingend besessen von dieser Frage ...

Am 4. April 1973 geht das Gerücht, der Gesundheitszustand von Picasso verschlechtere sich. Sherban schickt ihr ein sehr freundliches Telegramm: »Ich denke an dich, wenn du wünschst, mich zu sehen, komme ich sofort.«[102] Vier Tage später verstirbt der Maler. Dora antwortet nicht auf die Briefe oder die Anrufe. Niedergeschlagen? Sie ist vor allem wütend und verzweifelt, als sie erfährt, dass Picasso nicht nach den christlichen Ritualen beerdigt wurde. Also betet sie mit aller Kraft für sein Seelenheil.

Bis zum Ende ihres Lebens bewahrt sie in ihren Schubladen die Briefe und unzähligen Grußkarten von Sherban auf, der gar nicht mehr weiß, was er sich noch alles ausdenken soll, um sie zu sehen. Vergebens … Vor allem, da sie manchmal richtiggehend homophob wird. Ein amerikanischer Sammler, Sam Wagstaff, bekommt das am eigenen Leib zu spüren. Er will Fotos von ihr kaufen und geht davon aus, er würde ihr eine Freude bereiten, wenn er seinem Brief das wunderschöne Buch beifügt, in dem er einen Teil seiner Sammlung aufführt. Stattdessen erhält er als Antwort einen beleidigenden Brief. Wütend stellt Dora fest, dass eine ihrer Collagen neben den Bildern von Mapplethorpe hängen, die sie als verkommen erachtet. Selbst der rosafarbene Einband des Buches schockiert sie: »Was für eine absolute Perversion, die Farbe des Dämons …«

Wagstaff lässt nicht locker: Er bittet seinen Freund, den Schriftsteller Serge Bramly, der damals in Beaubourg arbeitet, sie anzurufen, ohne ihr zu sagen, dass er das in seinem Auftrag tut. Sie zeigt sich etwas freundlicher. Von sich aus spricht sie von diesem »perversen Amerikaner« der unlängst die Dreistigkeit hatte, eines ihrer Fotos neben diesen homosexuellen Schweinereien zu veröffentlichen. Sie stimmt zu, diesen jungen Mann zu treffen, und lädt ihn zum Tee zu sich ein.

Leider findet er am Tag des Treffens eine Nachricht an der Tür vor: Es tut mir leid, ich bin krank und müde, rufen Sie mich nächsten Monat an. Er wird oft anrufen, immer ist die Rede von einem Treffen, das immer wieder vertagt wird … Vermutlich hat sie keine Lust, dass man sie so sieht, wie sie inzwischen aussieht. Aber sie führen lange Telefonate. Und sie lässt den Charme in ihrer Stimme spielen, der von keiner Falte überzogen ist. Bramly erinnert sich an einen leicht ausländischen Akzent, der sie noch kesser klingen ließ.

Abgesehen von der Homosexualität hat sie zwei fixe Vorstellungen. Die erste ist, dass ihre Fotos uninteressant sind; nur ihre Malerei zählt. Die zweite betrifft Picasso: Sie ist überzeugt, dass die Leute sie nur seinetwegen sehen wollen; dass sie ihr Geheimnisse oder aber seine Gemälde entreißen wollen (und damit liegt sie gar nicht so falsch). Das hindert sie nicht daran, von selbst sein Andenken heraufzubeschwören, ob voller Innigkeit oder voller Bitterkeit. Sie korrigiert auch ein paar Punkte ihrer Biografie, die sie rasend machen: Nein, sie habe Man Ray nie gebeten, ihr Assistent zu werden, er hingegen, dieser Besessene, habe sie unbedingt ins Bett bekommen wollen ... Häufig lügt sie oder biegt sich die Wahrheit zurecht. Beim nächsten Mal widerspricht sie sich dann. Sie redet auch ausgesprochen schlecht über manche ihrer alten Freunde, insbesondere über James Lord, dessen letztes Buch über Giacometti sie verabscheut: Wie konnte er es wagen, seine eigene Homosexualität auf den Künstler zu projizieren? Und schon lässt sie sich wieder über die Schwulen aus ... Sie vergisst vermutlich, dass Sherban, James und Théo einmal ihre engsten Freunde und Bewunderer waren.

Tierarzt Pichon
Suf 0307
av de Lowendal

1951 überträgt sie die Telefonnummer eines Tierarztes für Moumoune in ihr Adressheft. Moumoune ist eine getigerte Katze, ein Geschenk von Picasso, nachdem ihr Hund im Mai 1945 verschwunden ist.

Um sie zu trösten, hat er zunächst allerhand kleine Gegenstände nach dem Abbild des weißen Bichons gebastelt, aus Papier, Karton, mit Korken oder Draht. Und dann, in Ermangelung von etwas Besserem und nach ihrem Klinikaufenthalt, hat er ihr diese Katze geschenkt.

Moumoune ist also ein Ersatz: »Ich musste sie behalten. Das wusste er. Weil sie ein Geschenk von ihm war und meine Vorlieben oder Abneigungen nicht zählten.«[103]

Ich hatte nach etwas gesucht, das uns miteinander verbindet … Das war es, wir haben dieselbe Katze, eine mausgraue mit getigertem Fell. Also beobachte ich meine Suzanne misstrauisch. Auch ohne ein Geschenk von Picasso zu sein, hält sie sich offensichtlich für eine Prinzessin, schleppt ihre Verachtung vom Sessel zum Sofa, an dem sie sich im Vorbeigehen die Krallen wetzt. James Lord beschreibt Moumoune ebenfalls, wie sie sich »auf dem bloßen Parkett heran[pirschte] und mit sanfter Verachtung an den Stuhlbeinen vorüber[strich]«[104] …

Wie Suzanne heute, verbringt Moumoune ihr Leben zwischen Paris und dem Süden Frankreichs, und sie hasst reisen. Ich frage mich, wie Dora das anstellt, allein mit all dem Gepäck, dazu die Katze in ihrem Korb, der sehr schnell einen beißenden Gestank verströmt.

Manche Tierärzte haben die Persönlichkeiten von Katzen nach Fellfarbe untersucht: Schenkt man ihnen Glauben, so sollen graugetigerte Katzen sympathisch, neugierig, verspielt, anhänglich und intelligent sein. Moumoune ist aber nicht gerade der Inbegriff von Lebensfreude. Es sollte nicht unerwähnt bleiben, dass auch Dora unvorhersehbar ist. Ob mit ihrer Katze, oder mit anderen Menschen … Eines Abends, als es ihr sehr schlecht geht und sie allein im Dunkeln weint, kommt Moumoune zu ihr und leckt ihr die Finger ab. Seitdem hat sie sich geschworen, sie niemals im Stich zu lassen. Doch häufig schiebt sie sie unwirsch von sich und wettert: »Ekelhaftes Biest! Willst du niemals sterben und mich in Frieden lassen?«[105] Doch sie kennt diesen Katzenjammer bereits.

Die Jahre vergehen, und die beiden sind wie zwei alte Jungfern, die einander rasend machen, aber auch nicht ohne die andere leben können. 1954 wird Moumoune krank. Sie weigert sich zu essen und bleibt regungslos ihn ihrer Ecke liegen. »Vielleicht ist es zu spät«, seufzt Dora, als James Lord vorschlägt, sie zu einem Tierarzt zu bringen. Tatsächlich ist es auch fast zu spät. Doch an diesem Tag führt Monsieur Pinchon eine Notoperation bei Moumoune durch und rettet sie.

Sie muss Ende der Fünfzigerjahre gestorben sein, etwa dreißig Jahre vor Dora. Und wahrscheinlich ist sie im Garten von Ménerbes vergraben.

André Marchand
94 quai Saint-Pierre
Arles

Die letzte Arler Adresse von André Marchand hat Dora Maar in
ihrem Adressheft von 1951 nicht notiert. Dafür ist es zu früh. Das
während der Befreiung durch die amerikanische Bombardie-
rung zerstörte Viertel ist damals nichts als eine große Baustelle
unter freiem Himmel, in der die Architekten versuchen, sich einen neuen Stadtteil am Ufer des Flusses vorzustellen. Damals
arbeitet Marchand auf der anderen Seite des Flusses, in den leerstehenden Räumen des Musée Réattu, die durch den Krieg ebenfalls in Mitleidenschaft gezogen worden waren … Er wohnt vor
Ort, im Hotel oder bei Freunden.

Erst 1955 zieht er endlich an den Quai Saint-Pierre. Heute gehen diese weißen Gebäude, die entlang des Flusses stehen, als
Sozialwohnungen durch. Damals jedoch sind es die modernsten
und angesagtesten Wohnungen der ganzen Stadt. Die Nichte
von André Marchand, Violaine Menu-Branthomme, erinnert
sich an ein riesiges Atelier, dessen Balkon zur Rhône zeigt. Einen
Großteil des Jahres verbringt er hier mit Odile, einer jungen
Frau, die er 1957 heiratet. Odile erzählt, sie habe Dora Maar gekannt …

Also haben sie Kontakt gehalten, zumindest bis 1957. Eine Freundin aus Arles glaubt, ihre Spur gefunden zu haben!

Anne treffe ich gewissermaßen dank Dora. Ich war in ihrer Galerie, als sich jemand nach dem Thema meines nächsten Buches erkundigte, und als ich daraufhin Dora Maar erwähnte, hat sie sich erstaunt zu mir umgedreht: Seit etwa 15 Jahren begeistert sich die Galeristin für die vergessene Künstlerin. Schon während ihres Studiums zur Kunsthistorikerin sammelte sie Artikel und Bücher über sie. Sie hat alles gelesen, alles gesehen, sich vor ihrem Haus in der Rue de Savoie herumgetrieben, war bis nach Ménerbes gepilgert und hatte sogar ihre Ersparnisse geopfert, um eine ihrer Zeichnungen bei Drouot zu erstehen. Seitdem suche ich sie regelmäßig auf. Sie kann alle Fragen beantworten. In den Momenten, in denen Dora mich durcheinanderbringt oder mich zermürbt, rufe ich sie an, damit sie mich wieder daran erinnert, weshalb man diese Frau lieben muss, die ich mir nicht ausgesucht habe.

Manchmal geht Anne an der Rhône entlang joggen. An einem eiskalten Sonntag im Februar läuft sie bis zu den Ruinen der alten Eisenbahnbrücke, die die Amerikaner im August 1944 bombardiert hatten. Ganz am Ende des Quai Saint-Pierre, hinter dem Friedhof, sind auf dieser Seite nur zwei alte Pfeiler mit Raubkatzen, die, als wären sie verärgert, ihren Zwillingen auf der anderen Seite der Rhône den Rücken zuwenden.

Anne versucht, zu Atem zu kommen und betrachtet das vorbeifließende Wasser. Mit einem Mal entdeckt sie unter den Initialen, die Verliebte in den Stein geritzt haben, einen etwas tiefer eingeritzten Vornamen: DORA … und direkt darüber: MAA … als wäre das R zwischen zwei unsauber verbundene Steinblöcke gerutscht. »Siehst du, was ich geglaubt habe zu sehen?«, schreibt sie mir per SMS, mit einem Foto des Pfeilers. Natürlich sehe ich, was sie gesehen hat. Aber was hat Dora Maar auf diesem verlorenen Pfeiler und an diesem Ufer, das als Sackgasse inmitten des Schilfs endet, zu suchen? Unser erster Gedanke gilt Marchand ...

Sein Gebäude befindet sich keine zweihundert Meter von dort entfernt. Wer außer ihm kannte hier Dora Maar? Manchmal gravierte er Dinge in Steine, warum nicht in einen Pfeiler? Ich zeige seiner Nichte dieses Foto mit den in Stein geritzten Buchstaben. Sie findet durchaus Ähnlichkeiten in der Handschrift. »Jetzt haben wir ihn also fast entlarvt ...«

»Nicht ich betrachte den Baum, der Baum betrachtet mich und teilt mir das Wichtigste seiner rätselhaften Architektur mit«, schreibt André Marchand in seiner Hinterlassenschaft als Maler. Ich sitze vor diesen Buchstaben und hoffe, dass sie mir ihre Geschichte mitteilen werden ... Doch leider haben sie mir nicht viel gesagt, mit Ausnahme dessen, dass die beiden Worte definitiv von zwei unterschiedlichen Menschen eingraviert wurden. DORA ist sehr kantig und tief, MAAR hingegen geschwungener und nicht so tief.

Anne hat einen Spezialisten für Graffiti kontaktiert. Bei eingravierten Nachnamen, die nicht von einem Herzen begleitet sind, geht er in der Regel davon aus, dass sie vom Namensträger selbst eingraviert wurden. Eine weitere Hypothese: Dora ist ein sehr geläufiger deutscher Vorname. Während der Besatzung hätte ein Soldat, der mit der Überwachung der Brücke beauftragt war, hier den Namen derjenigen hineinritzen können, nach der er sich sehnte. Etwas später hätte dann jemand anderes das MAAR hinzufügen und aus Versehen das R in die Spalte fallen lassen können. Ich möchte lieber glauben, dass es Marchand war!

T.D. weist mich darauf hin, dass seit all diesen Jahren viel Wasser den Fluss hinuntergeflossen ist ... Ja, aber ich finde auf ebendiesem Pfeiler eine noch ältere Inschrift, die vom Juni 1940 datiert. Und im Nachlass von Dora bedankt sich der Museumsdirektor der Stadt in einem Brief von 1957 für ihren Besuch und die Leihgabe eines Werkes von Picasso. Sie muss also hier gewesen sein, im Jahr 1957, so viel steht fest.

Marchand ist ihr einziger Freund in dieser Stadt, sie hat ihn zwangsweise während ihres Aufenthalts hier gesehen. Bestimmt hat er sie am Bahnhof abgeholt. Sie sind entlang der Schienen zum Musée Réattu gelaufen und haben sich die Picasso-Ausstellung gemeinsam angesehen. Ich stelle mir vor, dass sie ziemlich begeistert sind. Beide können die Dinge angemessen auseinanderhalten, das Genie bewundern und dem Mann misstrauen. Danach haben sie den Fluss überquert und bei ihm zu Mittag gegessen. Dora wollte die Rhône sehen, die sie so gern zeichnet, wenn sie mit dem Zug nach Avignon fährt. Aus dem Trinquetaille-Viertel hat man den schönsten Blick über die Altstadt. Sie sind am Friedhof entlanggelaufen, betrachten die weiter unten liegenden alten Boote, die vom Mistral gebeutelt werden. Sie haben über den Wind, das Licht und den Fluss gesprochen. Marchand ist weniger gläubig, aber beide haben sie eine spirituelle Beziehung zur Natur, die ihre Gemälde erhebt ... Bei den Löwen müssen sie stehen geblieben sein, sich neugierig über dieses in den Pfeiler gravierte »Dora« gebeugt haben. Genau da hat Marchand sein Taschenmesser gezückt, das er immer bei sich trägt, um ein MAAR hinzuzufügen ... Es fehlte einfach nur ein bisschen Platz für das R ... Sicherlich hat Dora gelächelt. Und das war es dann auch schon ...

Marchand ist durchaus in der Lage, sich dabei vorgestellt zu haben, er könnte Picasso ein letztes Mal vorführen. Aber das hätte sie niemals zugelassen. Vor allem nicht mit einem anderen Maler. Sich vor allem nicht nachsagen lassen, dass sie sich mit jemand Mittelmäßigem zufriedengibt, mit einer Nebenrolle, einem Handlangerdasein. Schließlich gibt es auf Erden nichts Besseres: »Nach Picasso kann es nur noch Gott geben!«

Eigenartigerweise sind Dora Maar und André Marchand im selben Jahr gestorben, 1997, beide mit neunzig Jahren. Sie in Paris, Rue de Savoie. Er in Arles, Quai Saint-Pierre, in diesem Wohnblock, mit Blick auf die Rhône und seine geliebten Schwalben.

Und auch ich bin zwischen diesen beiden Städten zerrissen. Von Doras Nachlass wechsle ich zu dem meiner vor Kurzem verstorbenen Eltern. Ich tauche ein in Kisten, aus denen ich an manchen Tagen Briefe, Fotos oder die Kalender der einen ausgrabe, an anderen fülle ich Kisten mit den Unterlagen, Briefen und Erinnerungen der anderen. Alles vermischt sich … Bis hin zum Bild von Dora und meiner Mutter, die sich ähneln, wie man mir sagt. Es dauert Monate, ehe ich mir das eingestehe. Doch die eine lächelt, die andere nicht.

Balthus
Ch de Chassy
Blismes
Nièvre

In den Fünfzigerjahren, den Jahren ohne Picasso, ist Balthus vermutlich der Maler, dem Dora sich am verbundensten fühlt. Sie haben sich 1941 kennengelernt, als er, verfemt und abgebrannt, in einem kleinen Atelier in der fünften Etage der Place de Furstemberg lebt; sie begleitet Picasso, der ein Gemälde von ihm kauft.

Doch zur Zeit des Adressheftes verkauft er mehr, hält sich für einen Aristokraten und frequentiert mehrere Salons. Zusammen mit Dora ist er einer der am häufigsten bei Marie Laure de Noailles eingeladenen Künstler. Er schleppt Dora auch mit auf die etwas kleineren Empfänge des Dichters Pierre Jean Jouve und seiner Ehefrau, die Psychoanalytikerin Blanche Reverchon. Dort trifft sie wieder auf Sherban Sidery und Théo Léger.

Zwischen Dora und Balthus gibt es nichts Doppeldeutiges: »Hässlich war sie nicht«[106], verkündet er ohne großen Enthusiasmus wenige Tage vor seinem Tod. Es ist offensichtlich, dass Dora 1951 mit ihren 44 Jahren schon zu alt für ihn ist. Doch in Saint-Germain-des-Prés sieht man sie häufig zusammen beim Mittagessen, im Catalan oder in einem Bistro in der Rue Christine, mal zusammen mit Marie Laure de Noailles oder auch nur zu zweit. Wie bei Picasso sammelt sie die Skizzen, die er auf die Servietten kritzelt … Eines Tages zeichnet er ihr Porträt, aber Marie Laure zerreißt es, um es in ihr Scrapbook neben eine Info mit dem Titel »Atomexplosionen verjüngen ägyptische Mumien« zu kleben. Perfide wie sie ist, denkt sie wohl, dass der Umgang mit Balthus ihrer Freundin überaus guttut.

Man sieht sie sogar zusammen lachen, was bei beiden eher eine Seltenheit ist. Die zwei Maler teilen aber vor allem dieselbe Faszination für die primitiven Italiener, das Quattrocento und insbesondere Piero della Francesca. Picasso ist sogar genervt darüber, wie stark sein Einfluss auf den Stil seiner ehemaligen Geliebten wird. Es ist, als würde sie ihm entgleiten …

Dora und Balthus haben noch eine weitere Gemeinsamkeit: Sie sehen sich beide als christliche Künstler! Jeden Morgen beten sie, ehe sie mit Malen anfangen, und das Malen selbst erachten sie als »einen Weg zu Gott, […] eine Suche nach dem Wunder«[107]. Er ist vermutlich der Einzige, der versteht, was sie empfindet, und sorgt sich nicht um das, was andere als »mystisches Abgleiten« bezeichnen.

Wenn sie nach Ménerbes fährt, hält sie manchmal im Château de Chassy im Département Nièvre, wo er ab 1953 lebt. Der Maler, dem man nachsagt, empfindsam zu sein, träumte schon seit Langem von einem Ort, an den er sich zurückziehen kann. Und da er sich als Graf erachtet, war für ihn ein Schloss vonnöten. Dieses hier entspricht ganz seinen Träumen und seinem Budget: riesig, heruntergekommen und … zur Miete.

Balthus und Dora werden sich jedoch aus den Augen verlieren, als er von Malraux in die Villa Medici berufen wird. Manchmal beschwert sie sich darüber, dass er sie verlässt. Auch er wirft sich vor, sie zu vernachlässigen. »Ich hatte gehört, dass sie mich gern sehen wollte. Aber sie war schon tot, als ich kommen wollte ...«, erzählte er Tania Förster, einer deutschen Journalistin, gegen Ende seines Lebens.[108] Im Lauf dieses letzten Interviews wiederholt er mindestens vier oder fünf Mal, »ja, sie war schon tot«, so dass bei Tania Förster der Eindruck entsteht, als habe er sie nur empfangen, um sich von dieser Schuld loszusagen und zu versuchen, sich zu rechtfertigen.

Leyris
Ode 1861

Ich habe Dora unterschätzt ... Je mehr ich herausfinde, umso mehr erkenne ich eine intelligentere, kultiviertere Frau, als ich sie mir zunächst vorgestellt hatte. Vielleicht habe ich auch ihr Rechtschreibniveau unterschätzt. Urplötzlich hatte ich eine Eingebung: Was, wenn Leyris nicht etwa Leiris ist? Was, wenn sie diesen Namen nicht zufällig mit einem y schrieb? Leyris Ode 1861 könnte durchaus Pierre Leyris entsprechen. Diese Hypothese erfüllt mich mit Freude. Verblüfft nimmt T. D. meinen Überschwang zur Kenntnis. Was ist schon dabei?

Pierre Leyris ist ein Freund von Balthus, der ihn auf dem Gymnasium kennengelernt hat. Sie waren so eng miteinander befreundet, dass er den Maler in den Dreißigerjahren sogar bei sich aufgenommen hat. Was ist schon dabei? 1950 und 1951 hat Balthus seinen Freund Pierre Leyris zwangsweise Dora vorgestellt. Er ist ein großartiger Übersetzer, dem wir die besten Übersetzungen von Shakespeare, Melville, Dickens, Emily Brontë und Henry James verdanken, außerdem hat er mehrere Bücher von James Lord, Théo Léger und Sherban Sidery übersetzt: Diese kleine Welt läuft sich im Les Deux Magots, im de Flore, im Catalan, bei den Empfängen von Marie Laure de Noailles oder bei der Psychoanalytikerin Blanche Reverchon und ihrem Ehemann Pierre Jean Jouve über den Weg.

Leider erinnert sich keiner der beiden Söhne von Pierre Leyris daran, Dora bei ihnen gesehen zu haben, und auch nicht daran, ihren Namen in einem anderen Zusammenhang als in Bezug auf Picassos Porträts gehört zu haben.

Glücklicherweise hat der Übersetzer seine Erinnerungen[109], Bruchstücke von Gedanken und Erinnerungen kurz vor seinem Tod ungeordnet auf Papier geworfen. Heutzutage liest wohl keiner mehr Pierre Leyris ... Bestimmt war selbst der Verkäufer erstaunt, eine Abnehmerin dafür zu finden. Auf der Seite 25 bekomme ich aber einen gewissermaßen formellen Beweis: »Ich wohnte in der Rue de Savoie, ging durch die Rue Christine ...« Also waren sie Nachbarn in einer so schmalen Straße, dass man sie Gasse nennen könnte. Er muss dieser Leyris sein, ganz sicher!

»Was ist schon dabei?«, seufzt T. D. abermals. Ich erkenne darin das Zeichen, dass sie sich loslöst! Es ist falsch anzunehmen, dass sie, sechs Jahre nachdem Picasso sie verlassen hat, nur in ihrer Blase lebt. Aus einer Zuneigung oder Innigkeit heraus hat sie vielleicht die Nummern von Éluard, Cocteau oder Vilato, dem Neffen von Picasso, in ihrem Adressheft aufbewahrt. Aber sie sieht sie nur sehr wenig oder gar nicht. 1951 setzt sich Doras Universum aus mehreren Galaxien zusammen, deren Namen im Adressheft ebenso sehr Planeten sind. Sie entfernt sich nach und nach von den Satelliten, die der Sonne Picasso am nächsten sind. Sie kreist in unterschiedlichen Konstellationen, wechselt ungezwungen von einer zur anderen: du Bouchet, Sidery, Balthus. Diese Gruppen überlagern sich bisweilen, oder aber sie beachten einander nicht.

Marie Laure de Noailles stellte ihren Freunden gern die Frage: »In welchem Alter seid ihr zu euch selbst geworden?« Ich will glauben, dass Dora darauf mit »1951!« antwortete. Das würde in Zusammenhang mit meinem Adressheft einen Sinn ergeben. Mit 44 Jahren. Es ist ihr gelungen sechs Jahre ohne Picasso zu leben. Sie hat ihre Depression hinter sich gelassen. Gott, Lacan und die Malerei sind die drei Pfeiler eines, sicherlich wackeligen Gleichgewichts, das es ihr jedoch ermöglicht zu sagen: »Mein Schicksal ist wunderbar, egal wie es scheint. Früher einmal sagte ich, mein Schicksal sei sehr hart, egal wie es scheint.«

Wenige Monate später beendet sie ihre Psychoanalyse und zieht sich noch mehr zurück. Von den drei Pfeilern sind nur noch zwei übrig. Was zwangsweise eine instabilere Situation nach sich zieht ... 1973, nach dem Tod von Picasso, reißt sie noch weitere Brücken hinter sich ab, die sie bisher mit der Welt verbunden hatten. Allein mit Gott und ihren Geistern braucht sie keinen anderen mehr. Sie schließt sich ein, malt, ist verzaubert von der Natur, die sie mit ihrem neuen Meister verbindet ... Ich stelle mir vor, dass sie so, ohne irgendeine Art Schutzschild, manchmal in ein Delirium fällt.

Duc de Luynes
Tro 3562
15 bis rue de Franqueville

Dora, eine Feministin? Ganz sicher nicht! Sie hat noch »duc de Luynes« in ihrem Adressheft notiert, dabei steht sie eigentlich vor allem der Duchesse nahe, der Herzogin.

Sie haben sich nach dem Krieg kennengelernt, bei den Anchorena oder bei anderen Aristokraten des 16. Arrondissements. Das ist ihre Periode des »Who is who«! Sie holt ihre Pelze und ihre Abendgarderobe aus dem Schrank. Die ehemalige Linke findet sich ganz selbstverständlich in dem vermögenden, versnobten und konservativen Milieu wieder, in dem sie in Argentinien aufwuchs. Doch ihre Vertrautheit mit Madame de Luynes geht weit darüber hinaus: Sie sind beide in Buenos Aires aufgewachsen. Es ist Liebe auf den ersten Blick.

Die Geschichte der Herzogin gleicht einem Aschenputtel der Pampa! Sie wird in eine arme Bauernfamilie hineingeboren. Beim Tod ihrer Mutter hat sie zunächst das Glück, von einem steinreichen argentinischen Viehzüchterpaar adoptiert zu werden. Dann lernt sie ihren Märchenprinzen in Paris kennen: Philippe Anne Louis Marie Dieudonné d'Albert de Luynes, den 11. Duc de Luynes et Chevreuse.

Abgesehen von dem Vergnügen, sich auf Spanisch zu unterhalten, haben Juana Maria und Dora Maar in denselben Vierteln gelebt und den Atlantik auf denselben Passagierdampfern überquert. Zudem teilen beide Frauen eine religiöse Inbrunst, die von einer ungeheuren Neugier für mystische Autoren verstärkt wird.

Dank der Herzogin von Luynes und ihres Ehemannes lernt Dora 1952 den Mann kennen, der ihr Leben nach Picasso auf den Kopf stellen wird: Dom Jean de Monléon, ein Benediktinermönch der Abtei Sainte-Marie de Paris. »Ein ehemaliger Soldat, ein aufrechter und ungewöhnlicher Mann, der aus seinem früheren Leben den Respekt und die Disziplin, die Arbeit und die Hierarchiestrukturen beibehalten hat«, erklärt mir Jean de Bazelaire, ein Wissenschaftler, der ihm eine Dissertation widmet. Er ist ebenso ein brillanter Exeget, den ein paar traditionalistische Gläubige des 16. Arrondissements aufsuchen. Ohne völlig fundamentalistisch zu sein, widersetzt sich Dom Monléon doch den modernen und vernunftgetriebenen Interpretationen der Bibel. Davon ausgehend, dass die Hebräer die Originaltexte verraten haben, »um Christus keinen Wert zu verleihen«[110], nimmt er die Grundlagen des Christentums wieder auf und übersetzt die ältesten Bücher. Für ihn ist das, was geschrieben steht, zwangsweise wahr: Jonas wurde von einem Wal verschlungen, Abraham hat seinen Sohn geopfert, und Jesus ist über das Wasser gelaufen ... Jeder dieser Erzählungen verleiht er einen spirituellen und moralischen Sinn. »Schriftsteller wie Paul Claudel oder François Mauriac haben sich sehr für seine Arbeit interessiert.« Aber Jean de Bazelaire hat nie von einer besonderen Verbindung zu Dora Maar gehört. Ich sehe, wie er zögert. Dann, mit einem Mal, erinnert er sich an ein Detail, dem er bis dato keine Bedeutung beigemessen hatte: »Dom Jean de Monléon ist es gelungen, einen Klosterverlag aufleben zu lassen, dank eines Gemäldes, das ihm eine seiner Gläubigen überlassen hat. Man hat mir gesagt, es sei ein Picasso, was ich jedoch nicht geglaubt habe ...« Heute ergibt alles einen Sinn. Ganz offensichtlich hat Dora Maar dem Mönch eines ihrer Gemälde überlassen, um ihm zu helfen, seine Bücher zu veröffentlichen.

Erst wenn man den Nachlass von Dora konsultiert, wird einem die Bedeutung klar, die er in ihrem Leben hatte. Insbesondere durch den Kalender von 1952. Ohne ersichtlichen Grund fängt sie ab dem 26. Juni an, ihr Leben und ihr Leiden Tag für Tag festzuhalten. Die Seiten haben so wenig Platz, dass sie ihr einen telegrafischen Stil aufzwingen, aber sie schreibt ungefiltert: »Große Müdigkeit. [...] Keine Lust zu malen. Trotzdem und ohne Konzentration gearbeitet. [...] Brief an EPM [Ehrwürdiger Pater Monléon] geschickt. Müde, traurig, wie schon seit Langem. [...] Vorführung d. Nutzlosigkeit d. Analyse oder einfach nur Dürrephase. Schwieriger Moment in jedem Fall. Oder aber Angriff, damit ich mich gehen lasse. [...] Scheinbar eine gescheiterte Analyse. [...] Nach sieben Jahren im dumpfen und gotteslästerlichen Sumpf. [...] Antwort EPM. Termin Samstag. So eigenartig das vielleicht klingt, das Warten auf diese Antwort hat mich zermürbt. [...] A angerufen [Analyse, folglich Lacan], nicht erreicht. [...] Termin bei EDM [Ehrwürdiger Dom Monléon], Maßnahmen ergriffen, Traurigkeit, Angst, aber Maßnahmen fruchtbar, das spüre ich.[...] Ich habe Gott wiedergefunden.¹¹¹« Ihr erstes Treffen mit Dom Monléon findet am 2. August 1952 statt, im Kloster in der Rue de la Source. »Wunderbares Treffen«, schreibt sie.

Seite für Seite, Tag für Tag, liefert dieser Kalender die schmerzhafte oder überaus hoffnungsvolle Chronik einer noch immer depressiven Frau, die jedoch in wenigen Wochen von der Couch der Psychoanalyse zum Beichtstuhl wechselt. Sie lehnt die Psychoanalyse ab, um sich einem Seelsorger zuzuwenden, der halb Mönch, halb Guru ist.

Die Briefe von Dom Monléon sind ebenfalls aufbewahrt worden. Manchmal nennt er sie »Liebe Frau Maar«, am häufigsten jedoch »Mein liebes Kind« und manchmal verwendet er auch beide Anreden. Er ermutigt sie vor allem, in der Einsamkeit, dem Gebet und der Meditation nach Frieden zu suchen. Auf sein Anraten hin sucht sie regelmäßig das Kloster der Frauen auf, bei denen sie mehrere Retreats absolviert und denen sie beachtliche Spenden zukommen lässt.

Ihn konsultiert sie für alle Belange: 1957 zeigt sie ihm zum Beispiel einen Brief, den sie Picasso schicken will, in dem Versuch, diesen zu konvertieren, und der Mönch heißt ihn gut. »Vermutlich bringt er ihn zumindest einen Moment zum Nachdenken. Und vielleicht bohrt er sich beständig in sein Herz, wie die Banderillas sich in den Stier bohren. Jedenfalls haben Sie damit Ihre Pflicht getan ...« Genervt von dieser bigotten Besessenheit hat Picasso nicht einmal darauf geantwortet. Aber Dom Monléon lässt nicht locker: »Die Freundschaft, die Sie eint, zwingt Sie, sich um sein Seelenheil zu sorgen und zu kümmern ... Egal welche Laster, Ungerechtigkeiten oder Verhaltensweisen er sich hat zuschulden kommen lassen ... Es ist unbestreitbar, dass die Konvertierung eines so berühmten Mannes ein wunderbares Zeugnis für die Kirche und ein bedeutender Sieg über die Hölle wäre.«

Bestimmt hat sich die Kommunistische Partei über seinen Beitritt 1944 ebenso gefreut. Aber einem jedem seine Hölle ...

Ein weiterer Brief des Benediktiners ist es wert, sich länger damit zu befassen. 1958 teilt Dora Maar ihm ihren Wunsch mit, Patin eines Kindes sein zu wollen. Sie ist ganz eindeutig besessen von dieser Idee! Dom Jean de Monléon verweist sie an die spanische katholische Mission ... Im selben Ordner befinden sich mehrere Briefe und Postkarten eines jungen Mädchens. Dora ist dessen Patin geworden, wie auch die des jüngeren Bruders des Mädchens. Endlich hat sie die Kinder gefunden, die sie sich erhoffte. Allerdings zeugen diese Briefe nicht von übermäßigem emotionalem Engagement. Es ist ganz offensichtlich, dass ihr Bedürfnis, eine Seele zu retten, größer war als ihr Verlangen, ein Kind zu lieben.

Der Briefwechsel mit Dom Jean de Monléon scheint in den Sechzigerjahren abzubrechen, oder aber diese Briefe wurden nicht aufbewahrt. Jean de Bazelaire zufolge »verliert er gegen Ende seines Lebens etwas den Kopf«. Zunächst hält sie sicherlich alles, was er sagt, für das Evangelium. Dann antwortet er nicht mehr. Bestimmt ist sie orientierungslos, hält aber daran fest, die von ihm empfohlene spirituelle Disziplin zu wahren: mehrere Gebete pro Tag, vor allem die Frühmesse am Morgen.

Eigenartigerweise macht sie sich während der Messe Notizen. Zwischen 1967 und 1973 hat sie mehrere Blöcke Briefpapier vollgeschrieben. Zunächst ist die Lektüre fast witzig: Wie ein Inspektor, der einen jungen Lehrer von der letzten Reihe im Klassenzimmer beobachtet, hält sie jeden Tag die liturgischen Irrtümer der Priester fest, die politischen Andeutungen, die sie nerven, oder die Küchengerüche, die ihre Andacht stören ... Im Lauf der Jahre ähneln diese Texte mehr den Notizen, die man während eines Theologiekurses macht. Und nach 1973, dem Jahr, in dem Picasso starb, nichts mehr.

Die Nachbarn sehen sie noch, wenn sie sich in aller Herrgottsfrühe zur Kirche Saint-Sulpice oder Saint-Germain-des-Prés aufmacht. Im Lauf der Jahre immer gebeugter, manchmal mit einer eigentümlichen rötlich-violetten Perücke, aber immer voller Entschlossenheit. Nach dem Gottesdienst geht sie direkt zu sich nach Hause, wo sie weitermalt, und sie macht nur Pausen, um in regelmäßigen Abständen zu meditieren. Auf ihre Weise führt sie ein klösterliches Leben ohne das Umfeld eines Klosters, das ihr vielleicht einen etwas stabileren Rahmen geboten hätte. In ihrem Nachlass findet man eine Unzahl Bücher über religiöse Meditation: Augustinus, Teresa von Ávila oder Thomas von Aquin und natürlich das gesamte Werk, das Dom Jean de Monléon signiert hatte.

Doch auch *Mein Kampf* befindet sich darunter … Ein weißer Einband mit einem Hakenkreuz und einem roten Adler, in französischer Übersetzung, eine Gesamtausgabe, nicht im Handel erhältlich. Das ist keine Überraschung: Der Galerist Marcel Fleiss hatte das Buch in ihrer Bibliothek bereits erwähnt. Dennoch bin ich verblüfft, wage kaum, es aufzuschlagen, als könnte ihm etwas Schändliches entweichen. Das Buch ist ziemlich ramponiert, die Ecken abgestoßen, bestimmt, weil es von ihr oder ihrem Vater so viel gelesen wurde. Keine Anmerkungen, keine unterstrichenen Sätze, als Lesezeichen jedoch eine Postkarte mit Hitler vor dem Eiffelturm! Hätte sie es nur dafür gekauft, sich zu informieren, hätte sie das Foto weggeworfen. Ich verliere die Lust zu verstehen, was in ihrem Kopf vorgeht, mir ist einfach nur schlecht.

Architecte Ménerbes
Conil
22 rue de la Petite Fusterie
2258 Avignon

Es wäre unfair, den Architekten von Ménerbes zu vergessen, der mich, auch ohne ein spiritueller Führer zu sein, immerhin zu Dora geführt hat!

Ausnahmsweise habe ich hier Pech: Die regionale Architektenkammer hat keine Kontaktdaten von ihm und keiner der angeschriebenen Conil im Vaucluse antwortet mir.

Zum Glück agiert das Internet jedoch als Gedächtnis für Vergessenes. Er heißt Albert Conil. Sein Büro ist in Avignon angesiedelt, da er aber in Isle-sur-la-Sorgue geboren wurde, kennt er das Luberon gut. Während des Krieges hat er an dem utopischen Abenteuer von ein paar jungen Künstlern in einem Geisterdorf teilgenommen, vier Kilometer von Ménerbes entfernt. Der Verantwortliche der Gruppe Oppède heißt Bernard Zehrfuss, gewinnt später den Prix de Rome, ist ein bedeutender Architekt und der Schwiegervater von Patrick Modiano. Während ein paar Monaten ist auch Consuelo de Saint-Exupéry Teil ihres Alltags, die ein paar in der Villa Air-Bel in Marseille verschanzte Surrealisten nach Oppède schleppte.

Nach dem Krieg zerstreut sich die Gruppe Oppède. Albert Conil bleibt jedoch in der Gegend und fährt fort, sich in die Renovierung des alten Dorfes einzubringen. Als Dora nach einem Architekten sucht, nennt ihr jemand Albert Conil.

Das Haus ist damals kaum bewohnbar. 1946 beschwert sich Françoise Gilot über seine Baufälligkeit und die einstürzenden Decken.[112] Nie um eine Taktlosigkeit verlegen besitzt Picasso die Frechheit, Dora um die Schlüssel zu bitten, damit er ein paar Tage mit seiner neuen Geliebten dort verbringen kann. »Damals war ich so bescheuert und habe ihm die Schlüssel gegeben.«[113] Wie er die Frauen, die er verlassen hat, niemals freigibt, geht er auch immer davon aus, noch zu besitzen, was er verschenkt hat, seien es Gemälde oder Häuser. Doch die beiden bleiben nicht lange in Ménerbes: Die junge Geliebte fühlt sich bei der alten sehr unwohl, vor allen Dingen erträgt sie die Skorpione nicht. Und Picasso lässt, als würde er seinen Aufenthalt so bezahlen wollen, zwei Gemälde von sich zurück, die er von Doras Zimmer gemacht hat, in dem er mit Françoise geschlafen hat …

Glaubt man Zeitzeugen, so hat sie nicht viel renoviert. Zunächst hat sie Albert Conil die Renovierung der zweiten Etage übertragen: drei Zimmer und zwei Badezimmer. An der Fassade lässt sie Fensterläden anbringen. Außerdem hat sie den Toilettensitz weggeworfen, den Picasso grün angemalt und mit kleinen Blümchen versehen hatte. »Sogar für mich hat Idolatrie ihre Grenzen«, sagte sie. »Jetzt hat sie nur noch was für den sauertöpfischen Papst übrig«, erwidert der Maler, als er davon erfährt.[114]

Aber dieses Haus ist ein Fass ohne Boden. Jedes Jahr müssen das Dach repariert, die Rohre ausgetauscht, die Wände mit Kalk geweißelt werden. Der Architekt muss seiner Frau oder seinen Partnern von den verblüffenden Baustellenbesichtigungen mit ihr erzählt haben: von ihrer Besessenheit mit widersinnigen

Details, ihren Machenschaften, um weniger zu bezahlen, ihrem unleugbaren Charme und ihrer unwiderstehlichen Stimme.

Sie hebt alles und nichts auf. In ihrem Nachlass finde ich die Rechnungen aller Arbeiten, die Conil beaufsichtigte und die bis 1953 von Firmen aus Avignon, danach von Maurern aus Ménerbes durchgeführt wurden. Dann verschwindet Albert Conil aus ihrem Leben.

Jérôme de Staël, der Sohn von Nicolas, erinnert sich, dass das Haus in den Siebzigerjahren in einem erbärmlichen Zustand war. »Wenn es regnete, tropfte das Wasser die Treppe herunter, und die Stufen waren mit Moos überzogen.«

Und doch ist Dora fast bis zum Ende ihres Lebens nach Ménerbes gekommen. Lange Zeit fährt sie mit dem Zug zum Bahnhof von Avignon, wo ein Taxi aus Ménerbes auf sie wartet. Ab den Achtzigerjahren kommt derselbe Fahrer sie in Paris abholen. Sie stopft alle Sachen in Plastiksäcke, zieht mehrere Mäntel übereinander an und lässt sich wie früher im Hispano-Suiza chauffieren.

Anne de Staël erinnert sich, dass man im Dorf »die Angewohnheit hatte, die Fensterläden von Dora immer im Blick zu haben, wie man darauf wartet, das jemand die Augenlider öffnet«[115] ...

Außerdem sehen sie ihr Moped zwischen den Weinbergen hindurchfahren oder später dann ihre gebeugte Silhouette, wenn sie zur Kapelle Notre-Dame-des-Grâces unterhalb ihres Hauses unterwegs ist. Doch nur wenige wagen es, sie anzusprechen. Bei ihr weiß man nie, woran man ist.

Marmorschleifer Pouillaud
1 avenue du Cimetière
Clamat
Mic 0039

Er hieß nicht Pouillaud, sondern Rouillaud! Was für ein Tick, die Namen so aufzuschreiben, wie ihr gerade der Sinn steht. Für sie ist es völlig egal, ob es Rouillard oder Pouillard ist, das Wichtige daran ist »Marmorschleifer«. Er steht übrigens auch beim Buchstaben M.

Weshalb sie jedoch einen Handwerker in Clamart gewählt hat ... Da steckt die Antwort im Marmor: Doras Großeltern mütterlicherseits ruhen schon seit vielen Jahren im Familiengrab des kleinen Friedhofs von Bois-Tardieu: Henriette und Jules Voisin.

R. Rouillard ist zur damaligen Zeit einer der beiden Marmorschleifer von Clamart und sicherlich der beste: Die Stadt verdankt ihm das Kriegerdenkmal des Ersten Weltkriegs, das zwangsläufig auch zu dem des Zweiten Weltkriegs wurde.

Im Oktober 1942 sind nicht sehr viele bei der Beerdigung von Doras Mutter zugegen: Es kommt einer Expedition gleich, bis nach Clamart zu gelangen, vor allem unter der Besatzung. Ein paar alte Freunde der Eltern sind gekommen, vermutlich

Picasso ... Aber auch das ist nicht sicher: Er kämpft verbissen darum, so zu leben, als wäre nichts passiert, geht dem Tod aus dem Weg, um nicht daran zu denken. Vielleicht Paul Éluard, Nusch, Huguette Lamba ...

Noch einsamer ist Dora am 3. Februar 1969 vor dem Sarg ihres Vaters, der im Alter von 94 Jahren verstirbt. Nach seiner endgültigen Rückkehr von Argentinien Mitte der Fünfzigerjahre leitete er das Fremdenverkehrsamt und die jugoslawische Nachrichtenagentur und lebte wie ein Nabob im Hotel des Gare d'Orsay. Jeden Sonntag lud er seine Tochter zum Mittagessen ins Lutetia ein. Jedes Mal derselbe Zirkus, seine schlechte Laune mit den Kellnern, seine bitteren Überlegungen und sein Antisemitismus. Doch bei ihm war sie immer schon überaus nachsichtig. Wie ein kleines Mädchen schickte sie ihm von Ménerbes aus eine Postkarte, sobald sie dort eintraf. Die letzten Jahre, als er immer schlechter zu Fuß war, schlug sie ihm sogar vor, er solle zu ihr in die Rue de Savoie ziehen. Er wägte das Für und Wider ab und sagte sich »warum nicht«. Allerdings war er dann doch zu stolz und wollte seine letzten Tage weder bei seiner Tochter noch in einem Altenheim verbringen. Er starb im Hotel.

Als Dora Maars Sarg im Juli 1997 zu Grabe getragen wird, begleiten sie nicht einmal ein Dutzend Leute: eine englische Nachbarin, ihre Gesellschafterin, Jean Clair und Hélène Seckel-Klein vom Picasso-Museum, Werner Spies, Leiter von Beaubourg, der Maler Raymond Mason und der Galerist Marcel Fleiss. Sie hatte sehr deutlich gemacht, dass sie keine Todesanzeige wollte. In *Le Monde* wird ihr Tod erst zehn Tage später verkündet.

Was folgt, nährt noch heute Fantasien und Argwohn.

Nach ihrem Tod sucht man nach ihrem Testament. Anscheinend ist nichts bei ihr hinterlegt. Die Notare finden nur eines, das sie 1958 aufgesetzt hat.[116] Darin führt sie ihren Vater als einzigen Erben an, und für den Fall, dass er vor ihr sterben sollte, Dom Jean de Monléon, sowie zwei weitere Mönche. Ihrem Seelsorger schenkt sie noch dazu eine Radierung und drei Gemälde von Picasso, darunter das berühmte Porträt von Max Jacob. André du Bouchet und Théo Léger hinterlässt sie von Picasso illustrierte Originalausgaben. Und ihren beiden Patenkindern etwas Geld.

Vierzig Jahre später sind die einzigen Überlebenden dieses Testaments allerdings nur André du Bouchet und ihre beiden Patenkinder, Odette und ihr Bruder. Da sie nur für »Einzelvermächtnisse« genannt werden, ist der Notar in der gesetzlichen Verpflichtung, mögliche entfernte Verwandte ausfindig zu machen. Zwei Unternehmen der Erbenermittlung werden damit beauftragt: Das Unternehmen Andriveau, ein im 19. Jahrhundert gegründetes Unternehmen, und die kleine Agentur Delabre, die unlängst von jungen Juristen gegründet wurde. Es steht eine Kommission von etwa 25 bis 30 Prozent des Nettoerbes in Aussicht. Angesichts von Picassos Namen mutmaßt jeder, dass es sich um eine kolossale Summe handelt.

Andriveau findet sehr schnell den französischen Teil, indem sie ganz klassisch eine alte Cousine sechsten Grades mütterlicherseits ausfindig machen. In Kroatien ist die Suche schwieriger, weil dort ein Dutzend Markovitch Anspruch auf das Erbe erheben: Das Land erholt sich gerade von dem fünfjährigen Krieg, die Städte und Dörfer tragen noch die Narben davon, und die meisten Archive sind zerstört. Jeder setzt seine besten Schnüffler darauf an, die sich in den Kirchen die Klinke in die Hand geben und wenige Stunden nacheinander die Rathäuser aufsuchen. Diese Menschenjagd in den kroatischen Bergen erinnert in vielerlei Hinsicht an die Sensationsmeldungen, mit denen sich die Presse in den Lokalnachrichten überschlägt. Dem jüngsten Ermittler bei Delabre gelingt es schließlich, das Huhn mit den goldenen Eiern zu finden: eine alte Bäuerin, die bescheiden auf einem Hof irgendwo auf dem kroatischen Land lebt. Sie ist 93 Jahre alt, schwarz gekleidet, hat ein Kopftuch umgebunden und sitzt in ihrer Küche. Ohne ihre anwesende Tochter, die zufällig Französisch spricht, hätte sie nichts von dieser ganzen Erbschaftsgeschichte verstanden. Sie weiß nichts von dieser französischen Künstlerin, selbst Picassos Name sagt ihr nicht viel … Aber sie erinnert sich sehr gut an einen Cousin, der Architekt war und es in Argentinien zu einem Vermögen gebracht hat. Ihr wiederum fällt ein ganz anderes Vermögen in den Schoß!

Wenn so viel Geld auf dem Spiel ist und illustre Unbekannte ein Erbe ereilt, als hätten sie im Lotto gewonnen, dann wird immer der Verdacht der Unrechtmäßigkeit laut. Warum sie? Wem nutzt dieses Erbe wirklich? Im vorliegenden Fall äußern noch dazu große Namen der Kunstwelt öffentlich ihre Zweifel hinsichtlich dieses Erbes: John Richardson, der emeritierte Biograf von Picasso, Heinz Berggruen, ein sehr berühmter Kunsthändler, und sein letzter Galerist, Marcel Fleiss; alle drei bezeugen, Dora Maar habe ihnen anvertraut, sie würde ihr Vermögen der Kirche vermachen. Sicher, einer von ihnen hat verstanden, es sei für die Kirche im 16. Arrondissement, der andere für das 6., während es bei den Diözesen gar keine Arrondissements gibt … Dennoch lassen sie sich nicht davon abbringen, alle drei sind der Überzeugung, das wahre Testament müsse zerstört worden sein. Manche Nachbarn bestätigen, sie hätten eine ganze Nacht lang Licht bei ihr gesehen, wenige Tage nach ihrem Tod. Eine Putzfrau gibt sogar an, sie sei weggeschickt worden, weil sie zu viel wusste. Aber natürlich ist sie verschwunden! Bis zum Schluss unterhält Dora ihre Legende … Bis zum Schluss fragt man sich: Ist sie das Opfer eines »Fluchs« geworden? Hatte sie gute

Gründe, denjenigen zu misstrauen, die es auf ihr Geld abgesehen hatten?

Es ist durchaus überraschend, dass eine kinderlose Frau, die von der Angst besessen war, jemand könnte sie bestehlen, und die tagtäglich die Schätzungen ihrer Picassos überwachte, ihre Erbschaft nicht exakt organisiert haben sollte. Falls ein eigenhändig geschriebenes Testament zerstört wurde, so war das nur möglich, ehe die Tür versiegelt wurde, oder aber am Tag der Öffnung des Siegels. Allerdings drängen sie sich an diesem Tag so zahlreich in dem Appartement, um eine Bestandsaufnahme von allem zu machen, dass es einer unerbittlichen Organisation der Geheimhaltung bedurft hätte, damit niemand jemals ein Wort darüber verliert. Und welchem Ränkespiel sollte das dienen? Ob mit oder ohne Testament, die Bezahlung der Notare, der Auktionatoren oder der Experten bleibt dieselbe. Das Verschwinden des Testaments konnte nur den beiden alten Damen von über neunzig Jahren nutzen und den Ahnenforschern, die miteinander konkurrieren. Doch bevor die Siegel angebracht sind, wissen die einen noch nicht, was für ein Erbe ihnen unverhofft in den Schoß fallen wird, und die anderen sind noch nicht mit der Suche beauftragt.

Nichts ist ausgeschlossen, vor allem nicht die Verwirrtheit einer alten Dame, die sich häufiger mit Gott unterhielt als mit ihrem Notar. Sie misstraut allem, ist aber nicht organisiert: So kümmert sich zum Beispiel eine Konservatorin des Picasso-Museums darum, dass sie endlich, mit über achtzig Jahren, erste Urheberrechtsbezahlungen für ihre Fotos bekommt! Vielleicht hat sie gedacht, sie hätte ein neues Testament geschrieben, ohne jemals tatsächlich eines aufgesetzt zu haben, oder sie hat es selbst aus einer Laune heraus wieder zerrissen. Vielleicht ist es ihr aber auch völlig egal ... Möglicherweise denkt sie, ohne

Kinder, ohne Familie, würde alles automatisch an den Staat und das Picasso-Museum gehen. Vermutlich missfällt ihr das nicht, so sehr schätzt sie die Konservatorinnen, die sich regelmäßig bei ihr melden und sich nach ihrem Befinden erkundigen. Eines Tages sagt sie ihnen sogar: »Nur Geduld, wenn ich erst tot bin, gehört alles Ihnen!« Und dann gesellt sie sich zu Picasso, ist nicht das letztlich der Traum ihres ganzen Lebens?

Am allermeisten hätte ihr gefallen, dass dieses Rätsel intakt bleibt.

Picasso
90182 à Cannes
La Californie
4 Vauvenargues

Ich habe andere Adresshefte im Nachlass von Dora Maar konsultiert, die alle ordentlich in einer schwarzen Kunststoffkiste
aufbewahrt werden, zusammen mit ihren Pässen, ihrem Führerschein und ihren Wählerausweisen. Geduldig habe ich die aufgeführten Kontakte verglichen, habe Freunde verschwinden und
andere wieder auftauchen sehen. Ein jüngeres Adressheft muss
ich jedoch mehrfach durchgehen, ehe ich den Namen Picasso
darin finde. Diese Zeile ist fast ausgelöscht, aber es handelt sich
eindeutig um Pablo Picasso, seine Telefonnummer in Cannes,
90182, und die 4 in Vauvenargues. Sie muss sich seine Kontaktdaten Ende der Fünfzigerjahre wieder besorgt haben, als sie sich
in den Kopf gesetzt hatte, ihn zu konvertieren und Dom Jean de
Monléons Meinung zu ihrem Brief einholte. Vermutlich aber hat
sie keine der beiden Nummern je gewählt. Keine Lust auf diesen
Drachen von Jacqueline Roque zu treffen ...

   ODEON 2844. Diese andere Nummer taucht in keinem von
Doras Adressheften auf. Ich finde sie in dem Erinnerungsbuch
einer jungen Kommunistin, die Anfang der Fünfzigerjahre zu

Picassos Geliebter wird, als er noch immer mit Françoise und den Kindern zusammenlebt.

ODEON 2844, auch Jahre später kennt Dora diese Nummer noch auswendig ... Diese Buchstaben und Zahlen sind ihr gewissermaßen eintätowiert, wenngleich nicht in ihr Herz, was doch etwas zu kitschig wäre, so doch in alle Zellen einer noch sehr lebhaften Erinnerung. Auch nach den Elektroschocks!

ODEON 2844. Er selbst antwortet höchst selten. Am häufigsten geht Sabartés, der Freund, Sekretär und Zerberus ans Telefon. Sie hasst ihn, und er steht ihr in nichts nach. Auch ohne Begrüßung wird ihr Gesichtsausdruck verkniffen, oder aber sie legt einfach auf ... Manchmal hat sie das Glück auf Inès zu treffen, die Gouvernante. Diese junge Zugehfrau ist Dora in der Pension Vaste Horizon in Mougins aufgefallen, und sie hat Picasso dazu überredet, sie einzustellen. Lange Zeit steht Inès in ihrer Schuld. Doch als sie sieht, dass Doras Stern weniger hell leuchtet, geht auch sie auf Distanz. Bestimmt sagt sich Dora, dass die Leute undankbar oder aber nur von ihrem eigenen Überleben besessen sind.

ODEON 2844 ... Nach ihrer Trennung fällt es ihr zunächst sehr schwer, ihn nicht mehr anzurufen. Nachts lässt sie das Telefon lange im Nichts erschallen. Er antwortet nicht oder legt irgendwann den Hörer neben den Apparat, um seine Ruhe zu haben. Wie auch immer, er weiß, dass sie anruft. Und dieses Klingeln erlaubt es ihr, sich zwischen ihn und dieses junge Gör zu drängen. Klingeln, um sie zu stören, klingeln, um zu schreien, klingeln, damit er nicht vergisst, dass sie leidet.

Als sie aufhört anzurufen, empfindet er hin und wieder das Bedürfnis, sich bei ihr in Erinnerung zu rufen, mit seinen verblüffenden Geschenken, deren Sinn nur sie versteht ... Sie erinnert sich insbesondere an diese riesige Kiste, die von der Rue de

Savoie zu ihr geschickt wurde. James Lord war ganz aufgeregt, weil er glaubte, es könnte sich um eine Skulptur handeln. Doch es war nur ein Stuhl. Eine ungefähre Kopie dessen, auf dem er sie Platz nehmen ließ, um ihre Porträts zu malen. Ein hässlicher und überaus unbequemer Stuhl, an dem überall Seile hingen, als wollte er sie darauf festbinden! Genau wie bei der Katze war er sich sicher, dass sie ihn behalten würde, weil man ein Geschenk von Picasso nicht einfach wegwarf … Ein anderes Mal, um sich lustig zu machen, lässt er einen Betstuhl nach Ménerbes bringen. 1983, zehn Jahre nach Picassos Tod, findet ein kanadischer Arzt auf sehr mysteriöse Weise ein Päckchen beim Maler, auf dem »Für Dora« steht. Er versucht, sie zu erreichen. Sie antwortet nicht. Also öffnet er das Päckchen schließlich und findet darin einen Ring vor, in den ein P und ein D eingraviert sind. Im Inneren des Rings ein kleiner Nagel, der sie zweifelsohne verletzt hätte, hätte sie versucht, sich den Ring über den Finger zu streifen … Wie einst mit dem Messer im Les Deux Magots.

ODEON 2844 oder Cannes 90182, sie muss nicht mehr anrufen, um mit ihm zu sprechen. Für die anderen ist er tot, aber er wohnt in ihren Träumen und Meditationen. Und sie sorgt sich an jedem Tag, den Gott gemacht hat, darum, seine Seele zu retten. Die Freunde von einst können sich über sie lustig machen oder ihre »mystische Besessenheit« bedauern. Die Gewissheit, dass sie ihre Pflicht tut, besänftigt sie.

Etwas prosaischer hält sie sich über alle Auktionen auf dem Laufenden. Und sie hat den Pressespiegel von *Argus* abonniert, um alle Artikel über ihn zu erhalten.

Dora Maar
11 à Ménerbes

Ich hätte noch lange suchen können, mich auf die Namen ver-
steifen, die mir noch Widerstand leisten, die Friseurin wieder-
finden oder den Spuren von Aragon, Hugnet, Deharme, Braque
oder Giacometti folgen … Doch wie bei einer Reise erlaubt es
der gewählte oder der sich aufdrängende Weg höchst selten, eine
ganze Landschaft zu erkunden. Das Wesentliche ist, es bis zu ihr,
beziehungsweise es bis nach Ménerbes geschafft zu haben.

Ich habe bei Dora geschlafen, in einem hübschen Zimmer im
dritten Stock, direkt über ihrem Zimmer, mit demselben Blick,
den sie auf den Garten hatte, mit dem Feigenbaum, dem Jasmin,
der Klippe rechter Hand, links den Weinbergen im Tal und den
Bergen des Luberon in der Ferne.

Nur wenige Gemälde markieren noch ihr Territorium. Das
Haus ist inzwischen vollständig von der amerikanischen Stiftung
renoviert worden, die hier mittlerweile »artists in residence«
empfängt. Was würde sie von diesem modernen Komfort halten,
von diesen tiefen Sofas, dem WLAN, der Klimaanlage?

Modiano schreibt sinngemäß, dass man in den Hauseingän-
gen noch das Echo der Schritte all jener hört, die sie durchquert
haben und seitdem verschwunden sind. Etwas vibriert noch

nach, nachdem sie dort waren, Wellen, die immer schwächer werden, die man jedoch spürt, wenn man aufmerksam ist. Dieser aus *Dora Bruder* entlehnte Satz hallt bei Dora Maar nach. Darum versuche ich, auch den schwächsten Wellen gegenüber empfänglich zu sein. Ich lauere ihnen von Weitem in ihrem Atelier auf, schleiche um ihr Moped herum, hoffe, dass sie mir vielleicht im Traum erscheint. Doch wenn ich ehrlich bin, dann habe ich nichts vibrieren gehört. Kein Flüstern, kein Geist! Nur einmal ein unterbrochenes WLAN-Signal und die Box, die mitten in der Nacht zu blinken anfängt. Sie wird doch wohl nicht das Internet abgestellt haben?

Wenig später ist die Sonne aufgegangen, und das Licht erfüllt das Zimmer, wie es früher ihres erfüllt hatte. Ich verstehe, wie hingerissen sie war, jeden Morgen … Selbst nach Nächten der Schlaflosigkeit oder der Angst greift sie nach ihrem Rosenkranz auf dem Nachttisch, kniet sich vor das Fenster und betet, während sie die sich abzeichnenden Hügel betrachtet, die mit dem Morgennebel verschmelzen. Eine Aussicht, zum Sterben schön, für die sie sich jeden Tag beim Herrn bedankt.

> »In dem Geheimnis meines Selbst das mir selbst verbogen
> Lebend heißt du mich leben –
> In diesem Zimmer wo ich durch Wahnsinn Angst Sorge
> gegangen bin
> Ist einfaches Erwachen ein Sommertag
> Das Exil ist weit doch es ist Sommer, die Stille in praller
> Sonne eine Insel des Friedens wo die Seele nichts als
> Glück ersinnt ein Kind auf der Straße seines Heims«[117]

Sie kann einem ungreifbar erscheinen. Ihr Leben ähnelt einem kubistischen Porträt, in unzählige, bisweilen völlig undurchsichtige Facetten zersprungen, vervielfachen sie die Betrachtungsweisen und verwischen die Spuren und Perspektiven. »Je mehr ich Dora betrachte, umso weniger sehe ich sie. Je mehr ich über ihr Schicksal nachdenke, umso weniger verstehe ich es«, schreibt der katalanische Biograf von Picasso, Josep Palau i Fabre.[118] Ehe er hinzufügt: »Vielleicht war es das, was sie wollte, undurchdringlich bleiben, eine Sphinx für die Nachwelt sein.« Wollte sie das wirklich? Mir verleiht sie vor allem den Eindruck, als hätte sie niemals mit Suchen aufgehört. Während ich den Spuren des Adressheftes folge, lerne ich mehrere Dora Maar kennen:

Die erste ist die junge, ambitionierte Fotografin, die sich stark links engagiert und befreit, brillant, aber reizbar ist.

Die zweite ist die leidenschaftlich Verliebte, die auf jegliche Unabhängigkeit verzichtet, sich ihrem Meister immer weiter unterordnet, sich an ihrer Unterordnung ergötzt und an ihrem Ungeliebtsein leidet.

Die dritte, eine verlorene, verrückte Frau, die im Begriff ist, den Verstand zu verlieren.

Die vierte offenbart sich, dank der Psychoanalyse, Gott und der Malerei. Es ist die des Adressheftes von 1951.

Die fünfte ist eine Mystikerin, die sich nach und nach in ihre Kunst, das Schweigen und die Andacht zurückzieht.

Und dann ist da noch die sechste, eine alte Frau, die sich nicht mehr mit vielen trifft, nur noch via Telefon Kontakt hält. Unvorhersehbar, mal recht charmant, dann wieder paranoid und bitter … Hin und wieder auch homophob und antisemitisch. Ich wollte sie nicht auf diese Person der alten Verrückten reduzieren, die nur noch ihre Besessenheit aufwühlt. Doch auch sie existiert.

Ich wollte auch kein Opfer aus ihr machen. Die letzte Gemeinheit von Picasso war es, ihr für die Nachwelt diesen erniedrigenden Spitznamen »die weinende Frau« verpasst zu haben. Dabei haben nur sehr wenige sie je weinen gesehen … Er hat auch triftige Gründe geliefert, weshalb man das Schicksal dieser gequälten Muse bemitleiden muss, die erst verstoßen und dann regelmäßig aus der Ferne gepeinigt wurde, damit sie sich seinem Einfluss nicht entzog. Und doch gibt sich Dora Maar ab dem ersten Tag im Les Deux Magots freiwillig hin, überlässt sich ingrimmig. Wenn ihr Auskosten des Leidens ein unergründliches Rätsel bleibt, so muss man doch ihren freien Willen in der von ihr gewählten oder selbst auferlegten Knechtschaft einräumen, ob mit Gott oder mit Picasso. »Ich war nicht seine Geliebte«, sagte sie, »er war mein Meister.«

Ich habe noch immer nicht verstanden, weshalb dieses Adressheft mir in die Hände gefallen ist. Warum ich? Warum sie? Ich habe ein paar E-Mails mit einem ihrer Erben gewechselt, der sich ebenfalls nicht erklären kann, was das Adressheft in Sarlat oder in Bergerac zu suchen hatte. Er nimmt an, dass einer der Käufer der Auktion von 1998 vermutlich eine Tüte geleert hatte, ohne sich vorzustellen, dass das Adressheft jemand derart Besessenem in die Hände fallen könnte. Wie oft habe ich gehört, »es gibt keinen Zufall«? Doch wenn alles in alle vier Himmelsrichtungen zerstreut ist, entscheidet der Wind, wohin er es weht … Es gibt keinen Zufall, nur Fügung.

Als das Adressheft mit der Post eingetroffen ist, hatte ich gerade ein Buch fertig geschrieben, in dem ich das Schicksal eines in Algerien geborenen und in Auschwitz verstorbenen Urgroßonkels erzähle. Und eines der ersten Dinge, die ich über die Besitzerin des Adressheftes herausfinde, ist, dass sie Antisemitin wurde, dass *Mein Kampf* in ihrer Bibliothek steht … Ich hätte sie abweisen, sie verjagen können, wie man schlechte Gerüche austreibt. Aber man weist keine Dora Maar ab, genauso wenig wie die Frage: Wie wird aus einer Antifaschistin eine Antisemitin? In ihrem Nachlass habe ich einen ersten Ansatz für eine Antwort gefunden; ein sehr langer Text, in dem sie sich über Gott auslässt, sie schreibt: »[…] Künstler hängen von Händlern ab, die häufig Juden sind, die ihrerseits wieder von amerikanischen Milliardären abhängig sind, und die, die ich kenne, sind ebenfalls Juden, […] es gibt keinen Platz mehr für eine christliche Malerei …« Sie ist also ganz einfach durch diese Mischung aus Frustration, Groll, Bitterkeit und fehlgeleitetem Glauben erfüllt. Was außer diesem ganz gewöhnlichen Hass hatte ich zu finden geglaubt?

Häufig frage ich mich, was sie von meinem Vorgehen gehalten hätte, von meinen Fragen, meiner Besessenheit. Zunächst stelle ich sie mir amüsiert über diesen Fund und diese surrealistische Herausforderung vor. Dann hätte ich sie damit bestimmt rasend gemacht. »Ich will nicht, dass man über mich schreibt«, hatte sie gesagt. »Das wäre nichts weiter als ein Wust an aufrührerischen Details. Außerdem sind Schriftsteller immer Verräter.«[119] Ich habe durchaus Details gefunden, manche davon habe ich sogar ausgelassen, wenn es nichts weiter als Klatsch und Tratsch war. Aber ich glaube nicht, dass ich sie verraten habe.

»Fängst du etwa an, sie zu mögen?«, fragt mich T. D. Ja, ich fange an, sie zu mögen, nicht die alte Verrückte, die von ihrem Mönch manipuliert wurde und durch die Einsamkeit und die Bitterkeit schließlich von Hass erfüllt war. Ich mag die, der dieses Adressheft gehörte. Diejenige, die die Kraft fand zu malen, auszugehen oder sich zurückzuziehen. Diejenige, die sich würdevoll an ihre Vergangenheit klammert, sich jedoch eindringlich sucht und erst in der Einsamkeit zusammenbricht. Diejenige, die mit Lacan Fortschritte macht und sich mit du Bouchet unterhält. Sie berührt mich mit ihren Schwächen, beeindruckt mich durch ihre Stärke. Ich habe ihren Drang nach Alleinsein verstanden. Aber mehr noch als geliebt zu werden wäre sie gern bewundert worden, war sich sicher, dass man ihr Werk mit der Zeit anerkennen würde. Nachdem ich also zunächst von ihren Fotos begeistert war, mochte ich schließlich auch ihre Gemälde, ihre schlichten Landschaften, ihre Stillleben, zugleich dunkel und strahlend, ihre pointillistischen Skizzen, und diese Hartnäckigkeit, ihren Weg zu gehen, ohne sich um Kritiker zu scheren.

Ich habe auch ihr Grab aufgesucht. Schon seit Wochen habe ich mit dem Gedanken gespielt, ohne so recht zu wissen, was genau ich dort wollte. Vor ihrem in Granit gravierten Namen fand ich zwei Reliquien, die bestimmt von Bewunderinnen dort abgelegt worden waren: einen kleinen und eigenartigerweise geköpften Buddha und eine Medaille mit dem Abbild von Nofretete. Erneut fange ich an, mir Fragen zu stellen: Warum ein Weiser, der den Kopf verliert, warum die Ehefrau eines Pharaos? Dann aber wird mir klar, dass ich nicht deswegen hier bin: Ich wollte mich einfach nur bei ihr bedanken, für diese Reise in ihre Welt, mit ihrem Adressheft als einzigem Gepäckstück.

Danksagung

Ich möchte dieses Buch der Erinnerung an John Richardson widmen, dem Biografen und Freund von Picasso, der verstorben ist, ehe ich ihm für seine Gastfreundschaft und für seine wertvollen Ratschläge danken konnte.

Mit Marcel Fleiss' Hilfe konnte dieses Adressheft authentifiziert werden. Doch dieses Buch verdankt ihm noch sehr viel mehr.

Außerdem möchte ich mich bei Claude Picasso, Sylvie Vauthier und Annie Maillis für ihr Vertrauen bedanken, sowie bei Jean Louis Claer und Antoine Delabre.

Ein herzlicher Dank geht an Étienne Périer, der der letzte Eintrag des Adressheftes ist.

Vielen Dank an Anne Carpentier, meine Komplizin aus Arles.

Mein besonderer Dank gilt Gwen Strauss, vom Haus in Ménerbes, dem Regisseur Fabrice Maze und der Galeristin Laura Pêcheur.

Bei meiner Freundin Jacqueline Augendre möchte ich mich dafür bedanken, mich durch die Mäander der Psychiatrie geführt zu haben, und bei Serge Lascar für den Einblick in die Grafologie.

Für ihre direkten oder indirekten Berichte danke ich Aube Breton, Antony Penrose, Jérôme de Staël, Claude Sarraute, Madeleine Riffaud, Armande Ponge, Michel Chavance, Paule du Bouchet, Violaine Menu Branthomme, Jean Binder, Étienne und Jean Leyris, Jean-Marie Magnan, Serge Bramly, Martine Monteau, Richard Overstreet, Jérôme Peignot, Jeanne Périer, Daniel Wolfromm und Dr. Lesignan.

Für ihre Hilfe und Ermutigung geht ein großer Dank an Laurent le Bon, Bernard Blistène, Olivier Berggruen, Hélène Seikel-Klein, Delphine Huisinga, Anne Heilbraun, Damarice Amao, Amanda Maddox, Patrice Allain, Ménéhoulde de Bazelaire, Hélène Dubrule, Alexandre Mare, Jean Yves Mock, Pascale le Thorel-Daviot, Violette Andrès, Sylvie Gonzales und Anne Yanover, Laurent Lecomte, Rose-Hélène Iché, Louis de Bazelaire, Jean-Paul Louis, M. L. und E. Moisset, Virginie Monnier, Yoyo Maeght, die Erbenermittler Jean-Marie Andriveau, Pierre Nicolas, Pascal Casile und Flora Gombart, und nicht zu vergessen natürlich an Rodica Sibleyras, die Bibliothekarin der Galerie 1900–2000.

Ein ganz besonderer Gruß geht an Jean Maurice Rouquette, den ehemaligen Konservator des Museums von Arles.

Außerdem danke ich meinen Freunden, die weitere Kalender für mich aufgeschlagen und mir bei meinen Nachforschungen geholfen haben: Anne Clergue, Annette Gerlach, Anne Chaon, Frédéric Malle, Susanna Lea, Sixtine Léon Dufour, Sophie Lambert Dumas, Philippe Moreau Chevrolet, Dominique Pascal, Stephan Levy Kuentz und Nuria Nieto.

Ich danke meinem Verleger, Manuel Carcassonne, der an mein Glück geglaubt hatte, und meine Lektorin Émilie Pointereau, die wie immer überaus aufmerksam war.

Außerdem danke ich auch Roxane Lagache, der »offiziellen Illustratorin«.

Pierre und Joséphine, ihr seid meine wahren Schätze, euch danke ich für eure Geduld.

Dieses Buch würde es jedoch nicht geben, hätte Thierry Demaizière nicht die wunderbare Idee gehabt, seinen Kalender zu verlieren.

Personenregister

Anmerkungen

1 Patrick Modiano, *Dora Bruder*, übersetzt von Elisabeth Edl, Hanser 1998, S. 29.

2 Zitat aus James Lord, *Picasso und Dora Maar*, aus dem Amerikanischen übersetzt von Astrid von dem Borne und Irmengard Maria Gabler, Matthes & Seitz 1994, S. 161.

3 Marcel Fleiss, »De *Guernica* à *Mein Kampf*«, auf der Website *La Règle du jeu*, https://laregledujeu.org/2013/02/22/12471/dora-maar-de-guernica-a-mein-kampf/.

4 André Breton, *L'Amour fou*, übersetzt von Friedhelm Kemp, Bibliothek Suhrkamp 1975, S. 35–36.

5 *Histoire de la peinture surréaliste*, p. 280, zitiert aus Whitney Chadwick, Les Femmes dans le mouvement surréaliste, Chêne, 1986.

6 *Jacqueline Lamba*, Dokumentarfilm von Fabrice Maze, SevenDoc, 2006.

7 Brief an die zukünftige Malerin Solange de Bièvre, Dezember 1928, Musée Picasso.

8 André Breton, *L'Amour fou*, Bibliothek Suhrkamp, übersetzt von Friedhelm Kemp, 1978, S. 51.

9 Zitiert in James Lord, *Picasso und Dora Maar*, op. cit., S. 296.

10 Zitiert aus Anne Baldassari, *Il faisait tellement noir*, Flammarion, 2006.

11 Nachlass Dora Maar, Übersetzung: Alexandra Baisch.

12 André Breton, *Lettres à Aube*, Gallimard, 2009.

13 *Jacqueline Lamba*, zitierter Dokumentarfilm.

14 Das ist der alte Name, der während der frz. Kolonialherrschaft benutzt wurde. Heutzutage heißt die Stadt Ghazaouet, Anm. d. Übers..

15 Siehe Adrien Bosc, *Capitaine*, Stock, 2018.

16 Zitat aus James Lord, *Picasso und Dora Maar*, S. 157.

17 Nachlass Dora Maar, Übersetzung: Alexandra Baisch.

18 Zitiert von Mary Ann Caws, *Dora Maar. Die Künstlerin an Picassos Seite,* Nicolaische Verlagsbuchhandlung, 2000, S. 206.

19 Mit freundlicher Genehmigung des Kunsthistorikers Patrice Allain.

20 Jacques Guenne, revue *Art Vivant*, Oktober 1934, zitiert aus Alicia Dujovne Ortiz, op. cit.

21 Marcel Duhamel, *Raconte pas ta vie*, Mercure de France, 1972.

22 Bericht von Lily Masson, zitiert von Alicia Dujovne Ortiz, *Dora Maar. Prisonnière du regard,* op. cit.

23 Nachlass Dora Maar, Übersetzung: Alexandra Baisch.

24 Brassaï, *Gespräche mit Picasso*, Rowohlt Paperback, 1966, übersetzt von Edmond Lutrand, S. 39.

25 Ibid, S. 39.

26 Ibid, S. 42.

27 Ibid, S. 123.

28 Ibid, S. 123.

29 Claude Roy, *Nous*, Gallimard/Folio, 1972.

30 Gemäß Françoise Gilot, *Leben mit Picasso*.

31 Paul Éluard, *Le temps déborde*, Gedichtsammlung unter dem Pseudonym Didier Desroches veröffentlicht, Cahiers d'art, 1947.

32 *Art Press*, op. cit.

33 Roland Penrose, *Picasso. His Life and Work*, Erstausgabe 1958 in Großbritannien veröffentlicht, auf deutsch veröffentlicht unter dem Titel *Picasso, Leben und Werk*, R. Piper & Co. Verlag München, 1961, aus dem Englischen übersetzt von Sibylle von Cles-Reden. S. 345.

34 Claude Mauriac, *Conversations avec André Gide*, Albin Michel, 1990.

35 Jean Genet, Brief an Maurice Toesca Ende März 44, zitiert von Éric Marty in *L'Engagement littéraire*, Werk veröffentlicht von Presses universitaires de Rennes unter der Leitung von Emmanuel Bouju, 2005.

36 Françoise Giroud, *On ne peut pas être heureux tout le temps*, Fayard, 2001.

37 André-Louis Dubois, *Sous le signe de l'amitié*, Plon, 1972.

38 Nachlass Dora Maar, Übersetzung: Alexandra Baisch.

39 Victoria Combalia, *Dora Maar*, Circe, 2013.

40 Cocteau, *Journal*.

41 Cocteau, *La Difficulté d'être*, 1947.

42 *Picasso Cocteau, correspondance, 1915-1963*, Gallimard, 2018.

43 Henri Sauguet, *La Musique, ma vie*, Librairie Séguier, 1990.

44 Max Jacob hat 1938 mit katholischen Intellektuellen das »manifeste aux intellectuels espagnols« unterschrieben, mit dem sie dem Franco-Regime ihre Unterstützung zusagen. Da er wusste, dass Claudel dazugehörte, hat er, ohne nachzudenken und ohne die Konsequenzen abzuwägen, mit unterschrieben.

45 *Picasso Cocteau, correspondance, 1915-1963, op. cit.*, Brief vom Juli 1945.

46 Fernande Olivier, *Souvenirs intimes*, Calmann-Lévy, 1988.

47 Seit 1949 liegt er gemäß seinem Willen auf dem Friedhof von Saint-Benoît-sur-Loire.

48 Mireille Calle-Gruber, *Claude Simon. Une vie à écrire*, Éditions du Seuil, 2011.

49 Claude Simon, Archive vom 14. März 1989 bis 16. März 1989, 29. September 1990, zitiert von Mireille Calle-Gruber, ibid.

50 Mireille Calle-Gruber, ibid.

51 Anne Baldassari, *Il faisait tellement noir, op. cit.*

52 Simone de Beauvoir, *La Force des choses*, vol. I, Gallimard, 1963, auf deutsch erschienen unter dem Titel *Der Lauf der Dinge*, Rowohlt, übersetzt von Paul Baudisch.

53 Begebenheit, die der Maler Javier Vilato, der Neffe von Picasso, der Kunsthistorikerin Victoria Combalia erzählte, *Art Press, op. cit.*

54 Françoise Gilot, *Leben mit Picasso, op. cit.*

55 Zit. nach: Mary Ann Caws, Dora Maar, die Künstlerin an Picassos Seite, übersetzt von Anja Gundelach, Nicolaische Verlagsbuchhandlung 2000; Gedichtanfang: S. 177, Gedichtende: S. 9.

56 Gedicht von Madeleine Riffaud, »Femmes avec fusils«, Übersetzung: Alexandra Baisch.

57 James Lord, *Picasso und Dora Maar, op. cit.*, S. 53.

58 »Aspects méconnus de Jacques Lacan«, Bericht eines anonymen Patienten, der von 1952 bis 1966 behandelt wurde, auf dem Blog von Roland Jaccard, leblogderolandjaccard.com.

59 Gérard Miller, Dokumentarfilm »Rendez-vous chez Lacan«, 2011, Éditions Montparnasse.

60 Jacques-Alain Miller, Vorstellung des Buches von Jacques Lacan, *Le Triomphe de la religion*, Éditions du Seuil, 2005.

61 James Lord, *Picasso und Dora Maar,* op. cit., S. 256.

62 Nicholas Fox Weber, *Balthus*, Knopf, 1999.

63 Sigmund Freud, Bruchstück einer Hysterie-Analyse, Fischer Tb, 1993.

64 Pierre Rey, *Une saison chez Lacan*, Robert Laffont 1989, dt.: Pierre Rey, *Eine Saison bei Lacan*, übersetzt von Undine von Rönn, Passagen Verlag 1995, S. 172.

65 Jérôme Peignot, *Portraits en miroir*, Les Impressions nouvelles, 2017.

66 Hélène Michel-Wolfromm, *Cette chose-là*, Grasset, 1969.

67 Françoise Gilot, *Leben mit Picasso,* op. cit., S. 12.

68 Zitiert aus Laurence Benaïm, *Marie Laure de Noailles. La vicomtesse du bizarre,* Grasset, 2001.

69 James Lord, *Picasso und Dora Maar,* op. cit., S. 141.

70 John Richardson, *The Sorcerer's Apprentice*, Knopf, 1999.

71 Ned Rorem, *Knowing When to Stop, a Memoir*, Open Road Media, 2013.

72 James Lord, Picasso und Dora Maar, op. cit., S. 186.

73 Michèle Fitoussi, Helena Rubinstein. *La femme qui inventa la beauté,* Grasset, 2010.

74 James Lord, *Picasso und Dora Maar,* op. cit.

75 *Revue Art,* November 1956.

76 Françoise Gilot, *Leben mit Picasso,* op. cit.

77 Arianna Stassinopoulos Huffington, *Picasso, créateur et destructeur,* Stock, 1989.

78 Bericht erfasst im Film des Kunsthistorikers Daniel Le Comte, *Avis de recherche: André Marchand*, Copsi Vidéo, 2007.

79 *Life Magazine*, 13. Oktober 1947.

80 Françoise Gilot, *Leben mit Picasso,* op. cit.

81 Daniel Le Comte, *Avis de recherche: André Marchand,* op. cit.

82 James Lord, *Picasso und Dora Maar,* op. cit., S. 134.

83 John Richardson, *The Sorcerer's Apprentice,* op. cit.

84 James Lord, *Picasso und Dora Maar,* op. cit., S. 326.

85 James Lord, *Picasso und Dora Maar,* op. cit., S. 400.

86 Jean Binder.

87 Cocteau, *Journal 1942–1945,* Gallimard, 1989.

88 Jean Hugo, *Le Regard de la mémoire,* Actes Sud, »Babel«, 1989.

89 Claude Arnaud, *Cocteau,* Gallimard 2003.

90 Nicht veröffentlichter Brief, April 1937, zitiert von Alicia Dujovne Ortiz, *Dora Maar. Prisonnière du regard,* Grasset, 2003.

91 Telefoninterview mit Victoria Combalia, *Art Press*, Februar 1995.

92 Roland Penrose, *Picasso, Leben und Werk,* op. cit.

93 Paule du Bouchet, *Emportée*, Actes Sud, 2011.

94 Paule du Bouchet, *Debout sur la terre*, Gallimard, 2018.

95 André du Bouchet, »Feuer und Lichtschein«, *aus Vakante Glut, Gedichte*, übersetzt von Paul Celan, Suhrkamp 1968, S. 33.

96 Im Gespräch mit Alicia Dujovne Ortiz, *Dora Maar. Prisonnière du regard,* op. cit.

97 Zitiert aus John Richardson, *The Sorcerer's Apprentice,* op. cit.

98 Nachwort des Buches von Stéphan Lévy-Kuentz, *Sans Picasso*, Manucius 2017.

99 *Le Point*, 24 Januar 2007.

100 Laurence Benaïm, *Marie Laure de Noailles,* op. cit.

101 *Les Cahiers des saisons*, Nr. 34, Mai 1963.

102 Nachlass Dora Maar, Übersetzung: Alexandra Baisch.

103 James Lord, *Picasso und Dora Maar,* op. cit., S. 142.

104 James Lord, *Picasso und Dora Maar,* op. cit., S. 85.

105 James Lord, *Picasso und Dora Maar,* op. cit., S. 237.

106 Tania Förster, *Dora Maar, Picassos Weinende*, Europäische Verlagsanstalt, 2001, S. 180.

107 *Mémoires de Balthus*, zusammengetragen von Alain Vircondelet, Le Rocher, Poche, 2016.

108 Tania Förster, *Dora Maar, Picassos Weinende*, Europäische Verlagsanstalt 2001, S. 176.

109 Pierre Leyris, *Pour mémoire*, Certi, 2002.

110 Dom Jean de Monléon, *Commentaire sur le prophète Jonas*, Nouvelles Éditions latines, Paris, 1970.

111 Archive Dora Maar, eigene Übersetzung.

112 Françoise Gilot, *Leben mit Picasso,* op. cit.

113 Zitiert aus John Richardson, *The Sorcerer's Apprentice,* op. cit.

114 James Lord, *Picasso und Dora Maar,* op. cit., S. 208.

115 Nachwort des Buches von Stephan Levy Kuentz, *Sans Picasso,* op. cit.

116 Die Kunsthistorikerin Victoria Combalia konnte sich dieses Testament ansehen. Sie gibt es wieder in *Dora Maar,* op. cit.

117 Zitiert aus Mary Ann Caws, *Les Vies de Dora Maar,* op. cit.

118 Zitiert aus Victoria Combalia, *Dora Maar,* op. cit.

119 John Richardon, *The Sorcerer's Apprentice,* op. cit.

Thomas Hettche

Pfaueninsel

Roman

352 Seiten, btb 74983

Es mutet an wie ein modernes Märchen: Alles beginnt mit
einer Königin, die einen Zwerg trifft und sich fürchterlich
erschrickt. Kaum acht Wochen später ist die junge Königin
tot – und der kleinwüchsige Christian und seine Schwester
Marie leben fortan weiter mit ihrem entsetzten Ausruf:
»Monster!« Damit ist die Dimension dieser Geschichte
eröffnet. Am Beispiel von Marie, die auf der Pfaueninsel
zwischen den Befreiungskriegen und der Restauration,
zwischen Palmenhaus und Menagerie, Gartenkunst und
philosophischen Gesprächen aufwächst und der königlichen
Familie bei deren Besuchen zur Hand geht, erzählt Thomas
Hettche von der Zurichtung der Natur, der Würde des
Menschen, dem Wesen der Zeit und der Empfindsamkeit
der Seele und des Leibes – und nicht zuletzt von die Liebe in
ihren mannigfaltigen Erscheinungsformen.

»Seit Kehlmanns Vermessung der Welt habe ich keinen Erzähler
mehr so souverän mit Ideen spielen sehen.«
Denis Scheck

»Ein in jeder Hinsicht schillerndes Buch über unsere Vorstellung
von Schönheit – mit erschreckenden Abgründen.«
Brigitte

btb

Deborah Feldman

Unorthodox

384 Seiten, btb 71534
Aus dem Amerikanischen von Christian Ruzicska

»Eine unglaubliche Geschichte, die man völlig atemlos liest.«
Ijoma Mangold, Die Zeit

Am Tag seines Erscheinens führte »Unorthodox« schlagartig
die Bestsellerliste der New York Times an und war sofort
ausverkauft. Wenige Monate später durchbrach die Auflage die
Millionengrenze. In der chassidischen Satmar-Gemeinde in
Williamsburg, New York, herrschen die strengsten Regeln einer
ultraorthodoxen jüdischen Gruppe weltweit. Deborah Feldman
führt uns bis an die Grenzen des Erträglichen, wenn sie von
der strikten Unterwerfung unter die strengen Lebensgesetze
erzählt, von Ausgrenzung, Armut, von der Unterdrückung der
Frau, von ihrer Zwangsehe. Und von der alltäglichen Angst, bei
Verbotenem entdeckt und bestraft zu werden. Sie erzählt, wie sie
den beispiellosen Mut und die ungeheure Kraft zum Verlassen
der Gemeinde findet – um ihrem Sohn ein Leben in Freiheit
zu ermöglichen. Noch nie hat eine Autorin ihre Befreiung aus
den Fesseln religiöser Extremisten so lebensnah, so ehrlich, so
analytisch klug und dabei literarisch so anspruchsvoll erzählt.

**»Der unverblümte, berührende Bericht über die Selbstbefreiung
einer jungen Frau.«**
Stern

btb

Volker Weidermann

Ostende.
1936, Sommer der Freundschaft

160 Seiten, btb 74891

Ein belgischer Badeort mit Geschichte und Glanz:
Hier kommen sie alle noch einmal zusammen, die im
Deutschland der Nationalsozialisten keine Heimat mehr
haben. Stefan Zweig, Joseph Roth, Irmgard Keun, Kisch und
Toller, Koestler und Kesten, die verbotenen Dichter. Sonne,
Meer, Getränke – es könnte ein Urlaub unter Freunden sein.
Wenn sich die politische Lage nicht täglich zuspitzte, wenn
sie nicht alle verfolgt würden, ihre Bücher nicht verboten
wären, wenn sie nicht ihre Heimat verloren hätten. Es
sind Dichter auf der Flucht, Schriftsteller im Exil. Volker
Weidermann erzählt von ihrer Hoffnung, ihrer Liebe, ihrer
Verzweiflung – und davon, wie ihr Leben weiterging.

»Liebevoll und vorsichtig malt Weidermann sich und uns
aus, wie es gewesen sein könnte in diesem Sommer des
Abschiednehmens.«
Elke Heidenreich

btb